メルコ学術振興財団研究叢書 2

コーポレート・ファイナンス理論と管理会計

― VBMの新たな展開 ―

大西 淳 著

京都大学学術出版会

はじめに

　1990年代，花王，ソニー，松下，HOYAといった，そうそうたる上場企業が相次いでEVA®（Economic Value Added：経済的付加価値，もしくは類似の業績評価指標）の導入を宣言し，このことが多くの企業経営者にコーポレートファイナンスを身近に感じさせるきっかけになりました．後に「失われた15年」とも呼ばれるほど，バブル経済崩壊後の日本企業は疲弊し自信を失っていた当時，EVAに対しては現状打破への期待が大きかったと思います．EVAが発する経営者へのメッセージは思いのほかシンプルで，株主から預かった「資本」に対する「費用」，すなわち資本コストを上回る業績をあげていますか，というものです．しかしそれが，こと企業価値にとってはシンプルながらも非常に重要な要素であるのは言うまでもありません．EVAは日本企業の経営者に対して，これまで必ずしも経営者が意識してこなかった「資本コスト」，ひいては貸借対照表への注目を高める役割を果たしたのです．さらにその後，スティールパートナーズあるいは村上ファンドによる敵対的買収が仕掛けられるなど，いよいよ価値創造に真剣に取り組まなければならない時代へと移っていきました．

　しかし，資本コスト概念を取り入れた業績評価指標を管理会計に取り入れることで，本当に価値創造を志向する経営，すなわちVBM（Value-Based Management）を実践できるのでしょうか．もちろん，企業内での予算の策定，結果としての業績の測定・管理に，資本コスト概念を取り入れることは重要ですが，VBMを真の意味で実践するためには，その考え方をベースとして，様々な戦略意思決定にファイナンス理論が用いられなければならない，というのが筆者の持論です．企業価値を創造するためには，常に企業価値あるいは事業価値が（明示的でないにせよ）評価されていなければなりません．

　そのような観点から本邦企業，特に製造業を顧みますと，残念ながらファイナンス理論を実践し，実際の財務行動にうまくつなげている企業はあまり多く

は見受けられないように思います．しかし，経営者がいったん企業価値を意識し，価値創造のためにコーポレート・ファイナンス理論を経営・意思決定に活用しようとすれば，VBM とは，単に業績評価にとどまらず，ファイナンス理論をありとあらゆる場面・領域に適用できること，すべきことに気付かなければなりません．

　今になって振り返ってみますと，筆者がコーポレート・ファイナンス理論を学ぶかたわら，実務家として企業財務に携わりながら感じていたのは「コーポレート・ファイナンス理論と実際の企業行動との乖離」だったと思います．それはファイナンス理論を少しでも勉強したことがある実務家の多くが直面し，思い悩む点ではないでしょうか．筆者が籍を置くアイシン精機という会社は，トヨタ自動車の系列企業として愚直にものつくりに取り組んできた，おそらく「アングロサクソン的」経営とは対極に位置する，本邦企業の中でも最も「日本的」経営に寄った企業の 1 つだと思われます．そのような環境であったからこそ，様々な乖離が興味深く目に留まったのでしょう．ファイナンス理論を学んでも実務において，およそ容易には理解・解決できないと思われることが数多くあります．以下に具体例をあげてみますと，

・日本企業が一般に貸借対照表に無頓着なのはなぜだろうか．
・ファイナンス理論によれば，レバレッジ（負債利用）によって企業価値が増大するはずだが，伝統的に日本企業が無借金経営を選好するのはなぜだろうか．
・株式持ち合いによって長期的視野に立った経営が本当に可能となるのか，それは企業価値を増大させるのだろうか．
・買収交渉時に合意できる割引率が果たして存在するのだろうか．
・ライセンス契約・交渉では多くの場合に，売上に対するパーセンテージが用いられるが，これは正しいアプローチなのだろうか．
・DCF 評価では正当化が難しい価格で M&A が成立するのはなぜだろうか．
・ファイナンス理論によれば戦略的に重要な子会社の上場はあり得ないはずだが，本当だろうか．

などなど，枚挙に暇がありません．

本書では，業績評価を軸とした伝統的なVBMに加えて，その新たな展開領域を広く2つ（資本市場に対する財務マネジメントと企業間にわたる財務マネジメント）に大別，体系化し，理論の実践応用，現実の意思決定の理論体系化を試みています．アイシン精機のインハウス・バリュエーションを紹介した後，現実には必ずしも理論通りに反応しない資本市場を相手にしたIR戦略や資本調達/株主還元政策，株式の持ち合い解消時の自社株主の選択および手法，見通すことが困難な将来の事業環境とDCF法の限界，M&Aや知的財産のロイヤリティ・レートの交渉における情報の非対称性への対応などについて具体的事例を交えながらVBMを論じています．

　これらはおもに，筆者が実際に財務部門に所属しながら，理論と現実のギャップをどう理解し，どのような仮説を立て，実際の財務意思決定に落としていったかに基づいています．それ故，現実の企業の財務部門が意思決定に思い悩むであろう課題・論点に自然とフォーカスされているはずです．少なくとも筆者の知る限り，従来の財務マネジメントやVBMに関するテキスト，あるいはファイナンス・テキストでは，これらを直接的には取り扱ってはいません．したがって本書は，日本企業の現場でどのようにファイナンス理論が用いられているのか，またファイナンス理論のどこに限界があるかを示していると言えます．これらを研究者の皆様へ提供することで，今後の更なる理論研究に役立てていただければ幸いです．

　さらに筆者が期待するのは，実際の日本企業において，とくに製造業の経営者や財務担当者にとって本書が，実践・応用型ファイナンス・テキストとして実際の意思決定の一助になることです．日本製造業が「ものつくり」で優っているにもかかわらず，資本市場での競争では必ずしも優位でないと感じているのは筆者だけではないと思います．ファイナンス理論が現実の企業経営で実践される場面が必ずしも多くなく，企業派遣によってMBAを修得した人材がその知識を生かしきれずに外資系企業に流出してしまう，という事をしばしば耳にするのは非常に残念なことです．グローバル・コンペティションの中で日本製造業が勝ち残っていくためには，「ものつくり」と同様，「企業財務」においても競争優位を築き上げていく必要があり，そのために本書を一人でも多くの

企業財務担当者をはじめとした企業経営・実務に携わる方々，興味を持っている方々に手に取っていただけることを願っています．

謝辞

　思えば1993年にアイシン精機に入社以降，会社・年金基金の資金管理・運用にはじまり，98年の大和総研への出向，出向後には名古屋大学大学院で研究を継続しながらアイシン精機の資本政策・M&A評価等を担当させて頂き，2007年に北米統括会社へ出向，ここに至るまで実に多くの方々から様々なご指導と助言，また数多くの素晴らしい議論の場を提供して頂いたこと，ここに改めて深く感謝いたします．

　大和総研出向時代には太田達之助氏，田中英富氏（現インターブランド社），宇野健二氏，大和証券の三木淳氏に，コーポレートファイナンス理論を用いた企業分析，財務戦略等，筆者持論の礎石ともなる概念をご教示いただき，実務家として得がたい貴重な経験を積ませていただきました．

　出向を終え，名古屋大学大学院への入学後は，経済・経営・会計各分野のエキスパートである先生方から研究への貴重なアドバイスを数多く頂戴いたしました．とりわけ指導教官である木村彰吾先生には，先生の下で研究を始めて今日に至るまで，公私に渡り惜しみないサポートと導きを頂いたこと，この場を借り心より感謝申し上げます．さらに岸田民樹先生，山本達司先生，佐藤倫正先生，名城大学の河田信先生には，素晴らしい助言とご指導を頂きました．ここに改めて感謝いたします．

　もちろん，製造業であるアイシン精機に籍を置きながら，ファイナンス理論を学ぶ機会を与えてくださった水野玄四郎氏（現豊生ブレーキ社長），三矢誠専務取締役，辻村健次 AISIN HOLDINGS OF AMERICA 社長，安井雅章元経理部長（現 AISIN HOLDINGS OF AMERICA 副社長），伊藤慎太郎経理部長をはじめとした同僚の方々のバックアップと理解なくして本書の完成はありませんでした．ここに改めて感謝いたします．また業務を通して三菱UFJ証券の内藤純司氏，廣瀬淳氏，江口敦氏，UBS証券の都築裕憲氏，ドイチェ証券の三木勝信氏，メリルリンチ証券の楠瀬丈生氏，河合寛幸氏（現早稲田大学），森下将典氏，住友信託銀行の山田

雅章氏をはじめとした資本市場に詳しい専門家の方々と常に活発な議論を交わす機会に恵まれたことにも，大変深く感謝しております．

さらに，本書を出版するにあたってはメルコ学術振興財団より助成を頂いており，拙稿を後押しくださった財団理事長で京都大学名誉教授の上總康行先生，メルコホールディングス社長の牧誠氏，事務局の伊藤靖男氏，京都大学学術出版会の斎藤至氏には校正をはじめ多大なご協力を頂きました．ここに改めて深く感謝申し上げます．

最後に，筆者が会社勤務と学業を両立しながら，本書の発刊に至ったのには家族の献身的な協力があったことは言うまでもありません．特に本稿の原案となった博士論文の執筆時には，校正から製本まで東奔西走してくれた妻奈津と3人の子供たち理子，啓介，浩介と両親に，深い感謝とともに本書を捧げます．

大西　淳

目 次

はじめに ……………………………………………………………………………… i

序　章　なぜ今価値創造経営なのか ……………………………………………… 1

第 1 章　VBM と財務部門の役割 ………………………………………………… 7

　第 1 節　日本企業の財務部門の役割と機能の変遷　7
　　(1)　戦後から高度成長期における日本企業の経営財務　7
　　(2)　バブル期の日本企業の経営財務　9
　　(3)　グローバルスタンダード時代の日本企業の経営財務　11

　第 2 節　価値創造経営（VBM; Value Based Management） ………… 14
　　(1)　企業価値と VBM　15
　　(2)　VBM の目的とフレームワーク　18

　第 3 節　VBM の新たな展開領域 ……………………………………………… 21
　　(1)　企業価値と市場価値　21
　　(2)　2 つの価値の相互関係と VBM の新たな展開領域　25

第 2 章　VBM とバリュエーション ……………………………………………… 31

　第 1 節　EVA とバリュエーション …………………………………………… 32
　　(1)　EVA の計算構造　33
　　(2)　FCF（Free Cash Flow）と DCF（Discounted Cash Flow）　41
　　(3)　DCF バリュエーションと EVA バリュエーションの
　　　　 等価性と業績評価 …………………………………………………… 43

　第 2 節　バリュエーション手法の検討 ……………………………………… 47
　　(1)　DCF 法と EVA 法　48
　　(2)　WACC 法と APV（Adjusted Present Value, 修正現在価値）法　55

(3) 理想的なバリュエーション手法としてのEVA-APV法　62
　第3節　インハウス・バリュエーションによる企業価値分析 ……………… 63
　　(1) バリューマップ　64
　　(2) インハウス・バリュエーション　66
　　(3) インハウス・バリュエーションと市場価値の乖離　70

第3章　資本市場に対する財務マネジメント …………………… 73
　第1節　負債–株主資本の選択 ………………………………………………… 74
　　(1) モデルを用いた最適資本構成の推定　76
　　(2) 目標とする資本構成の追加的な検討　83
　　(3) 格付のリバース・エンジニアリング　88
　第2節　情報の非対称性 ………………………………………………………… 90
　　(1) 情報の非対称性と企業財務 (コーポレートファイナンス)　92
　　(2) 直接的な情報格差の緩和　94
　　(3) 間接的な情報格差の緩和　97
　　(4) 情報格差に対する財務マネジメント　100
　第3節　株式所有構造 ………………………………………………………… 106
　　(1) 株式所有構造と日本企業の株価　108
　　(2) 企業評価モデルと仮説　114
　　(3) サンプルと分析結果　122
　　(4) 財務マネジメントとしての株主政策　132
　第4節　アイシン精機の企業行動と企業価値・市場価値 ………………… 134
　　(1) アイシン精機の状況分析　135
　　(2) アイシン精機の企業行動　142
　　(3) 市場価値と企業価値の乖離の縮小　158

第4章　企業間にわたる財務マネジメント …………………… 161
　第1節　ライセンス契約におけるロイヤリティ・レート　162

(1)　価値をベースにしたライセンス契約の考え方　163
　　(2)　知的財産のバリュエーション手法　166
　　(3)　増加収益アプローチによる特許技術のバリュエーション　169
　　(4)　ロイヤリティによる価値の分配　171
　　(5)　バリューベイストなロイヤリティ・レートの設定
　　　　　　　　　　　（情報の非対称性とロイヤリティ）　173
　　(6)　まとめ　180

　第2節　M&Aにおけるリアルオプション価値 …………………… 182
　　(1)　伝統的なDCF法の問題点　182
　　(2)　戦略的M&Aにおける
　　　　支配権プレミアムとシナジー，リアルオプションの関係　184
　　(3)　ケース・スタディ　185
　　(4)　まとめ　194

　第3節　M&Aにおける割引率 ……………………………………… 195
　　(1)　CAPM（Capital Asset Pricing Model，資本資産評価モデル）　195
　　(2)　CAPMの調整　198
　　(3)　事業部門のスタンドアローン価値とAPV法　202
　　(4)　数値例を用いた考察　204
　　(5)　まとめ　207

終　章　おわりに ………………………………………………………… 209
　第1節　本書の問題意識および目的　209
　第2節　価値創造の財務マネジメントのあり方　210

補　論　EVAバリュエーションと
　　　　DCFバリュエーションの等価性と業績評価の数値例　219

参考文献　227
索　引　237

メルコ学術振興財団研究叢書 2

コーポレート・ファイナンス理論と管理会計
―― VBM の新たな展開 ――

序　章

なぜ今価値創造経営なのか

　価値創造経営（Value-Based Management，本書では以下「VBM」と記す）については，これまでどのような枠組みが示されてきたのだろうか．Ittner and Larcker（2001）はそのフレームワークを一般化し，(1)株主価値を増大させる特定内部目標の選択，(2)組織目標の特定，(3)戦略と組織デザインの構築，(4)バリュードライバーの特定，(5)実行計画の構築・指標の選択および目標設定，(6)業績評価，の6つのプロセスを示した．VBMについてはこのような，価値を創造するための仕組みやコンセプトに焦点を当てた規範的な研究が多く，「どのように企業価値は創造されるのか」という視点からの研究が主流を占め，実務の観察に基づく研究は少ない．また，VBMのフレームワークにおける業績評価に注目した研究は多いものの，それらのほとんどはEVA® (Economic Value Added，経済的付加価値)[1]をはじめとした（もしくは残余利益概念を用いた類似的な）業績評価指標の選択とその効果に関するものである．

　もちろん経営者にとって，EVAなどの資本コストを明示的に考慮する業績評価指標を導入するだけでも，売上あるいは会計利益などに重きを置いていた従来の経営目標から，企業価値という新たな経営目標へのシフトを意味し，それはVBMへの第一歩であると言える．しかしながら，実際のビジネスにおいて意思決定の判断基準が，「企業価値を創造するかどうか」という視点に変わ

---

[1]　EVAは，Stern Stewart & Co.の登録商標である．

らなければ本来の VBM とは言えないだろう．言い換えれば，VBM の実践において真に重要なのは，企業の様々な重要な意思決定を「企業価値を創造するかどうか」という判断基準に基づいて行なう，という点である．「いかに財務上の意思決定をバリューベイストに行なうか」，「企業価値創造の視点から投資価値をどのように測定・評価するか」という論点は，VBM において必要不可欠とされながらも，実務上の視点からはあまり取り扱われていない．さらに，VBM を実際の企業経営において適用する場合，企業を取り巻く環境変化に伴い，対資本市場あるいは企業間取引という分野も VBM の対象となり得るだろう．

　以上のように，VBM については理論的あるいは規範的な研究がなされる一方で，実務的な視点からの研究は少なく，また，VBM の範囲が広がりつつある状況にあっては，企業価値創造の財務マネジメントのあり方を，特に実務上の視点から考察することは意義のあることと思われる．そこで本書では，とりわけ，資本市場に対する財務マネジメントと，M&A をはじめとする企業間にわたる財務マネジメントに焦点を当てて，その内容と手法を明らかにし，企業価値創造の財務マネジメントのあり方を解明することを目的としたい．

　上記の目的を持つ本書は，以下のように全 5 章から構成される．

　第 1 章「VBM と財務部門の役割」では，本書の意図と目的を説明する．第 1 節で，日本企業にとって VBM が必要になってきた背景として，経済の成熟化やグローバル化，資本構造の変化，敵対的買収の脅威などがあることを指摘し，企業の財務部門の役割と機能が，今後，企業価値あるいは株主価値を意識した経営に適応するように変容することを述べる．第 2 節では，VBM と企業価値，株主価値の概念および定義を整理したうえで，経営者は資本市場が評価する市場価値と，事業戦略に基づく本源的な企業価値という 2 つの価値をマネジメントしなければならないことを説明し，VBM では企業内に資本市場の論理を持ち込むことが求められていることを指摘する．そして第 3 節では，これからの企業の財務部門に求められる役割と機能について小括する．近年の財・サービス市場のグローバルコンペティションと資本市場のグローバル化は，戦略としての M&A をはじめとする企業間連携の重要性を増大させた．企業が

M&Aを自社に有利に利用するためには,「資本市場での競争力」(すなわち高い株価と高い信用力)が不可欠である.このことから,財務マネジメントの領域が拡大しつつあると考えられ,特に,資本市場に対する財務マネジメントおよび企業間にわたる財務マネジメントが重要となることを指摘する.

　第2章「VBMとバリュエーション(valuation,価値評価)」では,前章での議論を踏まえて,企業価値の測定,それに関連する業績評価についての具体的手法を検討し,実務への適用可能性を考察していく.

　第1節では,VBMの代表的な業績指標とされるEVAを取り上げ,VBMにおけるその有用性を考察する.はじめに,複数の会計期間(すなわち長期的な視野)での業績評価を前提とするVBMにおいて,1会計期間の業績指標であるEVAが業績評価指標として高い合理性を持つ理由を,割引キャッシュフロー(Discounted Cash Flow,本書では以下「DCF」と記す)によるバリュエーションとEVAによるバリュエーションとの等価性に着目しながら説明する.さらに,Stewart (1991a)が指摘するような会計処理の修正が企業行動へ与える影響についても言及する.また補論として,EVAの業績測定の合理性とDCFバリュエーションとの等価性の確認を文末に用意した.

　第2節では,バリュエーションの具体的な手法について検討を行なう.前節で等価性を確認したDCF法とEVA法を比較した後に,APV (Adjusted Present Value)法を紹介する.APV法は,WACC (Weighted Average Cost of Capital)法と比較すると,資産の生み出すキャッシュフローのリスクを反映した割引率によって割引くという特徴があり,企業価値を,事業価値と財務価値とに要素分解することを可能とする.そのため,事業戦略と財務戦略との価値創造の関係を明確にする点でWACC法よりもAPV法が優れることを指摘する.そうした考察を踏まえて,VBMにおける最適なバリュエーション手法が,EVA法とAPV法を組み合わせたEVA-APV法であることを明らかにする.第3節では,EVA-APV法によるバリュエーションとバリューマップとを組み合わせ,さらに企業自らが内部情報を用いて自社の企業価値の測定・分析を行なうインハウス・バリュエーション (In-house Valuation)という手法を提唱する.バリューマップ分析とは,セグメントごとの投下資本と価値を測定してチャートに表す分析

手法であり，事業ポートフォリオ分析，あるいは子会社資本政策などに多くのインプリケーションを提供する．本節ではアイシン精機をケースとして取り上げ，インハウス・バリュエーションを用いて本源的な企業価値（理論株価）とその構成要素を測定したうえで，資本市場の評価する市場価値（実際の株価）との比較分析を行ない，次章で本源的な企業価値および市場価値の向上のための財務マネジメントにおけるインハウス・バリュエーションの有用性を考察する．

第3章「資本市場に対する財務マネジメント」では，実際にアイシン精機で，前章でのインハウス・バリュエーションの分析を用いて検討された財務マネジメントについて詳しく考察する．Young and O'Byrne (2001) は，価値創造のための企業財務戦略について，資本コストを最小化して EVA を増加させることであると強調し，負債の支払利息の節税効果，過大負債による財務破綻コスト，エージェンシーコスト，情報の非対称性という4点を重要なファクターとして指摘している．

こうした Young and O'Byrne の主張に基づき，第1節では，Young and O'Byrne が最も重要だと指摘する負債と株主資本の選択について，資本構成のトレードオフ理論をベースに考察する．実務上最適と考えられる目標資本構成を決定するには不完全市場要因を考慮する必要があり，(1) 価値ある投資機会を逃さず捉えるためには一定の財務上の余裕の確保が必要なこと，(2) 従来の財務方針との整合性を，エージェンシー（富の移転）問題として捉えて資本市場との信頼関係を維持する必要があること，の大きく2点を指摘し，不完全市場要因を考慮した実務上の最適資本構成の考え方を体系化する．ここでは最適資本構成を目標格付から決定し，さらに，格付をリバースエンジニアすることの重要性を実務的な側面から示すとともに，債券投資家を代弁する格付機関との良好なリレーションシップの維持・構築が，価値創造の財務マネジメントであることを明らかにする．

第2節では，企業価値と市場価値の乖離の要因の1つとして，情報の非対称性が存在することを指摘し，情報の非対称性を解消するという視点からの対応策について，インベスター・リレーションズ (Investor Relations) をはじめとした直接的な情報格差の緩和と，自社株買い・配当，負債調達などの間接的な

シグナリング効果に分類して考察する．

　第3節では，企業価値と市場価値の乖離の要因となる株式持ち合いについて分析する．株式持ち合いにより敵対的買収の道が閉ざされている場合には，非効率な経営を正すための外部からの介入コストが大きくなると考えられるため，持ち合い株主の多い企業ほど市場評価が低くなる可能性がある．したがって，企業自らが株式所有構造を能動的に変化させることで，市場評価の改善につながる可能性があることを，実証分析を通して明らかにする．このことは，価値創造の財務マネジメントの領域として，株式所有構造のコントロールの重要性を示唆するものである．第4節では，資本市場に対する財務マネジメントのケーススタディとして，アイシン精機の一連の対資本市場への財務マネジメントを取り上げ，単元株の引き下げあるいは個人株主の開拓による株式の流動性の向上，子会社資本政策による価値の顕在化，経営者インセンティブの付与によるエージェンシーコストの抑制などの施策についても検討する．そして，このケーススタディを通して，財務マネジメントの選択・意思決定のための実務上の留意点，各施策のコンフリクトや制約を踏まえて，著者が提唱する資本市場に対する財務マネジメントの有効性を検証して本章を結ぶ．

　第4章「企業間にわたる財務マネジメント」では事例をもとに第1節で，ライセンス契約のバリューベイストなロイヤリティ・レートの算定手法を明らかにする．ライセンシングは，情報が偏在する特許などが対象となるため，本質的にライセンス契約は不完全，不完備なものとならざるを得ない．ライセンス契約の実務では，そのような状況に適合できるように，様々なオプション条項を契約に挿入する．そうした条項の経済的価値を把握できなければ，適切なロイヤリティ・レートの算定ができないことを説明し，その測定手段としてリアルオプションの適用可能性を検討する．

　第2節では，M&Aにおけるバリュエーションについて事例に基づいて考察する．先に指摘したようにメガコンペティションの時代の到来とともに，M&Aは企業戦略としてますます重要性を増している．そのM&Aを成功させるためには，投資価値をどのように測定・評価するかという問題が非常に重要な要素となる．特に本節では，M&Aにおけるリアルオプション価値の評価の

重要性を指摘し，リアルオプションの価値を適切に評価することが交渉成立の可能性と買収価格について株主へのアカウンタビリティを高めることを説明する．さらに，その評価プロセスが，不確実性の高い買収後の環境変化に対して柔軟かつ的確に対処することの助けとなることを明らかにする．

　第3節では，M&Aの交渉過程での評価手法について，特にリスクを反映させる主たる変数である割引率について検討する．現実のM&Aでは，非上場企業や企業の特定の事業が取引対象になることが多い．このとき，売り手もしくは買い手の資本コストと買収対象となる特定事業の資本コストが必ずしも一致しない場合が生じる．そこで，シナジーの帰属や事業規模，事業の換金性（流動性）などを適切に反映した，M&Aにおける割引率の設定が必要となることを説明し，その設定についての考え方を明らかにする．

　終章ではこれまでの考察をまとめ，VBMの新たな展開領域における企業価値創造の財務マネジメントのあり方を提示する．

第1章

VBM と財務部門の役割

第1節　日本企業の財務部門の役割と機能の変遷

本節では，21世紀の日本企業の財務マネジメントのあり方を検討するための予備的考察として，戦後の日本企業の財務部門の役割と機能について，時代背景の変化と照らし合わせながら近年におけるその変容を確認する．

(1) 戦後から高度成長期における日本企業の経営財務

戦後の日本企業の経営財務を取り巻く状況の象徴として，メインバンク制と，株式の持ち合いをあげることができる．戦前の日本企業は直接金融が中心であり株主主権も強かったのに対して，戦後では必ずしもそうならなかったのは，戦時体制下で行なわれた産業統制（間接金融および株主権利の制限）が形を変えながら存続したからだと言われる[2]．国策としての間接金融制度に立脚するメインバンク制は，戦後の国民的な資金不足の下で効率的な企業への資金供給を可能にし，日本経済の奇跡的な経済復興に大きく寄与した．また，1960年代の資本の自由化を契機に発達した株式の持ち合いは，相互の経営に介入しないという理解の下，株主からの利益追求のプレッシャーを緩和し，長期的視野に

---

[2] これら日本企業の経営財務の特徴の歴史的形成については，野口 (1995)，渡辺 (1994) などが詳しい．

立った企業経営を可能にした[3]．

　当時，日本企業がとった戦略は，主に薄利多売型のコスト・リーダーシップ戦略であったと言える．井手 (1994) が指摘するように，1 ドル = 360 円という人為的に固定された為替レートと労働余剰は，日本企業の労働コストの国際的な優位性を保証すると同時に日本企業の輸出リスクをも大きく低減させた．そのため日本企業は当時の小さな国内市場だけでなく，海外（特に米国）市場に対して相対的に小さなリスクで売上高を拡大することができた．このとき，売上高拡大のための多額な設備投資資金は主にメインバンクによる間接金融でまかなわれたが，やはり規制によって金利が人為的に低く抑えられていたことで，日本企業はこの点でもコスト優位を獲得できたのである．日本企業は戦後の資本不足と労働余剰という環境下で，人為的に低く抑えられた資金コスト（借入金利）と為替レートおよびあり余る労働力をコスト・リーダーシップ戦略の源泉として利用し，国策としての完全雇用を 1980 年代までにはほぼ達成したと言えよう．無論，株式の持ち合いが，規模の拡大を優先する日本企業の戦略を容認させる役割を担ったことは言うまでもない．

　この結果，間接金融制度に支えられたメインバンク制は，B/S（貸借対照表）上，負債の増加と高いレバレッジという日本企業の特徴的な財務構造をもたらした．そのような財務構造においては，支払利息控除後の利益である経常利益は，資本の効率的な活用を進め，脆弱な株主資本をモニタリングするという観点から合理的な業績評価指標であったと言える[4]．またメインバンクにとっては，バランスシートがなくても業績評価ができるという単純さも見逃せない．

　このように戦後日本企業が経営目標とした「増収増益」には，戦後日本の金融制度と企業戦略，業績評価との間に一定の整合性・合理性が推察されるのである（図 1-1）．また，銀行が経営に積極的に関与するのは債務返済に窮した危

---

[3] Abegglen and Stalk (1985) や Vogel (1979) などは，株式持ち合いは，企業に長期的視野に立った経営を可能にさせると高く評価している．
[4] 渡辺 (1994) も同様．また，そのような環境の下では「無借金経営」は企業の高い収益力を意味した．

図 1-1．戦後日本の経済背景と企業戦略，業績評価の関係

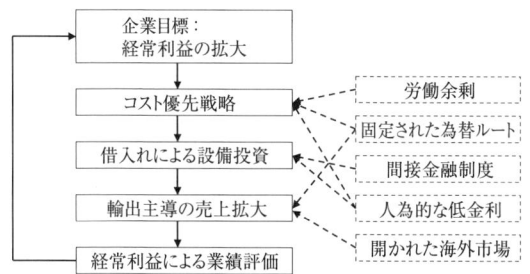

機的な企業に対してだけであったという批判[5]もあるものの，（安定）株主でもあるメインバンクも財務担当役員の派遣などを通じて，一定のモニタリングを行ないやすい状況であったと言える．

(2) バブル期の日本企業の経営財務

　1970年代半ばぐらいから，日本経済自体が基調的に資金余剰の構造に変わり，Jensen (1986) の言うこれまでの「借金の規律」が段々と働かなくなり，資本利用に関わる予算制約が緩くなるという現象が発生してきた[6]．メインバンク制が有効に経営監視機能を発揮できたのは，①それまでの日本経済が基調的に資本不足型の経済であったことと，②企業の負債依存度が高かったことによるものと考えられる．井手 (1994) もまた，1980年代半ばに世界一の債権国，金融大国になった時点で，間接金融制度に基づくメインバンク制は既に時代の役目を終えていたと指摘する．しかし周知のように，1980年代のバブル期において日本の株式市場は，企業のファンダメンタルズから乖離した非常に高い（甘い）価格を付けてしまった[7]ので，企業の予算制約に歯止めがかかりにくい状況が一定期間放置されてしまった．当時，エクイティ・ファイナンスは額面発行ではなく時価発行が主流となっていたにもかかわらず，企業は株主資本コストを配当のみと考えていたからである．額面発行時代には50円額面に対し

---
5) 小山 (2000) 251頁．
6) 渡辺 (1994)，仁科 (1995a) など．
7) 松村 (2001) 5頁．

ての年5円配当が慣行的な標準であった[8]が，これは株主から預かった資本に対して税後で10%，税前では（当時の法人税率を50%とすると）およそ20%の利率を意味する．そのためキャッシュコスト（配当負担）で考えても株主資本は負債資本のコストと比較して「高価な」資本であった．しかし，バブル期の甘い株価による時価発行となれば，株主資本は必ずしも高価な資本ではない．株主資本コストは負債コストのように損益計算書に現れないので，経常利益を最大化するには株式発行の方が有利であり，さらに，時価発行した株主資本に対しての額面配当主義は株主資本のキャッシュコストを激減させるというメリットもある．そのため日本企業はこの時期に活発なエクイティ・ファイナンスを行なって，それまでの高い負債依存度を低下させた．

このような間接金融から直接金融へのシフトは本来，「借金の規律」から「（証券）市場の規律」へのシフトを伴わなければならない．しかし企業と銀行は，互いに多額のエクイティ・ファイナンスを行ないながらも，相互に株式を引き受けることで株式の持ち合いを継続した．互いの経営には介入しないことが暗黙裡に合意されている持ち合いが継続されることによって，「（証券）市場の規律」は機能しないまま，企業の負債依存度の低下とともに「借金の規律」も失われていったのである．この結果，日本企業は高い株主資本比率という財務構造を手に入れた[9]が，その半面で，資本の浪費，非効率な経営に陥るリスク，会社全体を「たるませる」リスクを高めてしまった[10]．さらに85年のプラザ合意と大幅な円高，それに伴う大幅な金融緩和政策も後押しするかたちとなり，日本企業は資本効率を顧みることなく[11]，In-Out型M&A（国内企業が海外企業

---

8) この慣行も，株主への利益配分を制限した戦時体制に遡ることができる．野口 (1995)，渡辺 (1994) などを参照．

9) 井手・高橋 (1997: 160頁) によれば日本の製造業の株主資本比率は，継続的に実施されたエクイティ・ファイナンスによって，1970年代半ばの20%以下の水準から90年代には30%台にまで上昇した．

10) Aoki and Dore (1994, 邦訳書375頁) によれば，東証上場の製造業の銀行借入比率／総負債比率は1974年度には0.9を超えていたが，89年度には0.5を下回るまでに低下した．したがって，この時期には株主資本だけでなく負債についても直接金融へのシフトが進んだことで，メインバンクによるモニタリングも弱まったと考えられる．

11) 横山・本田 (1998) によれば，日本企業が行なったM&Aで支払われた買収プレミ

あるいは事業を対象とするM&A)をはじめとする事業の拡大・多角化，財テクなど過剰投資に走ったのである．既に欧米へのキャッチアップを終え先進諸国の仲間入りを果たしていたこの時期であったが，株式市場が日本企業に対して甘い価格を与え続けていたことで「(証券)市場の規律」が機能せず，ガバナンス不在となった日本企業は，従前からの売上高と経常利益の最大化という企業経営のパラダイムをも継続してしまったのである．

以上見てきたように，1970年代まではメインバンクを介した間接金融，1980年代からは市場を用いた直接金融，という手段の違いはあるものの，結局は，資金の「量」を確保することが戦後の日本企業の財務部門の主たる役割であったと言えよう．これらの財務行動は配当あるいは利払いにせよ，一貫してキャッシュコストを意識しており，それは経常利益最大化パラダイムの延長線上のものであったと考えられる．

(3) グローバルスタンダード時代の日本企業の経営財務

バブルが崩壊して1990年代に入ると，旧社会主義国の自由市場への競争参加がいよいよ本格化し，それまでの旧西側資本主義諸国の10億人の競争は40億人の競争へと変化した[12]．いわゆるメガコンペティションの時代である．とりわけ中国をはじめとした途上国の安価な工業製品は「デフレの輸出」とも言われ，日本企業の価格競争に対しても大きなプレッシャーを与えるようになり，日本経済は平成不況と言われるような状況にまで陥った．バブル崩壊後の日本企業のROE (Return on Eguity 株主資本利益率)は歴史的な低水準にまで落ち込み(図1-2)，これまでの競争戦略とともに売上高・経常利益といった規模の指標の再考を迫られることとなったのである．

こうした状況の下で，政府は金融市場のフリー・フェア・グローバル化を目指した金融ビッグバン，企業の情報開示を欧米並みにする会計ビッグバンなどの制度改革を次々と実施し，その結果，日本経済はいわゆる「グローバルスタンダード」の時代に入った．世界的な競争環境，基準統一化の動きである．特

アムは75.2%であった．これは，全M&Aの買収プレミアム平均の41.9%を大きく上回る．
12) 伊藤 (1997)．

図 1-2. 東証一部企業の ROE の推移：1965-99 年度

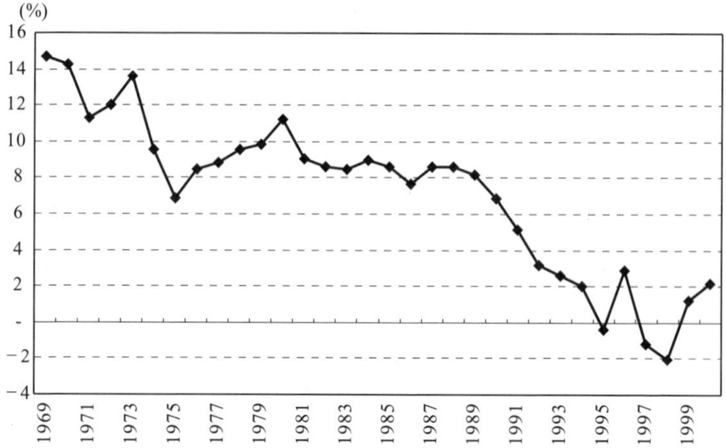

(出所) 東証「企業業績及び配当の状況（平成 12 年度）」より筆者作成

に会計ビッグバンの一環である時価会計と減損会計の導入は，バブル期に行なった様々な過剰投資や運用損を企業のバランスシートからあぶり出した．そのため，急速に株式の持ち合いは解消され，放出された持ち合い株式は外国人投資家や国内の機関投資家をはじめとした利潤目的の投資家に吸収されていったのである（図 1-3）．加えて株式交換制度の整備は[13]企業の安定株主比率の低下と相まって，企業買収を容易にする．このような要因によって，経営者は資本市場の評価である株価を意識せざるを得ない状況になってきたのである．市場評価の低い企業は買収の標的となりやすく，あるいは，市場はそのような企業への資金調達手段を著しく制限するため，企業は存続（going concern）をも脅かされることになる．小野（2003）はこの戦時経済体制からの変化を，「株主主権からの乖離」から，持ち合い解消による「株主主権への回帰」と表現している．

以上のように，バブル期の直接金融への移行とその後の持ち合い解消の進

---

[13] 平成 11 年（1999 年）改正商法によって解禁された．さらに 2007 年 5 月には，外国企業が自社株を使って日本企業を買収できる三角合併が解禁された．

図 1-3. 株式の所有者別持株比率の推移：1949–2005 年度

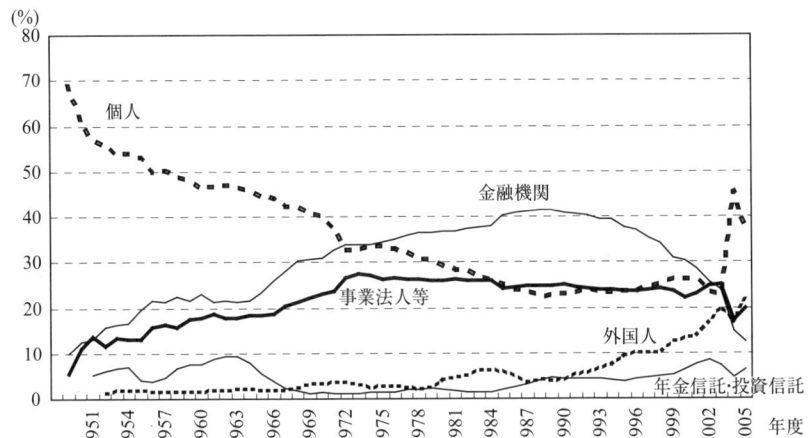

(注) 国内上場会社の 2,843 社の上場普通株式
　　1985 年度以降は単位株ベース，2001 年度からは単元株ベース
　　金融機関は，投資信託および年金信託を除く
　　（ただし，1978 年度以前については年金信託を含む）
(出所) 東証「平成 17 年度株式分布調査の調査結果」をもとに筆者作成

展により，「株主主権の発動を遮断した企業経営を，経営者に容認する」[14] 株式持ち合いとメインバンク制はその歴史的機能を失ったと言えよう．その一方で，利潤目的の株主比率の上昇と株式交換制度の整備などから，日本企業も株価を意識した経営，すなわち株主価値あるいは企業価値を重視する経営を余儀なくされることとなった．これは企業の経営目標において，従来の売上高や経常利益といった規模に関わる指標だけでなく，ROE や ROIC（Return on Invested Capital: 投下資本利益率）など効率性を表す指標をも考慮する必要性を意味する．資金が限量的な経営資源ではなくなった今日，日本企業の経営目標は，経常利益の最大化から，資本市場を意識した資本効率の追求へと移行せざるを得なくなった．

　これに伴い，財務部門の役割も，メインバンクとの良好な関係の構築・維持

---

14) 小野（2003）515 頁．

表 1-1. 財務を取り巻くパラダイム変化

	戦後のキャッチアップの時代		グローバルスタンダード時代
株主	株式持ち合いによる安定株主	→	利潤目的の純粋投資家
配当	額面配当主義	→	業績連動・配当利回・DOE
資本調達	額面割当	→	時価発行
負債調達	メインバンクとの関係	→	格付機関との関係
資金調達手段	間接金融制度に立脚するメインバンク制度	→	資本市場を用いた直接金融
企業買収	安定株主により事実上不可能	→	株式持ち合いの崩壊により容易に
経営目標	売上高・経常利益の規模最大化	→	企業価値の最大化
財務部門の役割	メインバンクとの関係維持	→	資本市場との関係維持
財務部門の機能	資金量の確保	→	財務柔軟性の確保 事業の価値の測定・評価

から，資本市場との良好な関係の構築・維持へと変容したのである．そしてこの変容は，従来は資金の「量」の確保であった財務部門の機能に対して，資本市場の思考を用いた事業価値の測定・評価という戦略的な機能を求めることになった．実際に 1990 年代半ばより，企業価値の最大化を経営目標とし，とりわけ EVA もしくは類似のものを業績評価指標として導入し，VBM（価値創造経営）を実践する企業が日本においても増加している．それは日本企業が伝統的に重視してきた売上高，経常利益といった指標からの決別，すなわち経営システムのパラダイム変化を意味すると言っても過言でない．表 1-1 に戦後のキャッチアップの時代と対比する形で今日のグローバルスタンダード時代の企業財務を取り巻く環境を示しておく．VBM への注目の高まりはこのような時代背景・環境の変化による必然だとも言えよう．

第 2 節　価値創造経営（VBM; Value Based Management）

前節では日本企業の財務部門の役割がどのように変遷してきたかを概観し，その検討から，VBM という新しいフレームワークにおける財務部門の役割が

今日的課題であることを説明した．そこで本節では，VBMについてその内容を考察していく．

(1) 企業価値とVBM

　Damodaran (1999) は，企業価値を「企業に対する請求権を持つすべての投資家にとっての価値」[15]として定義している．小田切 (2000) もほぼ同様に「企業の市場価値，略して企業価値と呼ばれ，株価総額 (株価に株式数をかけたもの，すなわち株式の全市場価値) に負債総額を加えたもの」[16]と説明している．これらは，企業は株主資本 (equity: 自己資本) と有利子負債 (debt: 他人資本) によって事業を営むための資金調達を行なうという認識に基づき，企業への資金提供者である株主と債権者 (社債権者や金融機関など) の観点から説明するものである．

　資金提供という観点からは，株主も債権者も等しく企業への資金提供者であるが，債権者は利益の分配において株主よりも高い優先順位を持ち，あらかじめ契約で定められた金利の分配を先に受け取り，最後に残った残余が株主に分配される．すなわち，両者の違いは請求権に基づく分配方法の違いだけと見なすことができるので，資金調達の源泉と資金提供者へのリターンという観点からは，企業価値は有利子負債と株主資本の合計として次式で表すことができる．

　　　企業価値＝資金提供者へのリターンの経済的価値　　　　　　式(1.1)
　　　　　　　＝債権者へのリターンの経済的価値
　　　　　　　　＋株主へのリターンの経済的価値　　　　　　　　式(1.2)
　　　　　　　＝有利子負債の時価＋株主資本の時価　　　　　　　式(1.3)

　一般に，株主価値とは株主資本の時価であり，それは株式時価総額 (株価×発行済株式総数) で観察される．したがって，市場で形成される企業価値を「市場価値」と定義すると，式 (1.3) は次式のように書き換えられる．

---

15) Damodaran (1999) p. 440.
16) 小田切 (2000) 92頁.

市場価値＝有利子負債価値＋株式時価総額(株主価値)　　　式(1.4)

　前述したように，企業は債権者に対しては契約に基づいた利息と元本の返済を行なうことでリターンを提供するため，債権者は原則的には事業収益の不確実性(事業リスク)を負担しない．そのため，有利子負債価値の変動は通常小さく，簿価とはさほど大きく乖離することはない．それに対して，株主が受け取るリターンは残余であるため事業収益に依存しており，事業収益の不確実性は株主へのリターンの変動となって現れるので，企業価値の変動は株主価値(株価)の変動となって現れる．したがって，企業価値を追求するVBMとは，「株主価値の最大化を目標とする経営」と理解することができる．実際にコーポレートファイナンスあるいはVBMの文献の多くで，企業の目標を「株主価値(shareholder value)の最大化(maximization)(もしくは創造(creation))」と定義している[17]が，これは企業価値の最大化と株主価値の最大化が同義であることを前提としているためである．このようにVBMを理解すると，企業価値の最大化とは，株主へのリターンである配当と株価を高めることで株主価値を最大化することとなる．そして，現在の株価は将来の配当と将来のキャピタルゲインの期待水準から形成されることより，経営者は資本市場での自社の評価である「市場価値」を高めることがVBMにおける経営目標となる．

　ここで再度，企業価値の定義に戻ろう．Ogden et al. (2003)は「企業の市場価値(market value of a firm)」を「その企業が生み出すキャッシュフローに対するすべての請求権の価値，すなわち企業が発行する証券全部の価値」と説明したうえで，「「企業の価値(value of the firm)」と「企業の保有する資産の価値(value of the firm's assets)」は同義である」[18]と述べ，バランスシートの資産側についての言及をしている．また津森(2001)も，企業価値を「現在有する資産からのフリーキャッシュフローの割引現在価値と将来の成長が生み出すフリーキャッシュフローの割引現在価値」[19]と資産側から定義している．そこで，企

---

17) たとえばDamodaran (1999), Black et al. (1998), Martin and Petty (2000)など．
18) Ogden et al. (2003) p. 32.
19) 津森(2001) 112頁．

業のバランスシートの資産側，すなわち事業価値に目を移してみると，企業価値は以下の式で表すことができる．

$$企業価値 ＝事業価値＋金融資産価値 \qquad 式(1.5)$$
$$＝将来のフリーキャッシュフロー流列の現在価値$$
$$＋金融資産時価 \qquad 式(1.6)$$

ここでフリーキャッシュフロー（Free Cash Flow，本書では以下「FCF」と記す）は，一般に以下の式で算定される．

$$\text{FCF} ＝税引後\underline{営業利益}＋減価償却費－（設備投資＋運転資本投資）$$
$$\qquad 式(1.7)$$
$$＝営業キャッシュフロー－設備投資 \qquad 式(1.8)$$

　企業は調達した資金を元手に事業投資を行ない，売上高から諸原価・費用として，仕入先や従業員など資金提供者以外のステークホルダーに対しての支払いを行なう．すると残りが資本提供者に対する分配，すなわち資本利益（会計上，営業利益として算定される）となる．式 (1.7) が資本の調達手段とは無差別であることから分かるように，FCF とはすべて株主資本で調達した場合の純現金収支[20]であり，「経営者が裁量的に（自由（free）に）使途を決定できる現金」[21]と考えられる．この「経営者が自由に」を資本提供者の立場で言い換えれば，「資本提供者に帰属する」現金ということになり，式 (1.1) の「資金提供者へのリターンの経済価値」を最大化する経営は，「将来のFCF流列の現在価値」を最大化する経営ということになる．したがって，このコンテクストにおける経営者の役割は，事業への投資で効率よくキャッシュを生み出すマネジメントを行なうことになり，VBM は，「キャッシュフローの最大化を目標にする経営のあり方」[22]と説明されることになるのである．株価はマクロ経済や株式市場の需給など，経営者がコントロールすることが難しい要因に大きな影響を受けてしまうため，経営者が株主価値ないしは企業価値を創造する VBM でマネジメ

---

[20] そのため FCF は All-Equity CF と呼ばれることもある．
[21] Damodaran (1999) p. 227.
[22] 本田 (1997) 16 頁．

ントすべきは，一義的にはコントロールが困難な株価そのものではなく，企業が将来生み出す FCF，すなわち事業価値に影響を与える要因が対象となろう．

以上のように，企業価値をバランスシートの資産・負債の両側から考察してみると，「企業価値創造（最大化）の経営」，「株主価値創造（最大化）の経営」，「キャッシュフロー経営」などは，いずれも VBM を異なった視点から定義したものであり，実質的にはすべて同義である[23]ことが分かる．また，どちらの考え方をとったとしても，VBM の考え方は，メガコンペティションにおける企業経営において，「企業にとって競争優位を追求すること自体は必ずしも目的ではなく，それが企業価値を高める 1 つの手段であることを経営者に認識させる」[24]のである．

(2) VBM の目的とフレームワーク

このように「価値創造」を企業の目的として，その達成を図るためのマネジメントが VBM であるが，Ittner and Larcker (2001) はそのフレームワークを一般化し，(1) 株主価値を増大させる特定内部目標の選択，(2) 組織目標の特定，(3) 戦略と組織デザインの構築，(4) バリュードライバーの特定，(5) 実行計画の構築，指標の選択および目標設定，(6) 業績評価，の 6 つのプロセスで示した（図 1-4）．

VBM の特徴として，Arnold (2000) は①長期的な株主価値の創造が企業目標として設定されることとともに，②資金の機会費用（資本コスト）が認識されることを指摘している．

①の特徴について検討してみよう．式 (1.6) より，企業価値は将来にわたって創出される FCF の多寡にかかっているので時間軸が長期に及ぶことは明らかであろう．しかし，「株主価値」を企業目標として設定することについては，他の利害関係者とのコンフリクトがしばしば議論になる．それでも，あくまで長期的な視点に立って考えれば，顧客，仕入先，従業員，債権者などの利害関

---

[23] たとえば津森 (2001) は「株主価値向上（株主価値創造）は企業価値創造と 100% 同義である」と述べている．井手・高橋 (1998: 130 頁) も同様．
[24] 楠 (2004) 10 頁．

第2節　価値創造経営（VBM; Value Based Management）

図1-4．Ittner and Larcker（2001）によるVBMフレームワーク

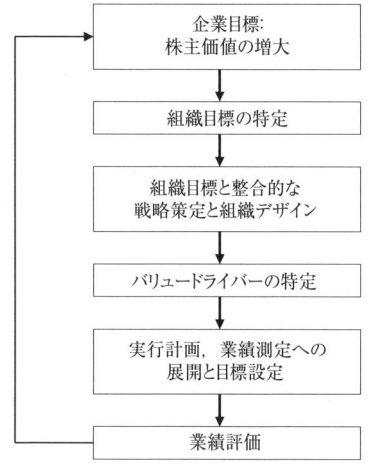

（出所）　Ittner and Larcker（2001），p. 353 より引用

係者の満足は株主利益の前提となるはずである．たとえば Black *et al.*（1998）は企業価値を最大化するために必要な手段をとることによって，実は株主だけでなく他のステークホルダーの利益をも増進することができると述べ，伊藤（1999）も同様に，〈株主の利益〉対〈従業員の利益〉，〈株主の利益〉対〈顧客の利益〉というような二律背反の問題ではなく，パイの拡大を目指すことが肝要で，一方が損をしない形で他方の利益を拡大するという方向が望まれると述べている．そして，これらを支持する客観的な証左として Copeland *et al.*（1994）は，米国，日本およびドイツの労働生産性と株主の富の増加，雇用増加の関係を分析し，株主に対して利益を生んだ企業は，経済全体や他のステークホルダーにとっても利益を生んでいること指摘している．また，本合・井上（2003）は，スターン・スチュワート社が行なった2001年度 MVA[25] 1,000社ランキングの上位と下位10社の，1999年度から2年間の売上高，従業員数，投下資本の変化を調査した．これら3要素について，上位10社はすべて増加，下位10

---

[25] Market value Added. 将来の流列の EVA の現在価値の和．

社はすべて減少していることから,売上と顧客満足,従業員数と雇用,投下資本と取引業者にとっての取引機会を関連付けて,株主価値創造に成功している企業は,その他のステークホルダーに対する価値の創造にも成功していると主張している.したがって,株主価値の追求は他の利害関係者と必ずしも背反するものではなく,バランスを保ちながら企業の発展を志向するための適切な目標になり得るのである[26].

次に,②の特徴について検討してみよう.たとえばVBMの代表的な業績評価指標とされるEVAは次式で求められる.

$$\text{EVA} = \text{NOPAT} - 資本費用^{[27]}$$
$$= \text{NOPAT} - (投下資本 \times \text{WACC})$$

$$\left[\begin{array}{l} \text{NOPAT: Net Operating Profit after Tax, 税引後営業利益} \\ \text{WACC: Weighted Average Cost of Capital, 加重平均資本コスト} \end{array} \right]$$

このように,VBMにおける業績評価指標は資本コストを明示的に認識しているのに対して,伝統的な会計利益である損益計算書の純利益では,負債資本の資本費用(金利)が控除されているだけで株主資本に関する費用は認識されていない.そのため,会計利益をベースとしたEPSやROEでは「価値が創造されているのかどうか?」といった単純な疑問に明確な回答が得られるとは限らないのである.このことについて,Drucker (1995) は,「EVAは長年私たちが知っているものに基づいている.私たちが一般に利益と呼んでいるもの,株主資本に供するために残された金は,通常,利益ではまったくない.事業が資本コストを上回る利益をあげるまでは,損失を生んでいることになる」[28]と指摘している.Ehrbar and Stewart (1999) もまた,EVAを「投入された資源のコストをすべて控除した残余であり,経済学者が経済利益(economic profit)とか

---

[26] ステークホルダー理論に関してはたとえばBlack *et al.* (1998),伊藤(1999)などを参照.

[27] 本節では資本コストと区別するために,「資本費用(capital charge)」を「投下資本(額)×資本コスト(率)」という意味で用いることとする.

[28] Drucker (1995), p. 59.

経済レント (economic rent) と呼ぶもの」[29]だと述べている．

以上よりVBMとは，期間業績としての会計利益を気にするあまりに，経営者が忘れかけてしまう投資の価値 —— 将来の（多期間にわたる）流列キャッシュフローと資本の機会費用によって決定される —— に基づいた意思決定を行なうための経営システム，換言すれば，企業内に資本の論理を持ち込む経営システムと言えよう．

第3節　VBMの新たな展開領域

前節ではVBMの内容について検討した．本節では，経営者がマネジメントすべき2つの価値の存在を指摘するとともに，グローバルコンペティションと資本市場のグローバル化が進む今日，企業の財務部門には新たな役割と機能が求められ，それがVBMの新たな展開領域につながることを指摘する．

(1) 企業価値と市場価値

経営者が先ずもって，最優先でマネジメントすべきは経営者がコントロールすることが難しい株価ではなく，企業が将来生み出すFCF，すなわち事業価値に影響を与える要因であると先に指摘した．しかし，経営者がいくら事業価値を最大化するためのマネジメントを行なっても，それが実際に資本市場で評価されない限りは，株主のリターンとしては実現されない．Black $et\ al.$ (1998) は，株主価値創造のためのアプローチについて，「金融市場における測定基準を企業内部にまで引き伸ばし，企業が採用する戦略が，<u>外部における企業評価に影響を及ぼすかどうかを認識するためのもの</u>」[30]と述べており，市場（外部）での評価について言及している．

ここで再度，企業価値を示す式 (1.4) および式 (1.6) に着目すると，経営者に求められる次の2つのことが明確になる．第1は，企業が将来に生み出す

---

29) Ehrbar and Stewart (1999), p. 19.
30) Black $et\ al.$ (1998) 邦訳書73頁．（下線は筆者）

図1-5. 経営者がマネジメントすべき企業価値と市場価値

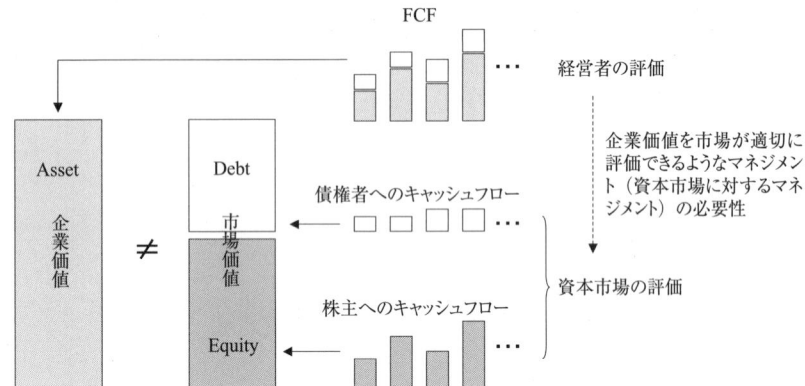

キャッシュフローに影響を及ぼす事業戦略をマネジメントすることである．このマネジメントはバランスシートの資産側である事業価値を最大化するマネジメントにつながる．第2は，その事業戦略が資本市場で評価を受け，事業価値が適切に市場価値（株式時価総額）に反映されるように，情報開示やIR (Investor Relations) などの資本市場に対するマネジメントを行なうことである．この2点は図1-5のように示される．

企業価値 (Asset) とは，事業が生み出すFCFの割引現在価値で評価され，そのFCFは請求権によって債権者と株主へそれぞれ帰属する．債権者へ帰属するキャッシュフローの割引現在価値が有利子負債価値 (Debt) であり，株主へ帰属するキャッシュフローの割引現在価値が株主価値 (Equity) である．両者へ帰属するキャッシュフローは単に，FCFが切り分けられているだけなので，理論的に言って企業価値は，市場で観察される有利子負債価値と株式時価総額の和（市場価値）に等しい．しかし，現実には情報の非対称性などが存在するために，インサイダーである経営者が評価する企業価値とアウトサイダーである投資家が評価する市場価値が一致するとは限らない．そのため経営者には，事業戦略マネジメントによって創造された価値を市場が適切に反映できるよう，資本市場に対しても何らかのマネジメントを行なうことが要求される．事業で創造された価値が市場評価に反映されない限り，資本提供者にとっての価

表 1-2. 企業価値と市場価値の対比

	企業価値（Asset）	市場価値（Debt + Equity）
バランスシートの評価対象	資産側	負債側
評価者	経営者 （インサイダー）	資本市場 （アウトサイダーである投資家）
評価のための情報量	量・質ともに情報優位	限定的な情報量
評価のベース	事業からの将来の期待FCF	将来に期待される配当および キャピタルゲイン，負債利子
企業側に必要なマネジメント	競争戦略による事業マネジメント	資本市場に対するマネジメント
マネジメントされる価値	本源的な価値	企業価値が資本市場で写像され た結果としての価値

値は実現されないからである．表1-2に企業価値と市場価値の対比を示す．

ところで，コーポレートファイナンス理論では，企業の目的を企業価値（あるいは株主価値）の最大化として，企業の投資意思決定および調達意思決定が論じられる．そして，企業の意思決定が自社の証券の価値やリスクに与える影響を理解するために，その出発点として完全資本市場（perfect capital market）[31]が仮定される．完全資本市場はOgden et al. (2003)[32]によれば次の5つの仮定によって定義される．

仮定1．資本市場は非摩擦的である．
　取引コストや税金のない市場である．投資家は委託手数料や売買手数料を支払う必要がなく，証券の空売りに対する規制もない．また企業が自社の証券を発行・償還する際のコストもゼロであり，倒産に伴うコストもない．

仮定2．すべての資本市場参加者の期待は同質的である．
　取引される証券の価値に関わる情報が市場参加者のすべてに一様にコストなしに伝わる市場であり，全市場参加者は情報を合理的に分析して証券価格を決定する．全参加者が投資の見通しについて共通の期待感を持っている．

---
31) もしくは，ideal capital market（理想的な資本市場）などと言われる．
32) Ogden *et al.* (2003) pp. 30-31．(邦訳書下巻，42-43頁)

仮定3. すべての資本市場参加者は孤立的である.
　市場参加者は証券の市場価格に影響を与えるほどの力を持っていない．

仮定4. 企業の投資計画は固定的であり，かつ既知である.
　企業の資本投資計画すなわち資産，営業および戦略は固定的であるとともに，すべての投資家に知られている．

仮定5. 企業の資金調達は固定的である.
　一度決められた資本構成は堅持される．

　このような完全資本市場仮説の世界では，経営者の評価と市場の評価（式(1.6)と式(1.4)）に乖離は生じないはずであり，企業のバランスシートの左右を区別する理由はない．財務部門は単に，事業投資機会に対する経営資源投入の可否判断の基準を提供し，投資実施のための資金調達を行ない，再投資先がない場合に株主に資金を返還することが主たる役割となり[33]，それらは極めて単純で作業的なものになる．完全資本市場では，企業の将来にわたるキャッシュ創出能力について経営者と市場の見通しに差は現れず，企業の調達方法や配当・自社株買いは企業価値に中立であり，所有と経営の分離に起因するエージェンシーコストも発生しないからである．
　しかし，現実には経営者はすべての情報を開示できるわけではないうえに，株主が経営者の将来見通しに賛同するとは限らない．そのため，経営者をモニタリングすることは複雑かつ不完全なものとならざるを得ない．さらに税金も存在し，資本市場へのアクセスも費用なしにはあり得ない．また激しい競争によってビジネスの不確実性が増大し，投資機会の評価もますます複雑になってきている．株式の流動性を超えた売買注文は株価に影響を及ぼすであろうし，あるいは資本調達において負債もしくは株主資本のどちらを選択したかによって，資本市場は何かを読み取ろうとするかもしれない．

---

[33] Lessard (1991) p. 61.

完全資本市場はファイナンス理論の理解のために厳しく制約された理想的な世界であり，現実には経営者は事業資産から生み出される将来のFCFの情報について，資本市場よりも情報優位の立場にある．すなわち，企業価値について最も多くの情報を保有するのは経営者であり，経営者が真の企業価値を知っているのに対して，資本市場は限定的な情報の下で企業価値を評価することしかできない．したがって，式 (1.4) と式 (1.6) は必ずしも一致せず，通常は多かれ少なかれ乖離が生じる．その乖離を小さくするために，企業からの積極的な資本市場に対するマネジメントが必要となるのである．

以上より，「企業価値」と「市場価値」の本書での定義をここで明確にすると，式 (1.4) で表されるバランスシートの負債側を資本市場が（おもに株式時価総額として）評価した企業価値が「市場価値」であり，式 (1.6) で表されるバランスシートの資産側の情報を豊富に有する経営者が評価した本源的な企業価値 (intrinsic value) が「企業価値」である．そして，経営者がマネジメントすべき「企業価値」と「市場価値」という2つの価値が存在し，経営者はVBMにおいてそれら2つの価値の増大に責任を負うことになる．

(2) 2つの価値の相互関係とVBMの新たな展開領域

最後に，近年のグローバルコンペティションにおける「企業価値」と「市場価値」の両者の相互関係およびVBMの新たな展開領域について考察する．

企業の存続のために最も重要なのは，財・サービス市場での競争力の維持であることは言うまでもない．しかし，グローバルコンペティションの中で生き残るためには資本市場での競争力，すなわち「高い株価と高い信用力」がますます重要になってきていることを指摘できよう．東西冷戦の終結を引き金に，今日ではBRICs[34]などと呼ばれる財・サービス市場が出現した．これら新興で不安定な財・サービス市場へ対応するためには，即効性があり，かつ規模／範囲の経済性などを享受できるM&A，あるいはリスクをシェアできるジョイント・ベンチャーや各種提携など企業間の連携を伴う事業戦略が有効に機能

---

34) 経済発展が著しい新興工業国である Brazil, Russia, India, China の4ヶ国の総称．

図 1-6. 2つの競争力の相互関係

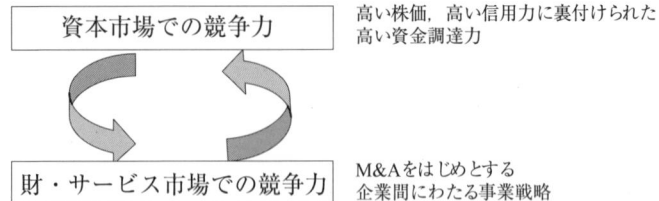

資本市場での競争力 ── 高い株価,高い信用力に裏付けられた高い資金調達力

財・サービス市場での競争力 ── M&Aをはじめとする企業間にわたる事業戦略

図 1-7. 企業財務部門の役割

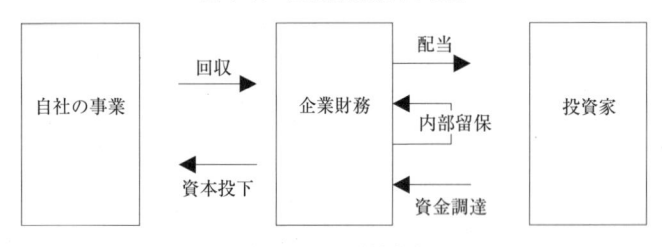

自社の事業 ─ 回収 → 企業財務 ─ 配当 → 投資家
企業財務 ─ 内部留保
投資家 ─ 資金調達 → 企業財務 ─ 資本投下 → 自社の事業

(出所) Brealey and Myers (2000) p. 6 をもとに筆者作成

しよう．そして，これら戦略の実施は,「資本市場における競争力」が高いほど，すなわち，自社の発行する証券が資本市場で高い評価を受けているほど自社に有利に働く．つまり，高い資金調達力は財務の柔軟性を増大することから，ひいては事業の面でも多くの戦略オプションを保有することになる．すなわち，資本市場における競争力が，財・サービス市場での競争力にも大きな影響を及ぼすのである．したがって，21世紀の企業存続の条件として，①財・サービス市場での競争力の維持，と同時に，②資本市場での競争力の維持，があげられる．そしてさらに，この2つの競争力は従来になく強い相互関係を持つ（図1-6) とともに不可分なものとなってきており，それは「企業価値」と「市場価値」の強い相互関係性と不可分性と換言できる．それはバランスシートの貸借であり，表裏一体であると考えられるのである．

その意味においても，VBMにおける21世紀の財務部門は，図 1-7 に示す従来のファイナンス文献に示される役割では不十分であり，買収あるいは被買収側に関わらず，きたるM&Aに対応するためにも，その機能として資本市場

第3節　VBMの新たな展開領域　27

図1-8.　VBMの新たな展開領域（21世紀の企業財務の役割）

市場価値の最大化（資本市場に対する財務マネジメント）

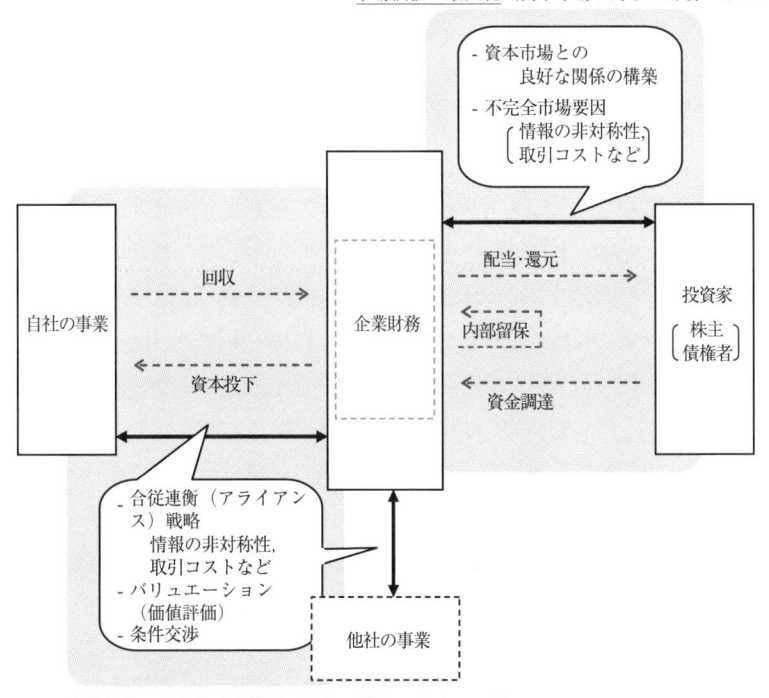

- 資本市場との良好な関係の構築
- 不完全市場要因（情報の非対称性，取引コストなど）

自社の事業 ←―回収―→ 企業財務 ←―配当・還元―→ 投資家（株主/債権者）
自社の事業 ←―資本投下―→ 企業財務 ←―内部留保―→
　　　　　　　　　　　　　　　　　　←―資金調達―→

- 合従連衡（アライアンス）戦略
　情報の非対称性，取引コストなど
- バリュエーション（価値評価）
- 条件交渉

他社の事業

企業価値の最大化（企業間にわたる財務マネジメント）

との良好な関係構築により自社の発行する証券の価値を高めておくこと（図1-8右側「資本市場に対する財務マネジメント」）が重要な役割となる．完全資本市場とのコンテクストで述べれば，そこでは仮定されない情報の非対称性や税金，取引コストといった不完全市場要因を考慮したとき，企業の意思決定は複雑なものとなり，だからこそ価値創造に財務部門が貢献できる余地が生まれるのである．

そしてM&Aをはじめとする合従連衡（アライアンス）戦略では，他社の経営資源を獲得するために要するコストの測定，他社の経営資源を利用した場合の自社価値の測定が不可欠となる．特にシナジーの発現を期待するアライアンス戦略は，完全市場で仮定される「一物一価」でないこと，換言すれば，経営資

源の保有者・利用者が誰であるかによって価値が変わり得ることこそが主な動機だと言えよう．したがって，そのような戦略を遂行するにあたっての取引は，価格や条件交渉を含む相対取引であったりするなど，およそ市場を介した取引とは異なったものになる．他社の経営資源を利用した場合に，自社がどれだけの価値を持つことになるかの測定は，前述したように，「金融市場における測定基準を企業内部にまで引き伸ばし，企業が採用する戦略が，外部における企業評価に影響を及ぼすかどうかを認識する」ことを資本市場と向き合いながら行っている財務部門が持つべき機能である．したがって，他社の経営資源を獲得するコストを測定するために行なう他社事業（企業）のバリュエーション（図1-8下側「企業間にわたる財務マネジメント」）も財務部門が担う重要な役割となる[35]．

　以上見てきたように，VBMにおける財務部門の役割・機能は，財・サービス市場のグローバルコンペティションと資本市場のグローバル化によってその領域を拡大する必要に迫られている．その拡大領域とは，1つは「資本市場に対するマネジメント」であり，いま1つは「企業間にわたるマネジメント」である．従来のVBMの研究では，これら2つの相互関係性への言及は少なく，特に，「企業価値」と「市場価値」が明示的に区別して取り扱われることは少なかった．そして実際の企業経営において，価値創造に財務が貢献するためには，完全市場を前提としたコーポレートファイナンス理論の理解を前提として，実践においては不完全市場要素を発見し，それをいかに解釈し取り扱うかが重要な課題となる．本書ではこのような問題意識を持って論を進め，最終的には価値創造の財務マネジメントの内容と手法および，そのあり方の解明を本書の目的とする．

　それでは次章で，バリュエーション（valuation，価値評価）について詳しく検

---

[35] Lessard (1991, p. 59) も同様に，製品市場のグローバルコンペティションと世界的な金融市場の規制緩和とボーダーレス化は，企業の財務マネジメントに新たな機能を求める外部要因となり，財務部門は伝統的な役割としての資金調達・運用だけでなく，より戦略的な経営意思決定 (strategic and operating management decisions) の機能を求められるようになったと指摘している．

討しよう．バリュエーションは，第3章以降で展開される「資本市場に対するマネジメント」および「企業間にわたるマネジメント」についての議論の根底をなすものである．

第2章

VBMとバリュエーション

　本章では，前章での議論を踏まえて，企業価値の測定，それに関する業績評価についての具体的手法を検討し，実務への適用可能性について考察していく．第1節では，VBMの代表的な業績指標とされるEVAを取り上げ，VBMにおけるその有用性を考察する．はじめに，多期間すなわち長期的な視野に立った業績評価を前提とするVBMにおいて，1会計期間の業績指標であるEVAが業績評価指標として高い合理性を持つ理由を，DCFバリュエーションとEVAバリュエーションとの等価性に着目しながら説明する．さらに，真の経済利益を表すために，EVAにおいて施される会計利益の修正が企業行動へ与える影響についても言及する．

　第2節では，バリュエーション手法についての検討を行なう．前節で等価性を確認したDCF法とEVA法を比較した後に，APV法を紹介する．APV法は，WACC法と比較すると，資産の生み出すキャッシュフローのリスクを反映した割引率によって割り引くという特徴，すなわち資金の調達源泉の影響を受けないという特徴があり，企業価値を事業価値と財務価値とに要素分解することを可能とする．そのため，事業戦略と財務戦略との価値創造の関係を明確にする点でWACC法よりもAPV法が優れることを指摘する．そうした考察を踏まえて，VBMにおける最適な手法として，EVA法とAPV法を組み合わせたEVA-APV法を提唱する．

　第3節では，EVA-APV法とバリューマップとを組み合わせ，さらに企業自

らが内部情報を用いて自社の企業価値の測定・分析を行なうインハウス・バリュエーション（In-house Valuation）という手法を提唱する．バリューマップ分析とは，セグメントごとの投下資本と価値を測定してチャートに表す分析手法であり，事業ポートフォリオ分析，あるいは子会社資本政策などに多くのインプリケーションを提供する．本節ではアイシン精機をケースとして取り上げ，インハウス・バリュエーションを用いて本源的な企業価値（理論株価）とその構成要素を測定したうえで，資本市場の評価する市場価値（実際の株価）との比較分析を行ない，本源的な企業価値および市場価値の向上のための財務マネジメントにおけるインハウス・バリュエーションの有用性を考察する．

第1節　EVAとバリュエーション[36]

　EVAは，財務コンサルティング会社であるスターン・スチュワート社が開発した管理会計ツールである．日本企業においてもEVA，あるいはEVAの考え方をベースにした独自の指標を採用する企業が増えつつある[37]．企業にとってEVAを導入するということは，(1)キャッシュフローを重視し，(2)企業価値創造を目的とした，(3)「資本の論理」に忠実で合理的な経営を行なう，という意思の表明であり，それはつまり，企業経営の価値観における根底の変化を促さずにはおかないものである．管理会計において肝心な問題は結果としてどのような企業行動（の変化）をもたらすかということである．本節では，VBMの代表的な業績評価指標であるEVAをより深く理解するために，EVAが企業価値創造のプロセスにおいて合理的な指標たり得る理由と，経済的利益を表す

---

[36] 本節は，拙稿「EVA企業になるために」『証券アナリストジャーナル』第39巻第3号に加筆修正したものである．

[37] スターン・スチュワート社とコンサルティング契約を結んでいる企業（SONY，花王等）だけが「EVA」という名称を用いることができる．コンサルティング契約を結んでいない企業ではEVAという名称を用いることはできず，たとえば松下電工ではMEP，HOYAはSVA，TDKはTVA，オリックスはOVAなどといった名称を用いているが，実質的にはEVAと変わらないと考えてよい．

ための工夫について考察を加える.

(1) EVAの計算構造

EVAとは「営業利益から資本の利用に対する費用を差し引いたもの」[38] である. EVAとは特に新しい概念ではなく,「残余利益 (residual income)」あるいは「経済的利益 (economic profit)」の一形態であり, 経済学においては以前から認識されていた概念である. EVAは株主の富に焦点を当てた指標であるが, 企業が管理対象とする業績評価指標を「会計利益 (accounting earnings; reported earnings)」から「経済的利益 (economic profit)」にシフトすることで企業の行動様式に変化が見られるのだろうか.「会計利益」と「経済的利益」をキーワードにEVAを用いてVBMの本質を考える. まず, 簡単にEVAを説明すると以下のようになる.

$$EVA = 税引後営業利益 - 資本費用 \qquad 式(2.1)$$
（税引後営業利益；NOPAT, Net Operating Profit after Tax）

$$資本費用 = 加重平均資本コスト \times 投下資本(簿価)^{39)} \qquad 式(2.2)$$
（加重平均資本コスト；WACC, Weighted Average Cost of Capital）

$$WACC = \frac{E}{D+E}R_E + \frac{D}{D+E}(1-t)R_D \qquad 式(2.3)$$

税引後営業利益：営業利益×（1－税率）
R_E：株主資本コスト
R_D：負債資本コスト
E ：株主資本（時価）
D ：有利子負債（時価）

会計上における利益概念の最大の欠点は, 株主から預かった資金に対する費用がまったく認識されない点である. 企業が事業を営むための資金は, 有利子

---
38) Stewart (1991a) p. 2.
39) ここで注意すべきは, WACCの加重平均に用いるD, Eは時価ベースであり, 資本費用を算出するときにWACCを乗じる投下資本は簿価であるという点である. 詳しくは高橋 (1999) を参照.

負債だけでなく株主資本からも調達されているのである[40]．負債資本提供者からの資金（すなわち有利子負債）には，その契約から支払利息が発生するため，損益計算書においてその費用（すなわち負債資本コスト）が認識・計上される．他方，株主資本は，リスクキャピタルであるが故にその株主資本提供者の要求収益（すなわち株主資本コスト）は予め契約等で定められておらず，損益計算書においてその費用は認識・計上されない．EVA の最大の特徴は，日本企業が戦後長らくほとんど意識しなかった，あるいは配当のみと勘違いしてきた株主資本コストという概念が明示的に取り入れられている点である．

しかしながら，単純に株主資本コストを当期利益から減じることが EVA の本質ではない点に注意が必要である．EVA の簡便的な算出方法として，株主資本簿価に株主資本コスト（率）を乗じて算出された株主資本費用（額）を当期利益から減じることが紹介され，事実，そのような使われ方は頻繁に見受けられる．しかし，単純に株主資本費用を当期利益から減じる方法では，スターン・スチュワート社が「Burn the books（会計帳簿は不要だ）」[41]とまで批判する会計利益の歪み（distortion）による問題を解決できないのである．EVA が会計利益から離れ，真の経済的利益を表すためには，会計手続きに対して実に 164 もの修正項目が存在するとスターン・スチュワート社は述べている[42]．EVA

---

[40] 両者は併せてキャピタリゼーションと呼ばれる．ここで注意すべきは運転負債（買掛金・未払費用等）は調達資金に含めないことである．運転資産（売掛金・在庫等）と運転負債をネットで考え，その純額を正味運転資本（Net Working Capital）として捉えれば，企業が資本として提供を受けているのはキャピタリゼーション（有利子負債＋株主資本）ということになる．これは，決して運転負債は無コストという考え方ではなく，そのコストは仕入価格等に反映されるため，営業利益段階で既にコストは支払われているという考え方である．

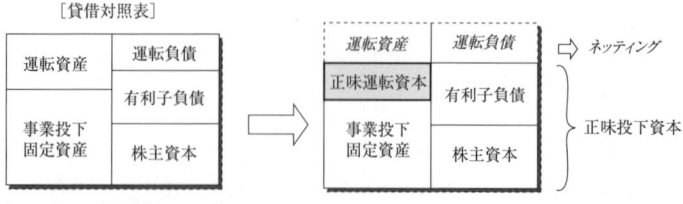

[41] Stewart (1991a), pp. 32-33.
[42] 実務上では，10 項目以内の修正で十分だと述べられている．具体的な修正の判断は，

の本質を理解するために，NOPAT および投下資本についての主な修正項目を以下で説明する．

(i) 減価償却費

EVA において減価償却費は経済的コストであるとの認識から，NOPAT において減額されると同時に投下資本も減少させ，翌期以降の資本コストを減少させる．

ところで，日本においては確定決算要件が求められているために，節税メリットを享受 (=キャッシュフローの最大化) するには損金経理を行なわねばならない．つまり健全な (課税所得のある) 企業であれば，税務上の恩恵を受けるために税法上で認められる最大限の償却を進めることが合理的ということになる．そのため，多くの日本企業は定率法により固定資産を償却しており，その償却費がそのまま管理会計上も使用されているケースがほとんどである．このような会計処理をそのままに EVA を導入した場合，固定資産は早期に費用化されるため当期の EVA は過小に，それ以降の EVA は過大に算出されてしまうことになる．よほど陳腐化の激しい，または早期回収の必要な固定資産を除いては，定率法による減価償却費の配分は経済実態を表さない場合の方が多い[43]．本来，ライフサイクル・コスティングの発想で費用認識することを正とすると，草創期から成長期，成熟期と進むにつれて，生産量に比例して費用化される金額が大きくなる方がむしろ合理的であろう (日本の GAAP[44] と税法は確定決算用

---

(1) 実質的な影響の大きさ，(2) 業績として責任者がコントロール可能か，(3) オペレーションレベルでの速やかな理解・対応が可能か，(4) 修正すべき会計情報が容易に入手可能か，等のチェックをいずれもパスするもの．

43) 減価償却費の経済的費用の配分に関しては Rappaport (2000, pp. 24-28) が参考になる．

また吉田 (2000) は，1963 年の商法改正以前における期間損益計算書の目的は「正常収益力の測定」であったと指摘している．当時の企業会計原則の連続意見書第三 (1960)「有形固定資産の減価償却について」では，「均分負担とか，便宜の処理を超えて，計画的・規則的な費用処理によって企業の正常収益力を測定しようとする規範的アプローチがみられる」と指摘している．

44) Generally Accepted Accounting Policy：一般に公正妥当と認められた会計処理．

件と相まって償却を前倒しさせてしまう).しかし現実には,将来の生産数量を予測して費用を配賦していくのは容易でない.したがって実務的には,計画された使用期間の定額法による費用化が最も合理的かつ現実的と思われる.EVAの理論に忠実ならば,減価償却費は経済的費用(に近い値)に変換しなければならないのであるが,それを怠るとEVAといえども本来の経済的費用との乖離が生じる[45].

償却の進んだ設備で製造されている製品ほど減価償却費が経済的費用から乖離し,「安く造れる」という認識の誤りが生じることは現実に多いのではないだろうか.保守的会計処理により,本来賦課される償却費負担は,過去において過大,現在および将来が過小になっている.そのため,古い設備による生産の継続を低い原価での生産と錯覚してしまい,新しい設備に取り替える障害にもなってしまう[46].EVAにおいては,本来,減価償却費は正しい経済的費用を表すよう修正しなければならない.

(ⅱ) 純運転資本 (Net Working Capital)

純運転資本とは,売掛債権・在庫等の運転資産から,買掛債務・未払費用等の運転負債を差し引いた金額である.運転資産と運転負債を相殺して純運転資本を算出し資本コストを課する(運転負債を無コストの資金調達と考えているわけではなく,仕入先や従業員への後払いにかかるコストは売上原価等からNOPATに反映されていると考えるためである).EVAでは,純運転資本の増加に対して,キャッシュが固定化された結果として,その機会費用(資本費用)を認識する.他方,純運転資本の減少に対しては,キャッシュがリリースされたものとしてその機会費用を減額させる.経済的利益という観点からは,純運転資本の増減は資本費用の増減なのである.

---

[45] この問題を完全に克服するためにPDV (present value depreciation) という概念をとり入れた adjusted EVA も提唱されている.

[46] この問題については,Martin and Petty (2000, pp. 131-132) が "Old Plant / New Plant Trap" として議論している.

(ⅲ) **株主資本同等物**（Equity Equivalent Reserves, EE's）

　経済的利益を算出するうえで，減価償却費と運転資本の取り扱いについて述べたが，次に EVA を理解するうえで重要なのが，株主資本同等物（Equity Equivalent Reserves, EE's）という概念である．この株主資本同等物とは，スターン・スチュワート社が提唱する EVA 特有の考え方であり，Equity Equivalent Reserve adjustments（EE's 修正）を行なうことで，企業の「会計的簿価（accounting book value）」を「経済的簿価（economic book value）」に変換する．「経済的簿価」とは，投資家が企業を通して投入した，リスクに晒されている資本（capital）であり，企業サイドから見れば，（たとえ既に費用化されて貸借対照表上で認識されていなくとも）現在本当の意味で投資家から期待リターンを望まれながら預かっているキャッシュだと言える．また，Equity Equivalent Reserve adjustments により，NOPAT は，投資家に対して実際に生み出されたキャッシュ・リターンとして，より客観的かつ現実的な尺度となる．以下具体的に主な修正項目をあげる[47]．

EQUITY EQUIVALENT RESERVE ADJUSTMENTS[48]（株主資本同等物修正）
主な修正項目
- （A）引当金
  - （貸倒引当金・製品保証引当金・退職給与引当金等）
  - 繰延税金負債
- （B）税引後特別損失
  - （リストラ損や資産除売却等による特別損失）
- （C）資本化研究開発費用（Capitalized R&D expense）
- （D）連結調整勘定償却費

---

[47] EE's ではないがその他リース会計等の修正も，詳しくは Stewart（1991a）を参照．

[48] EE's による NOPAT，投下資本の修正には，オペレーティング・アプローチとファイナンシャル・アプローチという 2 種類の方法がある．本書では，NOPAT をオペレーティング・アプローチ，投下資本をファイナンシャル・アプローチにより修正する前提とする．詳細は Stewart（1991a），Martin and Petty（2000）等を参照．

修正の方法

　修正投下資本（economic book value）＝キャピタリゼーション＋EE's
　修正 NOPAT＝税引後営業利益＋EE's 修正

項目	投下資本修正	NOPAT 修正
(A) 引当金・繰延税金負債	加算	増加額を加算
(B) 税引後特損	加算	償却費として期間費用認識
(C) 資本化 R&D 費用	加算	償却費として期間費用認識
(D) 連調償却費	累積額を加算	加算

　上記修正項目を税引後営業利益に加減算すると同時に，投下資本（＝株主資本同等物）として認識し資本コストを課す．これらの会計数値の修正は，どのような意味を持つのだろうか．

(a) 引当金（貸倒引当金・製品保証引当金・退職給与引当金等）・繰延税金負債

　引当金等の増加額は NOPAT に加算すると同時に，運転負債とはカウントせずに株主資本同等物として投下資本に組み込む．これら項目はゴーイング・コンサーン（継続企業）を前提として考えた場合，留保利益に限りなく近い性質を持つものとも考えられる．したがって引当金等の増加額は株主へのリターン（留保利益）とみなし，株主資本同等物と表現されるのである．

　貸倒引当金・製品保証引当金・退職給付引当金などはゴーイング・コンサーンを前提とした場合，永久にその全額が払出されることはなく一定水準は引当金として負債計上され続ける．貸倒引当金は損失が実現するまで，繰延税金負債は政府に支払われるまでは株主の富であり株主に帰属する[49]と考え，これらは会計上負債として処理されると同時に，同額のキャッシュが確実に資産に投資されている．そのため株主資本コストが課せられるのである．

　ところで，EVA で株主資本同等物として扱う引当金は，会計利益の操作に非常に便利な科目でもある．たとえば公表予想利益よりも実際の利益が多くな

---

[49] 政府に支払われるまでは株主に帰属するし，決して無コストではないことは，Copeland *et al.*（1994）も同様．

りそうなとき，企業は引当を当初計画よりも多額に行なうことで実現利益を減少させることができる[50]．このような会計処理の恣意性（粉飾ではないが合法的範囲内での会計処理方法の選択によるゆらぎ）を排除し，経済実態としての利益を捉えるために，株主資本同等物の増減額をNOPATに加減算して，「利益」概念をより客観的かつキャッシュ・リターンに近づけるのである．

(b) 税引後特別損失

　資産の除売却等による特別損失を税引後ベースで資本に足し戻し，従来見込んでいた償却期間で費用化する．この修正によって，「利益の余裕のある時に資産の処分損を出す」ことや「即座に処分することで将来の償却費用を軽減する」などといった，経済的利益の下方へのゆらぎを防ぐことができる．つまり，業績（評価指標である利益）を気にするあまりに，本来処分すべき不良資産を処分できないなどといった企業の行動様式を変化させるのである．

　ここで注意すべきことは，税引後ベースで損失をNOPATに足し戻すということである．損失額を税前ベースで全額戻した後に償却していくと，計算上その節税価値のタイミングが先送りされることになってしまう．また，税引後の損失のみ資本化[51]することで，早期償却へのインセンティブを与えることになる．特別損失を足し戻すのは税引後ベースであるため，早期資産処分により節税価値を早期に実現した価値と同額だけEVAは増加することになる．処分を遅らせたり，スケジュール通りの償却で損金処理したりすることは，その節税価値の時間的価値を失うことになるのである．

　埋没原価（sunk cost）となる既に実施されてしまった投資は，将来の意思決定に影響を与えてはならない．当期業績のペナルティー（資産処分の一括費用認識）として扱えば，それは同時に翌期以降のEVAを改善させることにもなるため，

---

50) Stewart (1991a, p. 117)「ただし，事業活動に伴う一般的な水準であればEE'sとして扱う．仮にこれらが偶発的であるなら，損失として資本から控除する．」

51) EE'sの「資本化（capitalize）」という表現は，ファイナンシャル・アプローチにより経済的簿価（economic book value）を求める場合に整合的であろう．オペレーティング・アプローチの場合は「資産化」と表現されるべき．

業績の操作アイテムになりかねない．不良資産の早期リリースによるペナルティー（EVA 減少）を与えずに，節税価値の享受というメリットをプラスのインセンティブにするのである．

(c) 連結調整勘定償却費

既に償却されてしまった連結調整勘定は累積額ですべて資本に足し戻し，当期の償却費用は NOPAT に足し戻す．つまり，連結調整勘定の償却は過去から一切行なわれなかった形に戻す．買収企業の資産時価を超えるプレミアムは，推定される経済的寿命の期間にわたって償却することが本来正しい経済的処理であるが，スターン・スチュワート社は償却せずに永久に資本コストを課すことを推奨している[52]．その理由は，ブランドを含むプレミアムの経済的寿命を合理的に算定することは困難であることと，会計利益ではなくキャッシュフローにフォーカスするためである．

(d) 資本化研究開発費用（Capitalized R&D expense）

GAAP に従えば，R&D で投じた支出は即座に費用化し資産としては認識しない（ソフトウェア等の例外はある）．過去からの R&D 活動により築き上げてきた技術・ノウハウは企業の最も重要な資産であるが，GAAP により資産計上されているのは，基本的には設備などの実物資産だけである[53]．EVA では，この重要な資産の源泉となる R&D 費用を取得原価ベースで資本化し，資本コストを課する．資本化した後に，経済的便益が見込まれる期間をかけて償却していくことで，収益と費用の対応をより経済実態に近づけ，かつ，成果への責任を要求するのである[54]．将来への投資額は決して足元の利益の大小によっ

---

52) ブランドなど知的無形資産を「非費用性資産」として捉え，必ずしも「費用転化しない」という考え方．
53) 製薬会社の高 PBR は，R&D 支出の即時費用化により会計上の資産が小さくなるためである．この産業にとり重要な経済的資産は，製造装置などの実物資産ではない．
54) ここでも吉田（2000）は，改正商法以前の連続意見書第五「繰延資産について」（1962）において，企業の正常収益力を測定するために，「試験研究費を一定の期間にわたって規則的に償却することにより，毎期の損益計算書の正常性が，完全に保てる」と述べら

て決められてはならない（が，現実には利益に余裕のある場合にR&Dが積極的に行なわれているのが実情だろう）．

またR&D費用だけでなく，たとえば従業員の教育費，広告宣伝費，新規市場への参入，市場シェアや新規顧客を獲得するための支出なども同様の処理を行なうべきだろう．将来にわたって経済的便益を期待されるものは，経済的利益を測定するにあたり支出されたタイミングで費用化すべきでない．資本化した後に一定期間をかけて償却すべきである．

以上のように，利益測定にせよ，業績評価にせよ，財務会計（GAAP）をベースとした場合，経済実態を表さない不合理な指標になりかねない．GAAPの保守主義から，研究開発，戦略的投資，教育投資などが支出時に費用化されてしまうと，その指標は企業が本来とるべき行動がなされないリスク（利益捻出のための投資削減）を誘発しかねない．そのリスクを回避するために，株主資本同等物とその増減額という概念を用いて，株主の期待収益が課されている経済的簿価（economic book value）と経済的リターンとしてのNOPATを定義し，それら調整を経て真の経済的付加価値であるEVAが算出されるのである．

(2) FCF (Free Cash Flow) と DCF (Discounted Cash Flow)

ここまでに，EVAには会計手続きによる歪み（distortion）を取り除き，経済的利益を表すための様々な工夫が講じられていることを確認した．ところで，会計利益は「意見（opinion）」でありキャッシュフローこそが「事実（fact）」だとの主張の裏には，経済的な価値の測定はキャッシュフローによって決定されるべきとの考えが存在する．そのため次に，DCFによる投資の経済性評価とFCFによる業績評価の関係について考察する．

(i) 投資経済性とFCF

投資の経済性は，そのキャッシュフローに着目するDCF (Discounted Cash

れていることを指摘している．

Flow) によって評価できる．DCF ではコストとリターンを，会計利益ではなく FCF (Free Cash Flow) で計測する．一般に FCF は事業の草創期から成長期においてはマイナス，成熟期に入ってようやくプラスに転じる．マイナスの FCF を投資（費用），プラスの FCF を回収（収益）として，割引という概念を使ってその経済性を評価する手法である．

投資の経済性評価を行なううえで DCF が優れているのは，会計利益では無視されてしまう時間価値 (time value) と，リスク概念を反映した資本の機会費用（資本コスト）を考慮している点である．流列の FCF の内部収益率 (Internal Rate of Return, IRR) あるいは正味現在価値 (Net Present Value, 本書では以下「NPV」と記す）を算出し，前者は資本コスト（率）以上のリターンが見込まれる場合，後者は正の値をとった場合に，経済的利益が発生するものとして投資採算性の判断を行なうというものである．日本企業においても DCF の概念・考え方それ自体は浸透しているといってもよく，設備投資の判断基準，海外進出等の計画，その他予測的な場面では一般的に受け入れられ，使用される頻度も高い．

(ⅱ) 業績評価と FCF

ところが，個別プロジェクトなど予測的な場面では，Plan 段階で DCF が利用されていても，実際に投資が行なわれた (Do) 後の，Check という段階になると，せいぜい「(会計)利益が出た」あるいは「累損を解消した」などといったことで投資採算性がすりかえられることが多いのが実情だろう．それではなぜ，DCF の利用は Plan 段階で止まってしまうのであろうか．

その最大の原因は，DCF が真の経済性を評価するための多期間モデルであることに起因している．投資の経済性とは，①会計利益ではなく FCF で，②複数事業年度にわたって計測して初めて判断できるものである．そのため，1会計期間の業績評価として適用しようとしても，①将来の（不確実な）予測数値に大半を依存することになること，②1会計期間の FCF 自体の大小では採算性を測れないこと等が実務上の障害となっていると考えられる．業績評価において，仮に毎期ごとに将来の FCF を予測し，NPV を算出して評価指標にしようとしても，その将来の予測 FCF には極めて恣意性の入り込む余地が大き

くなってしまう．また，1会計期間のみのFCFの最大化を追求すると，企業の成長・発展に不可欠なR&Dやマーケティング，従業員の教育等，将来に向けた一切の投資が行なわれないことになりかねない．

以上のような理由から，FCFを用いた1会計期間の業績評価は非常に困難であり，かつ，非合理な行動を促すリスクをも内包していると言えよう．そのため，資本コストや時間価値の概念が反映されたDCFの合理性が認識されながらも，実務上，マネジメントやコントロールにおいて利用されなかったと考えられる．

繰り返すが，FCFを使用する経済性評価は多期間にわたる評価が前提であり，1会計期間の業績評価には向かない．EVAによって行なう投資の経済性評価も，使用する資本の機会費用が考慮される点では，DCFと軌を一にするのであるが，1会計期間の業績評価を単一の次元で捉え，最も合理的に説明し得る管理会計手法は，FCFではなくEVAである．以下にその理由を述べる．

(3) DCFバリュエーションとEVAバリュエーションの等価性と業績評価

実務上，企業価値あるいは投資価値はDCFによって測定されてきた．そして，DCFによるバリュエーション（FCFを現在価値に割り引くことによって算出される価値，本書では以下「DCFバリュエーション」と呼ぶ）と，EVAを用いたバリュエーション（EVAの割引現在価値と投下資本を合計することによって算出される価値，本書では以下「EVAバリュエーション」と呼ぶ）は厳密に一致する．以下に，両者の等価性（多期間評価としては結果的に同じであること）の証明を示す．

$$EVA_t = NOPAT_t - (COC \times Cap_{t-1}) \qquad 式(2.4)$$

$$FCF_t = NOPAT_t - I_t$$
$$= NOPAT_t - (Cap_t - Cap_{t-1}) \qquad 式(2.5)$$

V_t ：t 期末の企業価値
$NOPAT_t$ ：t 期の税引後営業利益
EVA_t ：t 期のEVA
COC ：資本コスト
Cap_t ：t 期末の投下資本

FCF_t ：t 期のフリーキャッシュフロー
I_t ：t 期の純投資額（$Cap_t - Cap_{t-1}$）

FCF の割引現在価値が企業価値 V_t とすると

$$V_t = \sum_{\tau=1}^{\tau=\infty} \frac{FCF_{t+\tau}}{(1+COC)^\tau} \qquad 式(2.6)$$

式 (2.4), 式 (2.5) を用いて式 (2.6) は次のように変形できる.

$$V_t = \sum_{\tau=1}^{\tau=\infty} \frac{EVA_{t+\tau} + (COC \times Cap_{t+\tau-1}) - (Cap_{t+\tau} - Cap_{t+\tau-1})}{(1+COC)^\tau} \qquad 式(2.7)$$

よって,

$$V_t = \sum_{\tau=1}^{\tau=\infty} \frac{EVA_{t+\tau} + (1+COC)Cap_{t+\tau-1} - Cap_{t+\tau}}{(1+COC)^\tau}$$

$$\lim_{\tau \to \infty} \frac{Cap_{t+\tau}}{(1+COC)^\tau} = 0 \quad より$$

$$V_t = Cap_t + \sum_{\tau=1}^{\tau=\infty} \frac{EVA_{t+\tau}}{(1+COC)^\tau} \qquad 式(2.8)$$

このように,「企業価値＝将来 FCF の割引現在価値の総和」と定義（式 (2.6)）すると,「企業価値＝期首投下資本（簿価）＋将来 EVA の割引現在価値の総和」という再定義（式 (2.8)）が可能である. DCF バリュエーションと EVA バリュエーションの等価性を示すため, 以下の数値例で説明しよう.
ここでは,

①売上成長＝5%
②税引後営業利益率＝10%
③減価償却費＝投下固定資産（t−1）×20%
④投下固定資産回転率＝売上（t＋1）÷投下固定資産＝5.0 回（所要設備投資額は③④から逆算）
⑤資本コスト＝15%

第1節 EVAとバリュエーション

表2-1. DCFバリュエーションとEVAバリュエーション

t (期)		1	2	3	4	5	Terminal	
(1) 売上			1,000	1,050	1,103	1,158		5%成長
(2) NOPAT			100	105	110	116		売上高利益率=10%
(3) 減価償却費			40	42	44	46		投下固定資産(t-1)×20%
(4) 設備投資			50	53	55	46		Cap(t)-Cap(t-1)+Depre(t)
(5) 投下固定資産 (net)		200	210	221	232	232		売上(t+1)/投下固定資産回転(5.0)
(6) 資本費用	15%		30	32	33	35		投下固定資産(t-1)*15%
EVA	(2)-(6)		70	74	77	81	540	NOPAT-資本コスト
	現価係数		1.15	1.32	1.52	1.75		
EVA 現在価値			61	56	51	46	309	
投下営業資産簿価(1期)		200						
MVA(=∑[PV of EVA])		522						
企業価値		722	(A)					
(7) FCF	(2)+(3)-(4)		90	95	99	116	772	NOPAT+減価償却費-設備投資
FCF 現在価値			78	71	65	66	441	
∑[FCF 現在価値]		722	(B)					
(A)-(B) =		0.000						

⑥第5期 (t=5) 以降は売上成長をゼロ (そのため第5期以降の総設備投資額は減価償却費と同額になり, FCF, EVAともに第5期以降一定となりTerminal valueを求める.)

と仮定する. 算出される企業 (あるいは事業) の理論価値は,

EVAバリュエーション：投下資本簿価(t=1) + MVA = 200 + 522 = **722**

　※MVA (Market Value Added) = ∑[EVAの現在価値] (= 株式時価総額 - 株主資本簿価)

DCFバリュエーション：FCFの現在価値 = **722**

となり厳密に一致する ((A) = (B)).

以上, FCFを用いるDCFバリュエーションとEVAバリュエーションが等価であることから, いずれの方法も真の経済性を評価できるツールとして捉えられる. しかしながら, FCFでは複数年にわたる事業のライフサイクル全体

表 2-2. 経済利益と会計利益の対比

比較項目	経済計算方式の利益	財務会計方式の利益
期間	効果が及ぶ全期間	一会計期間
業績の関心	正味資本の増殖分	分配可能利益
計測基準	キャッシュフロー基準	発生基準
方法	意思決定や業績評価に便利な任意の方法	制度会計の規則に準拠

(出所) 伏見 (1999) をもとに筆者作成

を考慮しなければならず,既に指摘したように,1会計期間における業績評価に適さない.

　伏見 (1999) によれば,「利益」には基本的性格を異にする2種の利益があり,それは,(1) 方策の効果が及ぶ「全期間の成果」という意味の利益と,(2) 制度としての外部報告会計のルールに従って計算される「年度ごとの利益」との2つである.前者のタイプの利益を「経済計算方式の利益」,後者を「財務会計方式の利益」として対比したのが表2-2である.

　ここでは多期間モデルを「経済計算方式」,1会計期間の業績評価を「財務会計方式」と捉え,「投資経済性」は現金主義による多期間モデルによって,また,「1会計期間の業績」は発生主義に則る損益によって測定されるべきだとされている.伏見はこれらを「基本的性格が異なる」と明確に区別している.それでは,「1会計期間において経済的に利益をあげて (実質的に企業価値を高めて) いるか否か」はどのように求められるのだろうか.従来,これを求めるための指標は開発されておらず,実務上はこの2種類の利益の測定を使い分けているのが実情だったのだが,その課題に対して回答を示したのが EVA であった.

　ここまでに示したとおり EVA は,DCF とのバリュエーション等価性を持ちながら資本コストの概念が会計期間毎に反映され,さらに GAAP による歪みを取り除くことで収益と費用の対応の経済的意義を追及している.すなわち,1会計期間において「(経済的に) 儲かっているのか?」あるいは「企業価値を創造しているのか?」という実務上の論点に EVA は答えられるのである.このことが,EVA が米国また日本においても急速に普及してきた理由である.

EVAは，多期間の経済性評価と1会計期間の業績評価を単一次元で最も合理的に説明し得るツールなのである．

　会計利益は単なる「意見 (opinion)」であり，キャッシュこそが「事実 (fact)」と言われてきた．つまり，1会計期間において発生主義による「利益」概念によって本当の儲けを測定・評価することは非常に困難であり，「事実 (fact)」は，経済的利益として表されなければならない．他方，経済的利益の集積である企業価値は，キャッシュフロー・ベース（現金主義）による多期間モデルで測定されるべきであるとする主張である．

　資本費用を利益から減じるだけでは，本当の儲け，つまりEVAのいう経済的利益は掴めない．本節において，運転資本の取り扱い，経済的コスト配分と経済的リターンを把握するためのNOPATの加減算項目，資本提供者が期待するリターンの算出基礎となる経済的簿価の算出といった会計処理，GAAPの修正項目を具体的に示してきた．そしてさらにこれらの様々な修正項目を通じて，EVAが発生主義会計から出発して，キャッシュフローをベースとした真の経済的利益指標であるという本質を，DCFバリュエーションとEVAバリュエーションの等価性に基づき説明した．（具体的数値例を用いて，EVAがDCFとのバリュエーション等価性を保ちながらも，経済的利益の測定を可能とすることを補論で示しておく．）

　VBMにおいて，適切な企業行動をとるためには，真に経済的に適切な指標にフォーカスすることが必要であることは指摘するまでもない．EVAには企業（株主）価値創造に向けた企業行動のすべてが凝縮されており，VBMにおける企業行動のすべてを合理的に説明することを可能とする指標である．本節のまとめとして表2-3に，投資経済性評価と業績評価について整理しておく．次節では，VBMの出発点となる価値の測定・評価について検討する．

第2節　バリュエーション手法の検討

　前節での考察に基づいて，本節ではVBMにおける財務マネジメントの出発

表2–3. 投資経済性と業績評価

		会計利益	FCF	EVA
投資経済性評価	(多期間)	×	○	○
業績評価	(1期間)	○	×	○

点となるバリュエーション手法についての検討を行なう．はじめに，割引計算の分子に着目したDCF法とEVA法を取り上げ，次に，割引計算の分母に着目したWACC法とAPV法を取り上げて，それぞれの優位性を比較・検討し，最後に理想的なバリュエーション手法としてEVA-APV法を提唱する．

(1) DCF法とEVA法

　企業価値（V）は将来のFCF$_t$の割引現在価値の合計であり，資本コスト（COC）によって割引かれるという定義に従うと，企業価値を次式のように算定することができる．

$$V = \sum \frac{FCF_t}{(1+COC)^t} \qquad 式(2.9)$$

このようにして割引計算の分子にFCFを用いて企業価値を算定する手法を，本書では「DCF法」と呼ぶこととする[55]．

　また既に述べたように，DCF法で測定されるVは，期首の投下資本Capと将来のEVA$_t$の割引現在価値の合計なので，企業価値を次式のようにも算定することができる．

---

55) 先にFCFを現在価値に割引くことによっ算出される価値を「DCFバリュエーション」と定義したが，バリュエーションの「手法」に焦点を当てて議論する場合には「DCF法」という表現を区別して用いることとする．

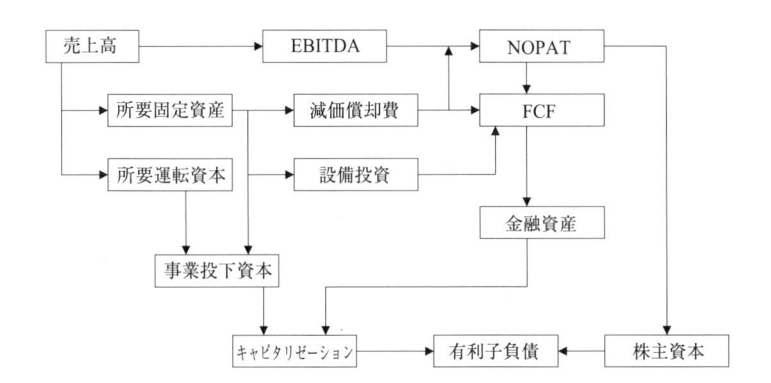

図 2-1. 財務諸表予測のためのシミュレーションフロー

$$V = Cap + \sum \frac{EVA_t}{(1+COC)^t} \qquad 式(2.10)$$

このようにして割引計算の分子に EVA を用いて企業価値を算定する手法を，本書では「EVA 法」と呼ぶこととする[56]．

いずれの方法でも企業価値を算定することはでき，その結果は等しくなるが，それぞれの実務上の有用性について検討してみよう．

実務におけるバリュエーションではまず初めに財務諸表予測を行なうが，一般的なシミュレーションプロセスは図 2-1 のようなフローで表される．

図 2-1 に示すように，マーケティングによる売上高が予測の出発点となる．予測した売上高に基づき，必要な製品量を生産するための所要固定資産および運転資本を推計するとともに，原価構造から EBITDA（Earnings Before Interest, Tax, Depreciation and Amortization）を推計する．次に所要固定資産から計算される減価償却費を考慮して FCF のベースとなる NOPAT を求めるとともに事業

---

[56] 先に EVA の割引現在価値と投下資本を合計することによって算出される価値を「EVA バリュエーション」と定義したが，バリュエーションの「手法」に焦点を当てて議論する場合には「EVA 法」という表現を用いることとする．

投下資本を算出する．そして最後に，FCFから必要な営業外収支（主に負債金利の支払いと）および利益処分，負債返済あるいは必要な場合は資金調達といった財務キャッシュフローを加減算して，キャピタリゼーションとして株主資本と有利子負債の構成割合を推計する．

　このように予測される財務諸表からFCF（もしくはEVA）を現在価値へと割引計算してて企業価値を求めるとき，予測期間はできる限り長くとることが望ましい．しかし現実的には，将来の設備投資は数年程度先までしか個別詳細に計画・予測することができない．設備投資がいったん行なわれて生産能力が増強されると，一定の売上規模まではまとまった追加設備投資は起こらない．そのため，設備投資が行なわれる事業年度のFCFは著しく小さく（あるいはマイナスに）なるし，その直後の初期投資の回収期間では，営業利益率あるいはROICは減価償却費の影響を受け低下するが，その後は緩やかに回復することとなる．また，投資直後の維持更新投資は比較的少額で済むが，経年とともに必要資金は増加していく．したがって，そのような不規則な（会計利益の）ゆらぎが財務諸表に生じる期間は，明示的な財務諸表の予測が不可欠となる．表2-4に2度の設備投資計画の存在するプロジェクトの予測財務諸表を，図2-2に財務数値の「ゆらぎ」の例を示す．この例では，設備投資が行なわれた第0期と第3期にFCFがマイナスとなり，翌期から売上が発生する．営業利益率は投資した設備の減価償却費によっていったん悪化した後に次第に回復していく．なお，この例では第4期以降では維持更新投資以外の具体的な設備投資は計画されておらず，したがって売上も増加させていない．

　実際，一定以上の将来の投資計画となると詳細かつ具体的な投資計画を立てにくい．そのため財務諸表の予測では，ある期以降は一定の売上高回転率を与えるなどして，安定的にあげられると予測できる収益率を前提とした機械的なシミュレーションを行なうこととなる．実務上，財務諸表の明示的な予測期間は概ね10年程度とするのが一般的であろう．Copeland *et al.* (1994)は，明示的な予測期間を終了し，継続価値として算定するのは，企業（事業）が安定的

第2節 バリュエーション手法の検討

表 2-4. 予測財務数値の前提

期	0	1	2	3	4	5	6	7	8	9	10
Project 1											
設備投資	3,000	0	0	0	0	0	0	0	0	0	0
維持更新投資		50	100	200	200	200	200	200	200	200	200
設備減価償却費		618	491	390	309	246	195	155	123	98	78
維持更新投資償却費			10	8	6	5	4	3	3	2	2
				21	16	13	10	8	7	5	4
					41	33	26	21	16	13	10
						41	33	26	21	16	13
							41	33	26	21	16
								41	33	26	21
									41	33	26
										41	33
減価償却費計		618	501	418	373	338	309	287	269	255	202
設備簿価(期末)	3,000	2,432	2,031	1,813	1,639	1,502	1,392	1,305	1,237	1,182	1,180
売上		6,000	6,000	6,000	6,000	6,000	6,000	6,000	6,000	6,000	6,000
EBITDA		600	600	600	600	600	600	600	600	600	600
営業利益		−18	99	182	227	262	291	313	331	345	398
営業利益率		−0.3%	1.7%	3.0%	3.8%	4.4%	4.8%	5.2%	5.5%	5.8%	6.6%
NOPAT		−11	59	109	136	157	174	188	199	207	239
FCF	−3,000	557	460	327	309	295	284	275	268	262	241
Project 2											
設備投資				2,000	0	0	0	0	0	0	0
維持更新投資					33	67	133	133	133	133	133
設備減価償却費					412	327	260	206	164	130	103
維持更新投資償却費						7	5	4	3	3	2
						14	11	9	7	5
							27	22	17	14
								27	22	17
									27	22
										27
減価償却費計					412	334	279	249	225	206	191
設備簿価(期末)				2,000	1,621	1,354	1,208	1,093	1,001	928	870
売上					4,000	4,000	4,000	4,000	4,000	4,000	4,000
EBITDA					400	400	400	400	400	400	400
営業利益					−12	66	121	151	175	194	209
営業利益率					−0.3%	1.7%	3.0%	3.8%	4.4%	4.8%	5.2%
NOPAT					−7	40	73	91	105	116	125
FCF				−2,000	371	307	218	206	197	189	183
Project 1 + 2											
設備+維持更新投資	3,000	50	100	2,200	233	267	333	333	333	333	333
減価償却費		618	501	418	785	672	588	536	494	461	393
設備簿価(期末)		2,432	2,031	3,813	3,261	2,856	2,601	2,398	2,238	2,110	2,050
売上		6,000	6,000	6,000	10,000	10,000	10,000	10,000	10,000	10,000	10,000
EBITDA		600	600	600	1,000	1,000	1,000	1,000	1,000	1,000	1,000
営業利益		−18	99	182	215	328	412	464	506	539	607
営業利益率		−0.3%	1.7%	3.0%	2.1%	3.3%	4.1%	4.6%	5.1%	5.4%	6.1%
NOPAT		−11	59	109	129	197	247	279	304	323	364
FCF	−3,000	557	460	−1,673	681	602	502	481	464	451	424

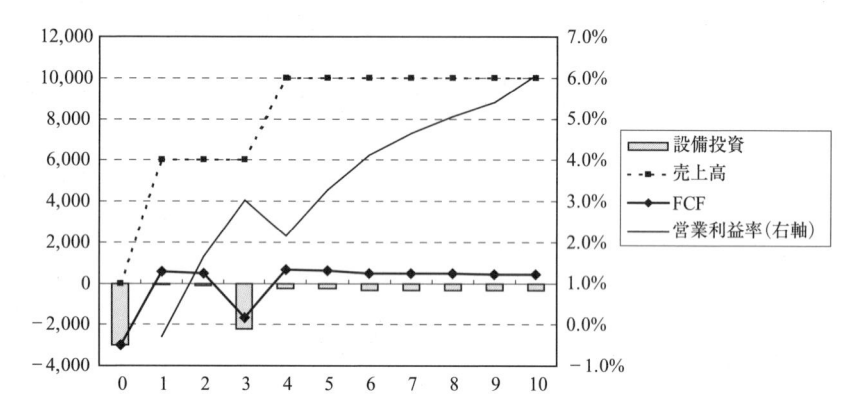

図 2-2. 設備投資と売上高, FCF, 営業利益（率）の関係

な状態に達した後であるとしている[57]. この例での「安定した状態」は, 第3期の設備投資が終わり維持更新投資が一定額となる第6期（表2-4の網掛け部分）に該当する. したがって, 表面上は今後10年の財務予測を立てているように見えるが, 第6期以降の予測は, 定率法による減価償却費の数値を機械的に算出しているだけで明示的な予測を実際に行なっているわけではない.

ここでは「安定した状態」を, それぞれの設備投資が行なわれた5年後の維持更新投資を含めた設備簿価が初期投資のおよそ1/2になる時点と想定し, 後発のプロジェクト2の初期投資2,000に対する期末簿価が1,001となる第8期で予測期間を終了し継続価値の計算を行なうものとする. このような前提でDCF法およびEVA法で価値を計算したものが表2-5である. 割引率（資本コスト）は10%, 予測期間後の成長は0%としている.

ここでDCF法とEVA法による明示的な予測期間（0期〜8期）の価値と, それ以降の継続価値（Terminal Value）が総価値に占める割合は表2-5のようになる.

いずれの手法でも総価値4,601は等しいが, その期間構造は大きく異なっている. 継続価値が総価値に占める割合がEVA法では28%であるのに対して,

---

57) 継続価値の評価については, たとえば Copeland et al. (1994, 邦訳書 第9章) 等が詳しい.

表2-5. DCF法およびEVA法によるバリュエーション

期	0	1	2	3	4	5	6	7	8	Terminal
割引係数		1.10	1.21	1.33	1.46	1.61	1.77	1.95	2.14	
Project 1										
設備投資	3,000	50	100	200	200	200	200	200	200	
設備簿価（期末）	3,000	2,432	2,031	1,813	1,639	1,502	1,392	1,305	1,237	
減価償却費		618	501	418	373	338	309	287	269	
売上		8,400	8,400	8,400	8,400	8,400	8,400	8,400	8,400	
EBITDA	10.0%	840	840	840	840	840	840	840	840	
営業利益		222	339	422	467	502	531	553	571	
営業利益率		2.6%	4.0%	5.0%	5.6%	6.0%	6.3%	6.6%	6.8%	
NOPAT		133	203	253	280	301	318	332	343	301
ROIC		5.5%	10.0%	14.0%	17.1%	20.1%	22.9%	25.4%	27.7%	20.1%
FCF	-3,000	701	604	471	453	439	428	419	412	301
PV of FCF	4,128	637	500	354	310	273	241	215	192	1,406
資本費用	10.0%	300	243	203	181	164	150	139	131	124
EVA		-167	-40	50	99	137	168	193	212	178
PV of EVA	1,128	-152	-33	37	67	85	95	99	99	829
簿価	3,000									
	4,128									
Project 2										
設備投資				2,000	33	67	133	133	133	
設備簿価（期末）				2,000	1,621	1,354	1,208	1,093	1,001	
減価償却費					412	334	279	249	225	
売上					5,600	5,600	5,600	5,600	5,600	
EBITDA	10.0%				560	560	560	560	560	
営業利益					148	226	281	311	335	
営業利益率					2.6%	4.0%	5.0%	5.6%	6.0%	
NOPAT					89	136	169	187	201	201
ROIC					5.5%	10.0%	14.0%	17.1%	20.1%	20.1%
FCF				-2,000	467	403	314	302	293	201
PV of FCF（投資額を除く）	1,976			-1,503	319	250	177	155	137	937
資本費用	10.0%				200	162	135	121	109	100
EVA					-111	-27	33	66	92	101
PV of EVA	473				-76	-16	19	34	43	470
簿価	1,503									
	1,976									
Project 1 + 2										
設備投資	3,000	50	100	2,200	233	267	333	333	333	0
設備簿価（期末）		2,432	2,031	3,813	3,261	2,856	2,601	2,398	2,238	
減価償却費（設備(2)）		618	501	418	785	672	588	536	494	0
売上		8,400	8,400	8,400	14,000	14,000	14,000	14,000	14,000	
EBITDA		840	840	840	1,400	1,400	1,400	1,400	1,400	
営業利益		222	339	422	615	728	812	864	906	
営業利益率		2.6%	4.0%	5.0%	4.4%	5.2%	5.8%	6.2%	6.5%	
NOPAT		133	203	253	369	437	487	519	544	502
ROIC		5.5%	10.0%	6.6%	11.3%	15.3%	18.7%	21.6%	24.3%	
FCF	-3,000	701	604	-1,529	921	842	742	721	704	502
PV of FCF	4,601	637	500	-1,148	629	523	419	370	329	2,343
資本費用	10.0%	300	243	203	381	326	286	260	240	224
EVA		-167	-40	50	-13	111	201	258	304	279
PV of EVA	1,601	-152	-33	37	-9	69	114	133	142	1,300
簿価	3,000									
	4,601									

表 2-6. DCF 法と EVA 法の予測期間と予測期間後の価値の割合

評価手法	DCF 法	EVA 法
投下資本（t＝0）	—	3,000
予測期間（1 ≦ t ≦ 8）の価値	2,258	1,300
継続価値（8 ≦ t）	2,343	301
総価値	4,601	4,601
継続価値が総価値に占める割合	**51%**	**28%**

DCF 法の場合は 51% にも達する．この差は，式 (2.9) と式 (2.10) で明らかなように，両手法の理論構造の差によって必然的に発生するものである．すなわち，EVA 法では投下資本に課される資本費用を上回る部分のみを収益と認識して現在価値への割引計算を行なうのに対して，DCF 法では FCF 全体を収益として認識する．そのため DCF 法では，算出される総価値に対する継続価値の割合が EVA 法に比べて非常に大きくなってしまうのである．Copeland *et al.* (2005) も DCF 法における継続価値の割合は非常に大きく，56 〜 125% にも及ぶと指摘している[58]．このように DCF 法は，継続価値の前提の置き方いかんによって，評価結果に非常に大きな影響を与えることとなる[59]．

以上の検討に基づいて，実務上の有用性から見た EVA 法の優位性についてまとめよう．EVA 法は確定値である投下資本が価値の構成要素となることから，DCF 法に対して相対的に継続価値の割合が小さくなり，継続価値の前提に対するバリュエーションの感応度を低められる．したがってバリュエーションの精度の点で優位性があると考えられる．このことが第 1 の優位性である．第 2 は，EVA は，事業の ROIC が資本コストを上回るかどうか，言い換えると，ROIC-WACC スプレッドとも呼ばれる超過収益率が正なのか負なのかによって価値創造を測定するので，経営者の関心を DCF 法よりも資本効率性である ROIC に向けさせやすいという点である．

---

[58] Copeland *et al.* (2005), 邦訳書上巻, 318 頁.
[59] 因みに，第 9 期以降の FCF 成長率を 3% として価値を再計算すると総価値は 4,601 から 5,706 まで 24% 増加し，さらに継続価値の割合は 60%（3,448）にまで増加する．

前節で指摘したように，価値の増減を期毎に明確に把握できるという EVA の特徴は，FCF では見えにくくなってしまう事業の収益性について，経営者に追加的な情報を提供する．このことも間接的ではあるがバリュエーションの精度向上に寄与するだろう．継続価値の算出だけでなく，明示的な予測期間についても，非現実的な前提を置いてしまうといった DCF 法で陥りやすい誤りを未然に防ぐことを可能とするのである．

また，株価との価値関連性で両者を比較してみると，DCF 法と EVA 法[60]によるバリュエーションの評価誤差を実際の株価と比較した時の説明力を実証した研究（Penman and Sougiannis（1998），Francis et al.（2000），藤井・山本（1999），竹原・須田（2004）など）から，EVA 法の方が DCF 法よりも株価説明力が高いことが明らかになっている．

(2) WACC 法と APV（Adjusted Present Value，修正現在価値）法

次に，バリュエーションの割引率（分母）に着目して，実務的な視点からバリュエーション手法の比較検討を行なう．バリュエーション実務で最も広く用いられている割引率は WACC であり，割引率に WACC を用いて企業価値を評価する手法を，本書では「WACC 法」と呼ぶことする．資金調達の源泉に着目した WACC 法に対して，資金使途に着目した手法が APV 法である．

Myers（1974）が提唱した APV 法は，Luehrman（1997a）によれば，企業が生み出すキャッシュフローをそのカテゴリーに注目し，事業活動に関するキャッシュフローと財務活動から生じる節税効果などの副次的キャッシュフローとに要素分解したうえで，それぞれのキャッシュフローのリスクを反映した割引率によって割引計算を行なう手法，と説明される[61]．一度の割引計算で終えてしまう WACC 法に対して，キャッシュフローの要素分解とともに複数の割引率の設定および割引計算を行なう必要のある APV 法は，計算手続きの点では複雑そうである．それぞれの手法について詳しく見ていこう．

---

60) 正確にはオールソンモデル（Ohlson model）であるが，文脈上，EVA 法として取り扱う．
61) Luehrman（1997a）邦訳書 41 頁．

前節でも述べたように WACC は，株主資本と負債資本が加重平均した資本コストであり，株主資本コスト＝Re, 負債コスト＝Rd, 株主資本＝E, 負債＝D, 法人税率＝tax とすると，次のように表される．

$$WACC = \left(\frac{E}{E+D}\right)Re + \left(\frac{D}{E+D}\right)(1-tax)Rd \qquad 式(2.11)$$

そして WACC 法では，FCF を WACC で割引くことにより，負債がある場合の企業価値（V_L）を次式のように算定する[62]．

$$V_L = \sum \frac{FCF_t}{(1+WACC)^t} \qquad 式(2.12)$$

負債がある場合の株主資本コスト（Re）は，無リスク利子率＝Rf, 市場リスクプレミアム＝MRP, 負債がある場合のベータ＝β_L とすると，CAPM（Capital Asset Pricing Model, 詳細は第 4 章第 3 節を参照）を用いて次式で表される．

$$Re = Rf + \beta_L \cdot MRP \qquad 式(2.13)$$

式（2.11）で，負債コスト（Rd）は（1 - tax）を乗ぜられて税効果後の負債コストに変換されている．そして割引かれる FCF は，資本構成に影響を受けない NOPAT（税引後営業利益）ベースで算定する[63]．つまり，課税所得が負債の支払利息である（-D・Rd）分だけ小さくなることから生じる節税効果（-D・Rd・t）を現在価値への割引手続きで考慮して，負債がある場合の企業価値（V_L）を求めていることになる．

それに対して APV 法では，負債（節税効果）がない場合の価値，言い換えれば，資本構成がすべて株主資本である場合の価値（V_U）を計算した後に，別途

---

[62] 本文中での説明のとおり「WACC 法」は割引率に着目しており，割引かれる式（2.12）の対象分子が FCF か EVA かを問うものではない．ただし通常，広く用いられる DCF 法の割引率が WACC であることから，特に断りがない限り「WACC 法」は対象分子に FCF を用いるものとする．

[63] Inselberg and Kaufold (1997) は "unlevered free cash flow（負債がない場合の FCF）" と説明している．

に計算した負債の節税価値を合計するという手順で，負債がある場合の企業価値（V_L）を求める．負債の節税価値＝PVTS とすると，V_L は次式のように表される．

$$V_L = V_U + PVTS \qquad 式(2.14)$$

ここで，負債がない場合の株主資本コスト＝Ra とすると，V_U，PVTS はそれぞれ，

$$V_U = \sum \frac{FCF_t}{(1+Ra)^t} \qquad 式(2.15)$$

$$PVTS = \sum \frac{Rd \cdot D_t \cdot tax}{(1+Rd)^t} \qquad 式(2.16)$$

によって求められる[64]．式（2.16）の分子（$Rd \cdot D_t \cdot tax$）は，負債支払利息が税務上損金と扱われることによる各期の税効果額である．負債ゼロの事業リスクのみを反映した資本コスト Ra は，負債がない場合のベータ（β_U）を用いて，

$$Ra = Rf + \beta_U \cdot MRP \qquad 式(2.17)$$

と表される．ここで，MM 理論[65]に基づいて，企業の負債利用額を将来にわたり一定，および負債は事業リスクを負担しない（すなわち倒産リスクがない）という前提を置いた場合，企業のバランスシートの価値構成[66]と，各資本コスト（期待収益率）および β_U，β_L の関係は，図2-3 のように表され，式（2.18）

---

64) ここでもやはり「APV 法」とは，割引かれる式（2.15）の対象分子が FCF か EVA かを問うものではない．特に割引かれる対象を強調したい場合には，DCF-APV 法あるいは EVA-APV 法という表現を用いることとする．

65) Modigliani and Miller (1963) を参照．その他にも，負債額が一定でも株主資本コストが変化しない，レバレッジが企業全体のリスクを変化させない（リスク保存の法則）などの前提を置いている．

66) 負債額を一定とすると，将来の負債による節税効果の現在価値 PVTS は，$\sum \frac{tax \cdot D \cdot Rd}{(1+Rd)^t} = taxD$ となる．

図 2-3. 企業の B/S と各資本コストおよび β の関係

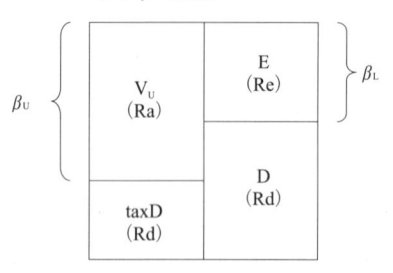

```
        ┌─────────┬─────────┐
        │         │    E    │ ┐
        │   V_U   │   (Re)  │ │
   β_U ┤│  (Ra)   ├─────────┤ ├ β_L
        │         │    D    │ │
        ├─────────┤   (Rd)  │ ┘
        │  taxD   │         │
        │  (Rd)   │         │
        └─────────┴─────────┘
```

※ B/S (　) 内はそれぞれの期待収益率 (資本コスト)

および式 (2.19) を得る[67]. なお,負債は事業リスクを負担しないと仮定されているため負債のベータはゼロである.

$$\beta_U = \left(\frac{1}{1+(1-tax)D/E}\right)\beta_L \qquad 式(2.18)$$

$$Re = Ra - (1-tax)(Ra-Rd)D/E \qquad 式(2.19)$$

式 (2.19) を式 (2.11) に代入すると,

$$WACC = Ra\left(1 - \frac{tax \cdot D}{D+E}\right) \qquad 式(2.20)$$

となり,WACC は Ra を $\left(1 - \frac{tax \cdot D}{D+E}\right)$ だけ引き下げ,算出される価値を節税価値分だけ大きくすることが分かる.

　以上の説明を踏まえたうえで,WACC 法と APV 法の両手法について,実務的な観点から検討していこう.

　WACC 法で算定される企業価値と APV 法で算定される企業価値が異なるかどうかについては,Inselberg and Kaufold (1997), Miles and Ezzell (1980) が一

---

67) 式 (2.18),式 (2.19) は,多くの標準的なファイナンス・テキストでレバレッジの調整に広く用いられている.

致すると主張している一方で,Chambers *et al.*(1982)は一致しないとしている.両者は相反する見解であるかに思われるが,それは詳細な前提をどのように置くかという議論によるものであり,本書においてはレバレッジ調整を適切に行なって正しい Ra を用いて計算しさえすれば,いずれの手法でも差異は発生しないとする立場をとるものとする[68].

ただし,WACC 法で算定される企業価値と APV 法で算定される企業価値が等しくなるにしても,Inselberg and Kaufold(1997)は,将来にわたって負債絶対額を目標とするならば APV 法の方が,負債比率を一定に維持する意図ならば WACC 法の方がより実用的と述べている.また,Luehrman(1997a, 1997b)は WACC 法について,知っておくべき古典的スタンダードであり,WACC がその意図するとおりに機能すれば節税効果の価値は自動的にプロジェクトの現在価値に織り込まれることを指摘しつつも,必ずしもこの方法がベストではない,あるいは WACC 法は時代遅れだと主張している.その論拠は,大きくは次の 3 点である.

1. 資本構成:WACC 法により正しいバリュエーションができるのは負債比率を一定に保つ場合のみである.
2. 課税構造:たとえば,途上国などの企業誘致を目的とした期限付きインセンティブ税制は WACC で前提としている一定の法人税率とならない.
3. 資金調達手段:高金利債,変動利付債,発行時割引債,転換社債などの節税効果を誤って計算してしまう.

実際,外部調達を伴う設備投資を行なうと企業の負債比率は変動するし,また,WACC 法で前提としている一定の負債比率は時価ベース[69]であるため,変動する株主資本の時価(株式発行時価総額)を企業がコントロールしようとしても極めて困難である.2 点目の論拠についても,税務上のインセンティブだけでなく,企業活動のグローバル化に伴って,国による税率の違いに着目する

---

[68] WACC 法と APV 法を包括的に検討したものとして,たとえば工藤(2004)第 5 章などが参考になる.
[69] 高橋(1999)が詳しい.

などのタックス・プランニングが求められるようになれば、WACC を用いた割引はいささか乱暴な方法と言わざるを得ない（この点については後述する）。3 点目についても、金融技術の発達する今日では、企業の負債による調達手段も多様化しており、WACC 法が前提とする状況とは必ずしも整合的ではなくなってきている。このように WACC 法で正しく企業価値を測定するためには非常に厳しい制約条件が仮定され、状況によっては実務上の有用性は低いと言わざるを得ない。

さらに、WACC 法は株主資本コストを直接的に株式市場で観察できる客観性と、一度の割引計算で済むという計算の容易性を有するものの、客観的な Re を理論的に Ra に変換する作業は実務上それほど困難ではなく、情報技術が進展した現代では、計算の容易性もそれほどのメリットではなくなった。

上記のように、WACC 法の多くの制約によるデメリットやそれが評価誤差を発生させるなら、むしろ APV 法を用いた方が有用性が高い。それでは、APV 法のメリットについて以下で検討しよう。

まず、APV 法では、負債の支払利息（による節税価値）のキャッシュフローを分離して把握するため、負債比率が将来にわたって一定であるという資本構成の制約を受けずにバリュエーションを行なえることが実務上のメリットとして指摘できる。また、同様の理由から、先にあげた様々な負債による資金調達手段の節税効果を適切に評価することが可能となる。

第 2 に、APV 法は事業価値を負債の節税価値と明確に分離できるため、企業の事業活動ならびに資金調達活動の意思決定における有用性という点で WACC 法よりも優れている。APV 法で求められる負債のない企業価値 (V_U) は、資本構成という財務政策に影響を受けない、いわば企業の純粋な事業部分の価値と考えられる。企業の最も重要な意思決定である事業への投資判断を行なうにあたって、純粋な事業価値を正しく計測することは、VBM を目指す企業にとって適切な意思決定を行なうための根幹である。このことを具体例で示そう。負債を持たない A 社と負債比率 50% の B 社があるとする。両社は同一の事業リスクを持っており事業資産コスト (Ra) は 10% である。法人税率を 40% とすると、式 (2.20) より A 社の WACC (= Ra) = 10%、B 社の WACC = 8% とな

る．ここで，両社の既存事業と同一のリスクを持つ追加投資プロジェクトが存在し，このプロジェクトの期待収益率は9％であるとしよう．WACC法に基づくと，A社は投資を却下するのに対しB社は投資を採択するという意思決定がなされることになる．それではA社が資本構成を変化させWACCを9％以下にすれば投資を採択してよいのだろうか．資金調達を負債で行なうことで，その投資プロジェクトは急に価値を持つことになるのだろうか．極論すれば，負債コストよりも高いリターンを期待できる限り，資本調達方法（もしくは資本構成）をコントロールすれば投資が価値を持つことになってしまう．すなわちWACCによる判断は，財務意思決定と事業意思決定を混同してしまう危険を内包しているのである．もちろん，事業活動を行なうにあたり財務活動は不可欠であることも事実である．しかし，負債利用によるWACCの低下は負債利息が課税所得を引き下げるという税務上の取扱いによって生じる．WACCの低下は負債利用という財務活動によって引き出された成果であって，事業のリスクが低下したわけではないのである．事業の価値は，あくまで当該事業のリスクを反映した割引率（Ra）で算定される V_U が真の価値でなければならない．

　第3に，APV法を用いることで，負債の節税価値以外の副次的な財務価値分析が可能となる．財務価値としての副次的要素としては，たとえば国による税率の違いや企業誘致目的のインセンティブ税制，税務上の繰越損失などがあげられる．副次的要素を価値の源泉として V_U とは切り離して評価することで，それらを実現するためのリスクを検討したり，同じNPVを持つ代替投資案と比較検討したりすること等が可能になる．また，インセンティブ税制や繰越損失などはWACCで評価しようとすると，かえって複雑な計算となってしまう．以上のようなWACC法とAPV法の比較検討をまとめて，表2-7に示す．

　直感的な理解の容易性以外には，理論的にWACC法を選好する理由は乏しい．それにもかかわらず，APV法はまだ実務上標準的な手法とはなっておらず，WACCを投資判断のハードルレートとしている企業が大多数であるのが現実のように思われる．株主資本コストを軽視してきた日本企業にとって，株主資本コストが含まれるWACCを意識することは企業価値創造にとっての大きな

表2-7. WACC法とAPV法の比較

	WACC法	APV法	
計算手続き	○	△	PC表計算ソフトによって計算手続きの煩雑性は問題でなくなった
資本構成	×	○	WACC法が正しい価値を算出するのは,将来のD/Eが一定であるときのみ
財務価値	×	○	APV法は負債利息やインセンティブ税制などの財務的な副次的価値を区別して把握可能
事業価値	×	○	APV法は,資本構成に影響されない事業の真の価値を算出
直感的理解	○	×	WACCは現実の企業の調達活動を連想させるため理解が容易

第一歩であるが,VBMを実践するためには「負債によってファイナンスすると,この投資プロジェクトがより大きな価値に生まれ変わるのだろうか」ということを自らに問わなければならない.

(3) 理想的なバリュエーション手法としてのEVA-APV法

以上の考察から,本書では,収益をEVAで捉えAPV法で財務価値を分離計算する「EVA-APV法」を理想的なバリュエーション手法として提唱したい(表2-8).

企業価値の算出には,FCFを現在価値に割り引いて求められるというファイナンス理論と,企業の資本は負債と株主資本によって調達されるという直感的な理解の容易性からFCFをWACCで割り引く,いわゆるDCFバリュエーションが広く一般に用いられてきた.そこで,バリュエーション手法の検討として,現在価値に割り引かれる収益(分子)に着目したDCF法とEVA法の比較ならびに,割引率(分母)に着目したWACC法とAPV法の比較を行なってきたが,考察の結果,EVA法ならびにAPV法の優位性が明らかなった.より優れたバリュエーション手法を用いることは,VBMの実践にあたって,より高い有用性を持つことになる.

表 2-8. 理想的なバリュエーション手法の検討

		収益の認識（分子）	
		総額 (Free Cash Flow)	超過利益と資本費用に区分
割引率（分母）	総額（WACC）	DCF (Discounted Cash Flow)	EVA (Economic Value Added) - 継続価値計算の問題を解決 - 各期の予測業績の信頼性も向上
	財務価値を区分	APV (Adjusted Present Value) - レバレッジによる節税価値計算の問題を解決 - その他の副次要素的な財務価値を分離して把握	EVA と APV の併用 (EVA-APV 法)

第3節　インハウス・バリュエーションによる企業価値分析

　前節までで，VBM における意思決定に有用なバリュエーション手法は，EVA と APV を併用した EVA-APV 法であることを明らかにした．本節では，EVA-APV 法によるバリュエーション（本書では以下，「EVA-APV バリュエーション」と呼ぶ）とバリューマップとを組み合わせ，さらに企業自らがその内部情報を用いて自社の企業価値の測定・分析を行なうインハウス・バリュエーション（In-house Valuation）という手法を提唱する．バリューマップ分析とは，セグメントごとの投下資本と価値を測定してチャートに表す分析手法であり，事業ポートフォリオ分析，あるいは子会社資本政策などに多くのインプリケーションを提供する．これによって，企業内に資本市場の論理を持ち込むわけである．そして，実際にトヨタ系自動車部品サプライヤーのアイシン精機を取り上げて，ケーススタディとしてインハウス・バリュエーションを行なう．この手法によって測定した企業価値が，資本市場の評価する市場価値と乖離しているかどうかを分析し，その対応策を次章以降で検討する．

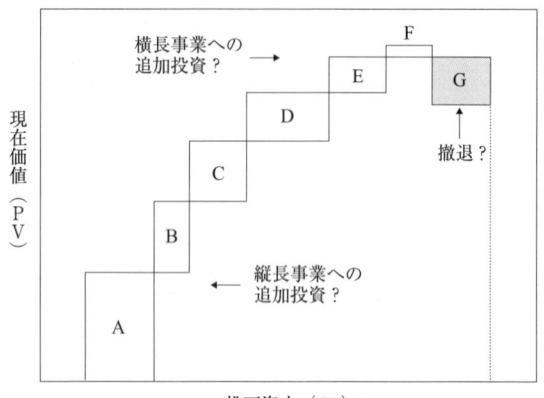

図 2-4. 長嶋 (1997) のバリューマップ

現在価値（PV）／投下資本（CE）

横長事業への追加投資？
縦長事業への追加投資？
撤退？

A, B, C, D, E, F, G

（出所）長嶋 (1997) 77, 102 頁より筆者作成

(1) バリューマップ

　バリューマップとは，「横軸に投下資本を，縦軸に現在価値をとり，キャッシュをより多く生む事業から順（つまり縦に長い長方形順）に下から上，左から右に積み上げるもの」[70]であり，長嶋 (1997) はこれを CE-PV チャートあるいはバリューマッピングと呼んでいる（図 2-4）.

　長嶋 (1997) はバリューマップを「キャッシュを生む事業，価値を維持する事業，キャッシュを減らす事業の分類をうまくビジュアルに表現する道具」だとし，「追加投資または撤退の検討」を行なうために用いている[71]．具体的には，縦長の事業への追加投資による効果の試算，横長の事業について追加投資により縦長にできるかどうかの検討，負の事業からの撤退による効果の測定，新規事業の効果・必要性の判断といった利用である．また，後に長嶋 (2000) は，非事業用資産として一時保有の有価証券，事業に使われていない土地，余剰現金もバリューマップに反映させるとともに，事業の将来性を矢印で与え，その

---

70) 長嶋 (1997) 76 頁．
71) 長嶋 (2000) 76 頁．

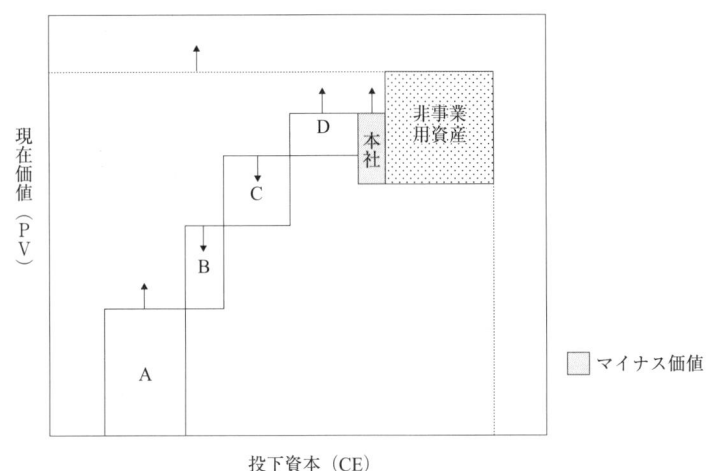

図2-5. 長嶋（2000）のバリューマップ

（出所）長嶋（2000）300頁より引用

傾向（矢印の向き）と長方形の形（縦長，横長）より，PPM（プロダクト・ポートフォリオ・ミックス）的な経営資源配分の分析を行なっている（図2-5）．

また，Black *et al.* (1998) でもバリューマップを，株主価値経営のための資源配分決定に関する有益なツールとして紹介している（図2-6）．2種類のバリューマップを示しながら，やはり「株主価値創造のための経営資源配分に関する有用なツール」として「企業価値あるいは株主価値分析のために用いること，他社とのベンチマーク比較で業績上のギャップを見つけ出すことで，さらに利用価値が増す」と述べている[72]．

バリューマップに関する先行研究は他にも中沢（1997）や井手（2006）などがあるが，いずれも事業の選択と集中，資源配分の意思決定といったコンテクストで言及している．次項では，前項までに検討したEVA-APVバリュエーションと，このバリューマップとを組み合わせて，企業自らが内部情報を用いて自社の企業価値を測定・分析する「インハウス・バリュエーション」を提唱する．

---

72) Black *et al.* (1998) pp. 87–89.

図 2-6. Black *et al.* (1998) の 2 種類のバリューマップ

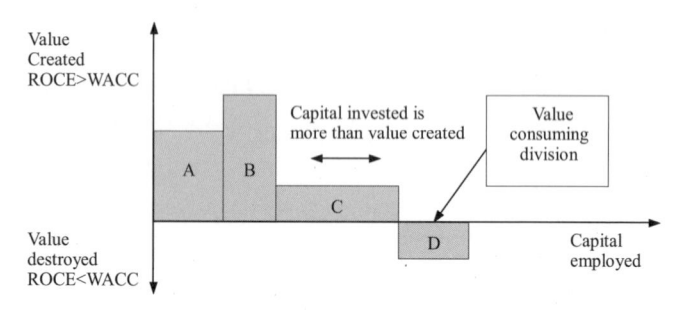

（出所）Black *et al.* (1998) p. 88 より引用

(2) インハウス・バリュエーション

アイシン精機の 2002 年 3 月期中間決算の財務状況をもとに，実際に 2002 年 6 月に内部情報を用いて作成したインハウス・バリュエーションを図 2-7 に示す．

アイシン精機は売上高の大半を占める自動車部品関連と非自動車である住生活関連等の 2 つの事業セグメントを有している．自動車部品の製造・販売としては，ドライブトレイン関連，ボディ関連，ブレーキ＆シャーシー関連，エン

ジン関連，情報関連といった5つの自動車部品品目を有する．そして，グループ連結経営の特徴として，すべての品目を有するアイシン精機本体と，主な品目や製品，工程について専業メーカーとして分担する国内子会社という構造になっている．海外事業は，国内での担当別に本体または子会社が運営している．

図2-7では，アイシン精機本体，オートマチック・トランスミッションおよびカーナビゲーション事業に特化した子会社アイシン・エイダブリュ（AW）・グループ，鋳造工程を主に担当するアイシン高丘グループ，アイシン精機本体の北米事業のAHA（アイシン・ホールディングス・オブ・アメリカ）グループ，その他の5つの事業に分類したうえで評価を行なっている．この分類には，事業，工程，地域といった3種類のカテゴリーが混在しているが，この分類は社内の大まかな管理スパンを反映している．もちろん作成目的によっては，品目あるいは詳細な製品別や，地域別のバリューマップを作成することも考えられよう[73]．

事業資産価値のバリュエーション手法については，アイシン精機本体およびアイシン・エイ・ダブリュ（以下「アイシンAW」もしくは単に「AW」と記す）をEVA-APV法により評価しているが，DCF-APV法による評価を併用し両手法の等価を確認している．表2-9にアイシン精機本体の評価に用いたスプレッドシートを参考に示しておく．AHAグループは類似会社批准法で，アイシン高丘およびその他は簡便的にPBRを1.0倍とした[74]．財務的価値については，5事業が保有する負債の支払利息の節税価値ならびに，連結ベースで保有する非事業資産（現預金および有価証券，投資有価証券）を金融資産価値として表している．なお，金融資産価値が金融資産簿価よりも小さくなっているのは，保有株式の含み益について税効果後の数値を用いているためである[75]．

---

[73] アイシン精機の場合，自動車部品が事業の90％以上を占めることから，有価証券報告書では事業セグメント情報の記載を省略している．一般に有価証券報告書作成企業は事業別ならびに地域別セグメント情報を開示しているが，制度開示のセグメント単位とインハウス・バリュエーションでの評価単位は必ずしも一致させる必要はない．

[74] PBRを1.0倍としたうえでEV/EBITDA，PER，PCFRの倍率チェックを行なっている．

[75] 保有する投資有価証券のうち他社株式については，その保有目的について事業資産か金融資産かは議論の余地があるが，ここではいったん金融資産として取り扱っている．

68　第2章　VBMとバリュエーション

図2-7.　アイシン精機のインハウス・バリュエーション（連結）

事業資産価値（6,570億円）
　AWグループ：3,652
　本体グループ：
　　アイシン精機：1,322
　　愛知：281
　　シロキ：687
　　その他：626
　　（本体グループ計：3,058、内訳 1,817＋553＋687＋2,291）
　ATグループ：626
　AWグループ：2,161

金融資産価値（2,308億円）：2,000
財務価値（3,081億円）
節税価値（773億円）

営業資産簿価（5,846億円）
金融資産簿価（2,788億円）
金融資産（営業外資産）

企業価値（9,652億円）
　有利子負債（1,552億円）
　少数株主価値（1,867億円）
株主価値（6,232億円）
1株当たり株式価値（@2,155円）

（億円）

(注1) 01年度有価証券報告書をもとに作成.
(注2) 02年6月24日終値＠1,580
　　　株式時価総額＝4,570億円
(注3) 少数株主持分の時価評価については、
　　　AWグループ：44.0％
　　　高丘グループ：50.1％
　　　北米：2.3％
　　　その他：30.0％
　　　として株主価値に乗じて算出.
(注4) AHAグループについては、米国 auto parts バリュエーション (2002.1) から算出.
　　　EV/EBITDA ＝ 3.84
　　　PER　　　　＝ 10.70
　　　PBR　　　　＝ 1.61
(注5) ATグループについてはPBR＝1倍としている. PBR＝1.0 としたときのValuationは以下のとおり.
　　　EV/EBITDA ＝ 4.73
　　　PER　　　　＝ 19.82
　　　PCFR　　　＝ 3.50
(注6) AW子会社価値＝AW簿価 (PBR<1) とした.
　　　PER＝24倍程度となるがAW-NCの赤字によるもの

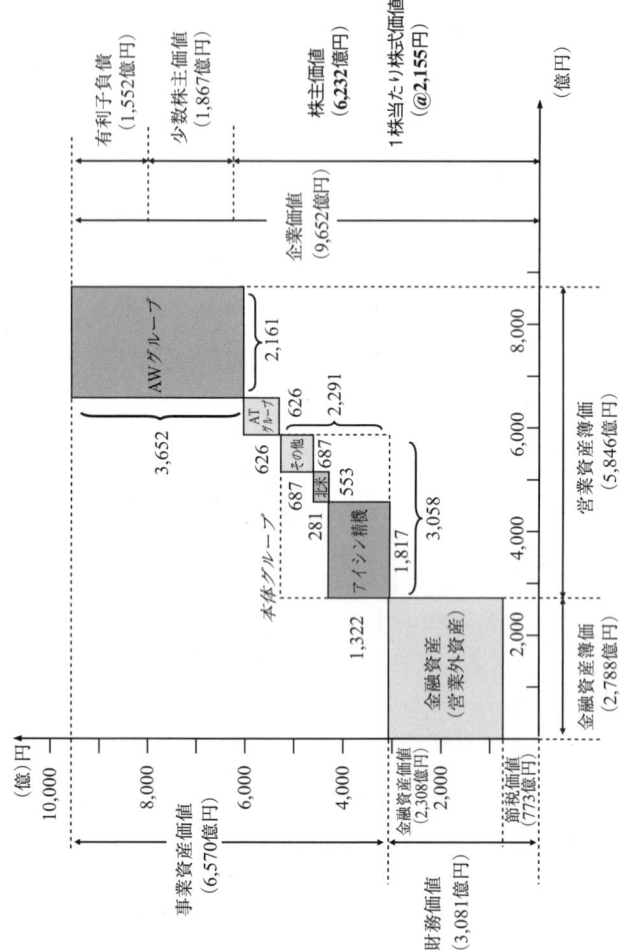

表 2-9. アイシン精機の EVA-APV バリュエーションと DCF-APV バリュエーション

項目	AI／注	79期 2001	80期 2002	81期 2003	82期 2004	83期 2005	84期 2006	85期 2007	86期 2008	87期 2009	88期 2010	89期 2011	90期 2012	91期 2013	92期 2014	93期 2015	94期 2016	95期 2017	Terminal
(単位) 営業資産価値	(2)132,264																		
売上高		525,418	510,000	525,300	541,059	557,291	574,009	591,230	608,967	627,236	646,053	658,974	672,153	685,596	699,308	713,294	713,294	713,294	
成長率		-2.86%	-2.93%	3.00%	3.00%	3.00%	3.00%	3.00%	3.00%	3.00%	3.00%	2.00%	2.00%	2.00%	2.00%	2.00%	0.00%	0.00%	
EBITDA		40,784	40,500	38,368	39,519	40,705	41,926	43,184	44,479	45,813	47,188	48,132	49,094	50,076	51,078	52,099	52,099	52,099	
EBITDA margin		7.76%	7.94%	7.30%	7.30%	7.30%	7.30%	7.30%	7.30%	7.30%	7.30%	7.30%	7.30%	7.30%	7.30%	7.30%	7.30%	7.30%	
減価償却費		22,294	22,500	22,826	24,820	25,737	26,682	27,655	28,657	29,689	30,752	31,847	32,599	33,366	34,148	34,946	35,760	35,760	
設備投資		24,382	24,000	31,511	28,813	29,850	30,918	32,018	33,151	34,318	35,520	35,121	35,938	36,772	37,623	38,490	35,760	35,760	
営業利益		18,490	18,000	15,542	14,699	14,967	15,244	15,529	15,822	16,124	16,436	16,285	16,495	16,710	16,929	17,153	16,339	16,339	
成長率		2.20%	-2.65%	-13.65%	-5.43%	1.83%	1.85%	1.87%	1.89%	1.91%	1.93%	-0.92%	1.29%	1.30%	1.31%	1.32%	-4.74%	0.00%	
修正 NOPAT		7,425	15,082	9,464	9,777	10,505	10,704	10,909	10,354	10,548	10,747	10,405	10,714	10,450	10,585	10,723	9,654	9,640	
NOPAT		10,909	10,620	9,170	8,672	8,831	8,994	9,162	9,335	9,513	9,697	9,608	9,732	9,859	9,988	10,120	9,640	9,640	
EE 増減額		-3,484	4,462	294	1,105	1,675	1,710	1,747	1,019	1,035	1,050	797	982	591	597	603	14	0	
投下資本	(1)	181,756	178,878	187,160	193,867	199,632	205,569	211,684	217,983	224,471	231,153	236,249	240,577	245,578	250,455	255,430	256,249	256,249	
償却対象固定資産		97,885	99,385	108,070	112,063	116,176	120,412	124,775	129,269	133,898	138,666	141,940	145,279	148,602	152,159	155,703	155,703	155,703	
土地・その他		25,027	25,027	25,027	25,027	25,027	25,027	25,027	25,027	25,027	25,027	25,027	25,027	25,027	25,027	25,027	25,027	25,027	
無形固定資産		2,417	2,530	2,606	2,684	2,765	2,847	2,933	3,021	3,111	3,205	3,269	3,334	3,401	3,469	3,538	3,538	3,538	
運転資本		56,427	51,936	51,457	54,093	55,664	57,283	58,949	60,666	62,434	64,256	65,873	67,156	68,465	69,800	71,161	71,980	71,980	
資本費用		10,240	10,312	10,148	10,618	10,999	11,326	11,663	12,010	12,367	12,735	13,114	13,395	13,661	13,933	14,209	14,492	14,538	
割引係数	5.67%		1.057	1.117	1.18	1.247	1.318	1.392	1.471	1.555	1.643	1.736	1.835	1.939	2.049	2.165	2.288	2.418	
ROIC			8.30%	5.29%	5.22%	5.42%	5.36%	5.31%	4.89%	4.84%	4.79%	4.50%	4.54%	4.34%	4.31%	4.28%	3.78%	3.76%	
EVA		-2,815	4,770	-685	-841	-494	-622	-754	-1,655	-1,819	-1,988	-2,710	-2,682	-3,211	-3,347	-3,486	-4,837	-4,898	-86,332
MVA	(49,491)		4,514	-613	-713	-396	-472	-541	-1,125	-1,170	-1,210	-1,560	-1,461	-1,656	-1,634	-1,610	-2,114	-2,026	-35,705
営業資産時価	(2) 132,264																		
FCF		3,664	17,960	1,182	3,070	4,741	4,767	4,794	4,056	4,060	4,065	5,449	6,026	5,669	5,708	5,749	8,835	9,640	169,916
NOPAT		10,909	10,620	9,170	8,672	8,831	8,994	9,162	9,335	9,513	9,697	9,608	9,732	9,859	9,988	10,120	9,640	9,640	
減価償却費		22,294	22,500	22,826	24,820	25,737	26,682	27,655	28,657	29,689	30,752	31,847	32,599	33,366	34,148	34,946	35,760	35,760	
設備投資		-24,382	-24,000	-31,511	-28,813	-29,850	-30,918	-32,018	-33,151	-34,318	-35,520	-35,121	-35,938	-36,772	-37,623	-38,490	-35,760	-35,760	
株主資本同等物増減		-3,484	4,462	294	1,105	1,675	1,710	1,747	1,019	1,035	1,050	797	982	591	597	603	14	0	
無形固定資産増減 1		142	-113	-76	-78	-81	-83	-85	-88	-91	-93	-64	-65	-67	-68	-69	0	0	
運転資本増減		-1,815	4,491	479	-2,637	-1,571	-1,618	-1,667	-1,717	-1,768	-1,821	-1,618	-1,283	-1,309	-1,335	-1,362	-819	0	
PV of FCF	132,264 OK		16,995	1,058	2,601	3,802	3,618	3,442	2,756	2,611	2,474	3,138	3,284	2,923	2,786	2,655	3,861	3,987	70,272
有利子負債	(4) 61,854	80,413	80,413	80,413	80,412	80,412	80,412	80,412	80,412	80,411	80,411	80,411	80,411	80,410	80,410	80,409	80,409	80,408	
節減額	Tax rate = 41.0%		456	593	593	593	593	593	593	593	593	593	593	593	593	593	593	593	32,968
負債利子率	1.80%		1.012	1.036	1.055	1.074	1.093	1.113	1.133	1.153	1.174	1.195	1.217	1.239	1.261	1.284	1.307	1.330	
PV of Tax Shield	32,833		448	573	563	553	543	533	524	515	505	496	488	479	471	462	454	446	24,781

企業価値合計	234,899		
営業資産価値	(2)132,264		
節税価値	(3) 32,833		
営業外資産価値	69,801		
(−) 有利子負債	61,854		
株主価値	173,045		

		(02 年度予想ベース)	(01 年度実績ベース)
	PER	8.65	13.28
	PCFR	4.07	4.9
	PBR	0.43	0.58
営業資産時価／簿価		0.73	

＜評価の主な前提＞
Rf=1.5%
RPM=5.5%

EBITDA マージン：直近 5 期平均
資産回転率：直近 5 期平均

売上成長
2003 ～ 10 年度：3%
2011 ～ 15 年度：2%
2016 年度～　：0%

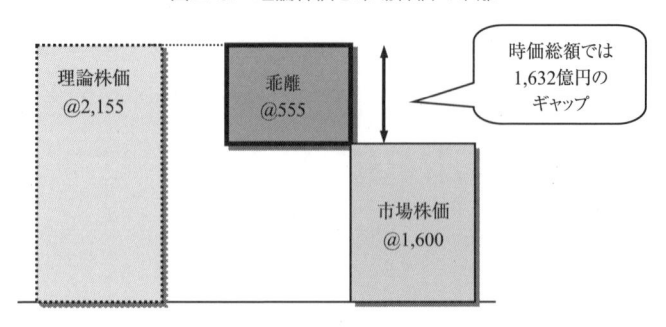

図2-8. 理論株価と市場株価の乖離

理論株価 @2,155
乖離 @555
市場株価 @1,600
時価総額では1,632億円のギャップ

アイシン精機本体およびアイシンAWの評価前提となる財務数値は，2002年3月期については公表している予測財務数値を，それ以降については，EBITDAマージンおよび有形固定資産回転率の過去5年の平均値を用いて将来予測を行なっている．

(3) インハウス・バリュエーションと市場価値の乖離

当時，アイシン精機の業績は改善が見込まれており，またアイシンAWのオートマチックトランスミッションは市場の拡大が予想されていた時期であったにもかかわらず，このような「過去並み」とする保守的な前提を採用した理由は，それでも市場評価がインハウス・バリュエーションで算定された価値を大きく下回ったことによる．すなわち，インハウス・バリュエーションによる評価結果は企業価値全体が9,652億円となり，有利子負債および少数株主持分を差し引いた理論時価総額が6,232億円，理論株価は2,155円と算定され，それに対する当時の市場が評価する時価総額が約4,600億円，株価は約1,600円と大きく乖離していたためである．その乖離率は25%にものぼった（図2-8）．

将来見込みに関しては，仮にEBITDAマージンを2002年3月期の水準で継続する前提に置き直した場合，時価総額は約850億円，理論株価はさらに300円ほど増加することになる．さらに将来収益を楽観的な水準で見込むことも社内判断としては妥当であったが，将来収益をここまで保守的に見込んだインハウス・バリュエーションであっても，市場の評価が低すぎることを認識するに

は十分であった.

　次章では，アイシン精機の事例を踏まえて，インハウス・バリュエーションの分析を用いた資本市場に対する財務マネジメントについて実務上と理論上の意義を考察する．VBMにおける財務部門は，その市場評価を改善し乖離を縮小するため，あるいは本源的な価値を増加させるために，資本市場に対する財務マネジメントを検討していかなければならない．

第3章

資本市場に対する財務マネジメント

　Young and O'Byrne（2001）は，価値創造のための企業財務戦略とは，資本コストを最小化してEVAを増加させることであると強調し，負債の支払利息の節税効果，過大負債による財務破綻コスト，情報の非対称性，エージェンシーコストという4点を重要なファクターとして指摘している．こうした主張に基づき，第1節では，Young and O'Byrneが最も重要と指摘する資本構成の選択について実務的な観点から多面的な検討を行ない，企業価値を最大化する最適な資本構成の選択について考察し体系化を試みる．また，格付のリバース・エンジニアリングと呼ばれる財務マネジメント手法についても検討を行なう．

　第2節では，企業価値と市場価値の乖離の要因の1つとなる情報の非対称性を取り上げ，情報の非対称性を解消する施策として，インベスター・リレーションズ（Investor Relations，本書では以下「IR」と記す）をはじめとした直接的な情報格差の緩和と，自社株買い・配当，負債調達などの間接的なシグナリング効果を取り上げ，それぞれ考察する．

　第3節では，企業価値と市場価値の乖離の要因となる株式持ち合いについて，エージェンシー理論のコンテクストで分析する．株式持ち合いにより敵対的買収の道が閉ざされている場合には，非効率な経営を正すための外部からの介入コストが大きくなると考えられるため，持ち合い株主の多い企業ほど市場評価が低くなる可能性がある．したがって，企業自らが株式所有構造を能動的に変化させることで，市場評価の改善につながる可能性があることを，実証分

析を通して明らかにする．

第4節では，資本市場に対する財務マネジメントのケーススタディとして，アイシン精機の一連の対資本市場への財務マネジメントを取り上げ，単元株の引き下げあるいは個人株主の開拓による株式の流動性の向上，子会社資本政策による価値の顕在化，経営者インセンティブの付与によるエージェンシーコストの抑制などの施策についても検討する．そして，このケーススタディを通して，財務マネジメントの選択・意思決定のための実務上の留意点，各施策のコンフリクトや制約を踏まえて，著者が提唱する資本市場に対する財務マネジメントの有効性を検証する．

第1節　負債-株主資本の選択

資本構成について，Modigliani and Miller (1958, 1963) は，完全資本市場の下では企業価値が資本構成に中立的であることを示し，これを MM 理論の第1命題[76]として主張している．そしてここに，法人税という要素を組み入ると，負債99.9%が理想的な資本構成となることが導出される．

しかしながら，現実にはそのような資本構成を持つ企業は存在しない．なぜなら，レバレッジ増加に比例して負債の節税価値は増加する一方で，レバレッジの増加はそれと同時に財務破綻の蓋然性を高め，財務破綻に伴うコスト (Bankruptcy Cost, 以下，「倒産コスト」と呼ぶ) を増加させるからである．言い換えれば，現実の企業経営においては，倒産コストに対して，負債利用による節税効果が上回っている限りレバレッジの上昇は企業価値を増加させるが，一定以上のレバレッジを超えると企業価値は減少に転じるということである．負債の節税価値と倒産コストがトレードオフの関係にあることから，これを資本

---

[76] 第1命題は資本構成無関連命題，あるいはレバレッジ無関連命題などとも呼ばれる．なお，MMでは負債にリスクはなく，投資家と企業は等しく安全利子率で借入を行なえることも仮定している．

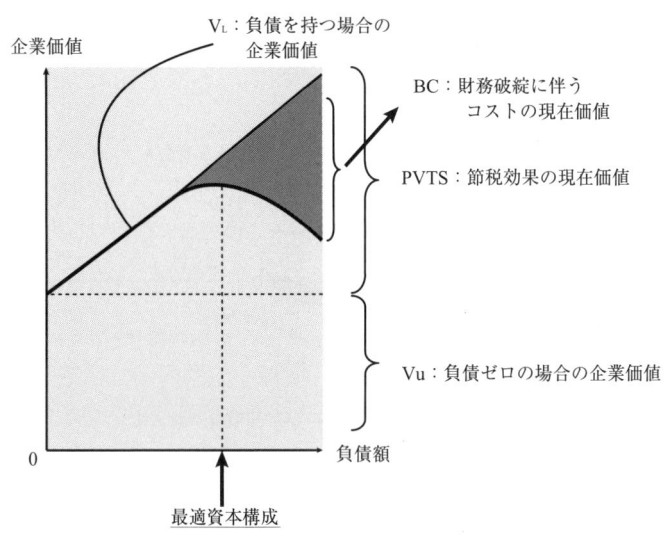

図 3-1. 資本構成と企業価値

(出所) 井手・高橋 (2003) 168 頁をもとに筆者作成

構成のトレードオフ理論 (Trade-off Theory of Capital Structure) と呼ぶ[77]. 負債を持つ企業の価値 (V_L) は,負債を持たない企業の価値 (V_U), 負債の節税価値 (PVTS) および倒産コスト (BC) を用いて $V_L = V_U + PVTS - BC$ と表される. このような資本構成と企業価値, 資本構成と資本コストの関係は, 図 3-1, 3-2 のように示される.

トレードオフ理論で示される倒産コスト (BC) には,裁判や弁護士費用,清算時にかかる資産売却費用などの破綻後に発生する直接的なコストだけでなく,破綻前に発生する投資抑制による機会損失や将来的なサービスに対する疑念からの売上減少などの間接的なコストも含まれる. 実際にレバレッジの高い企業が,競争や投資に消極的で価格競争などで優位に立てないことを Chevailer (1995a, b) や Zingales (1988), Kavenock and Phillips (1997) などが報告しており,レバレッジの増加は,製品市場での競争力に負の影響を与える可

---

[77] Brealey and Myers (2000) pp. 522-524.

図 3-2. 資本構成と資本コスト

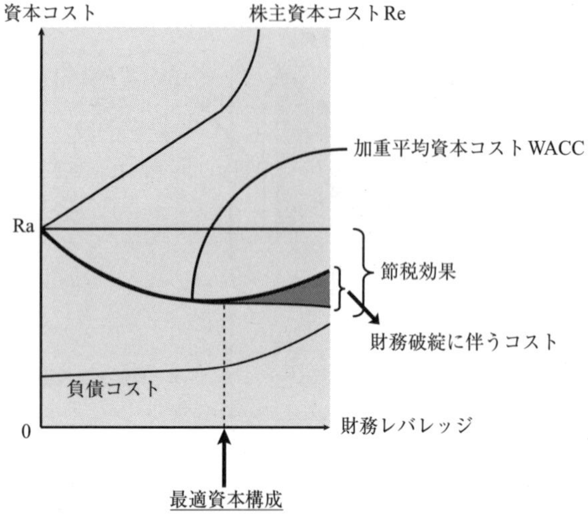

(出所) 井手・高橋 (2003) 169 頁をもとに筆者作成

能性がある.

このように，現実の企業経営においては，企業価値を最大化する最適な資本構成は MM 理論で一義的に決まるのではなく，負債の節税価値や財務破綻コストなどを考慮して決まるのである.

(1) モデルを用いた最適資本構成の推定

トレードオフ理論で示される企業価値を最大化する最適資本構成を見つけ出すためには，レバレッジの上昇に伴って増加する倒産コストの定量的な評価が必要となるが，現実には容易でない[78]．前述したように，法律上の更正法適用や破産宣告となる以前から倒産コストは発生しており，現実にはその過程で失われる価値の部分が大きいからである.

---

[78] Young and O'Byrne (2001, p. 186) は「資本構成の最適化の信頼性あるモデルは存在しない」と述べている．また，最適資本構成について様々な側面から検討した堀 (1991) も，「最適資本構成論の期待するような明確な論理は指摘されなかった.」とその著書を結んでいる．内藤 (1998) 114 頁も同様.

表 3-1. Damodaran (1997) の最適資本構成モデル

アプローチ	概　要
(1) 営業利益	過去の営業利益の変動率から負債キャパシティ (デフォルト確率) を推計
(2) 資本コスト	レバレッジに応じた株主資本コスト・負債コストを推定 → WACC を最小化
(3) 収益差	レバレッジに応じた株主資本コスト・負債コストを推定 → ROE と株主資本コストの差を最大化
(4) 修正現在価値	推定格付より倒産確率を推計して倒産コスト (BC) を推計 → $V_L = V_U + PVTS - BC$ を最大化
(5) 比較分析	属する産業平均を最適解と見なして，レバレッジを税率，税前利益，営業利益偏差の 3 変数で重回帰分析

(出所) Damodaran (1997) をもとに筆者作成

そのような中で，Damodaran (1997) は最適資本構成を探し出す実践的アプローチとして，(1) 営業利益 (Operating Income) アプローチ，(2) 資本コスト (Cost of Capital) アプローチ，(3) 収益差 (Return Differential) アプローチ，(4) 修正現在価値 (Adjusted Present Value) アプローチ，(5) 比較分析 (Comparative Analysis) アプローチの 5 つの手法を紹介している．各アプローチの概要を記述したものが表 3-1 である[79]．

これら 5 つのアプローチのうち，営業利益アプローチおよび比較分析アプローチの 2 手法については，実務での利用にあたって次の問題を指摘できる．営業利益アプローチは，妥当なデフォルト回避確率を設定できない (回避率パーセンタイルの設定次第で負債キャパシティがあまりにも大きく変動してしまう) こと，比較分析アプローチは，同業他社の平均が最適な資本構成であるとの前提を受け入れ難いこと，である．したがって残る，資本コストアプローチ，収益差アプローチ，および修正現在価値アプローチについて，実務での利用を前提とした分析を試みる．図 3-3，図 3-5 および図 3-6 が，具体的数値例を用いた最適資本構成分析のスプレッドシートである．サンプルはアイシン精機 2002 年 3 月期の財務数値を用いており，次に各モデルについて簡単に説明す

---

[79] 詳しくは Damodaran (1997, Chap18) を参照．

第3章 資本市場に対する財務マネジメント

図 3-3. 資本コストアプローチ

The Cost of Capital Approach
Current Firm Data

Value of Equity	5,702	Cost of Equity	7.94%	
Value of Debt	1,577	Cost of Debt	3.50%	
Firm value	7,280	WACC	6.67%	
D/(D+E)	21.67%			
Equity Beta	0.8235			

D/(D+E)	0%	10%	20%	30%	40%	50%	60%	70%	80%	90%
D/E	0.00%	11.11%	25.00%	42.86%	66.67%	100.00%	150.00%	233.33%	400.00%	900.00%
負債額（時価）	-	72,795	145,590	218,386	291,181	363,976	436,771	509,567	582,440	655,244
EBITDA	146,066	146,066	146,066	146,066	146,066	146,066	146,066	146,066	146,066	146,070
減価償却費	80,238	80,238	80,238	80,238	80,238	80,238	80,238	80,238	80,238	80,238
EBIT	65,828	65,828	65,828	65,828	65,828	65,828	65,828	65,828	65,832	65,832
負債金利費用	-	2,548	5,096	7,643	11,065	14,559	24,022	66,252	75,717	98,287
Taxable Income	65,828	63,280	60,733	58,185	54,763	51,269	41,806	(415)	(9,879)	(32,445)
Effective Tax Rate	41.30%	41.30%	41.30%	41.30%	41.30%	41.30%	41.30%	41.04%	35.91%	27.66%
格付け SML	AA	AA	AA	AA	A+	A	BBB	CCC	CCC	CC
負債金利	3.50%	3.50%	3.50%	3.50%	3.80%	4.00%	5.50%	13.00%	13.00%	15.00%
インタレスト・カバレッジ		25.8	12.9	8.6	5.9	4.5	2.7	1.0	0.9	0.7
Beta of Debt	0.001	0.001	0.001	0.001	0.005	0.075	0.050	0.200	0.200	0.225
Beta of Equity	0.720	0.767	0.826	0.901	1.000	1.099	1.310	1.432	1.941	3.336
Cost of Equity	7.32%	7.60%	7.95%	8.41%	9.00%	9.59%	10.86%	11.59%	14.65%	23.01%
Cost of Debt (after tax)	2.05%	2.05%	2.05%	2.05%	2.23%	2.35%	3.23%	7.66%	8.33%	10.85%
WACC	7.32%	7.05%	6.77%	6.50%	6.29%	5.97%	6.28%	8.84%	9.59%	12.07%

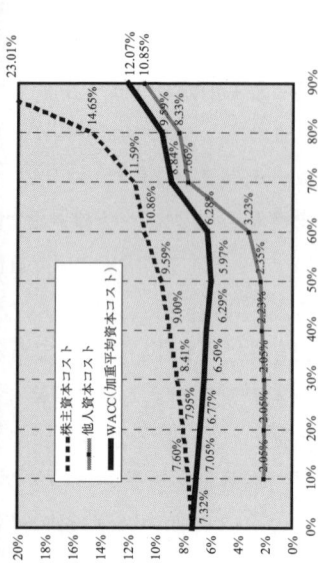

図3-4. 収益差アプローチ

The Return Differential Approach

株主資本簿価	431,872
負債簿価	155,261
Capitalization	587,133

D/(D+E)	0%	10%	20%	30%	40%	50%	60%	70%	80%	90%
株主資本簿価	587,133	528,420	469,706	410,993	352,280	293,567	234,853	176,140	117,427	58,713
負債簿価	-	58,713	117,427	176,140	234,853	293,567	352,280	410,993	469,706	528,420
EBIT	65,828	65,828	65,828	65,828	65,828	65,828	65,828	65,828	65,828	65,828
負債金利費用		2,055	4,110	6,165	8,924	11,743	19,375	53,429	61,062	79,263
格付け SML	AA	AA	AA	AA	A+	A	BBB	CCC	CCC	CC
負債金利	3.50%	3.50%	3.50%	3.50%	3.80%	4.00%	5.50%	13.00%	13.00%	15.00%
NI	38,641	37,435	36,229	35,022	33,403	31,748	27,268	7,278	2,798	(7,886)
ROE	**6.58%**	**7.08%**	**7.71%**	**8.52%**	**9.48%**	**10.81%**	**11.61%**	**4.13%**	**2.38%**	**-13.43%**
COE (Cost of Equity)	7.32%	7.60%	7.95%	8.41%	9.00%	9.59%	10.86%	11.59%	14.65%	23.01%
ROE-COE	-0.74%	-0.52%	-0.24%	0.12%	0.48%	1.22%	0.75%	-7.46%	-12.27%	-36.45%

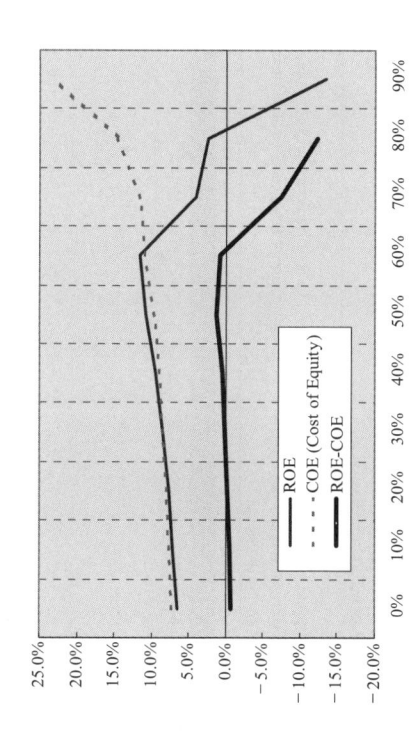

80　第3章　資本市場に対する財務マネジメント

図 3-5. 修正現在価値アプローチ

The Adjusted Present Value Approach

Current Value of the Firm		727,952							
− Tax Benefit on Current Debt =		65,139	Cost of Bankruptcy (% of Value) =			25%			
+ Expected Current Bankruptcy Cost =		464	Current Probability of Bankruptcy =			0.28%			
Unlevered Value of the Firm		663,278							

D/(D+E)	0%	10%	20%	30%	40%	50%	60%	70%	80%	90%
Unlevered Value of the Firm	663,278	663,278	663,278	663,278	663,278	663,278	663,278	663,278	663,278	663,278
Tax Benefits (PVTS)		30,064	60,129	90,193	120,258	150,322	180,387	210,451	240,515	270,580
推定格付	AA	AA	AA	AA	A+	A	BBB	CCC	CCC	CC
倒産確率	0.28%	0.28%	0.28%	0.28%	0.40%	0.53%	2.30%	46.61%	46.61%	65.00%
Bankruptcy Cost (BC)	(464)	(464)	(464)	(464)	(663)	(879)	(3,814)	(77,288)	(77,288)	(107,783)
PVTS − BC	(464)	29,600	59,665	89,729	119,594	149,443	176,573	133,163	163,227	162,797
Lev. Firm Value	662,813	692,878	722,942	753,007	782,872	812,721	839,850	796,440	826,505	826,075

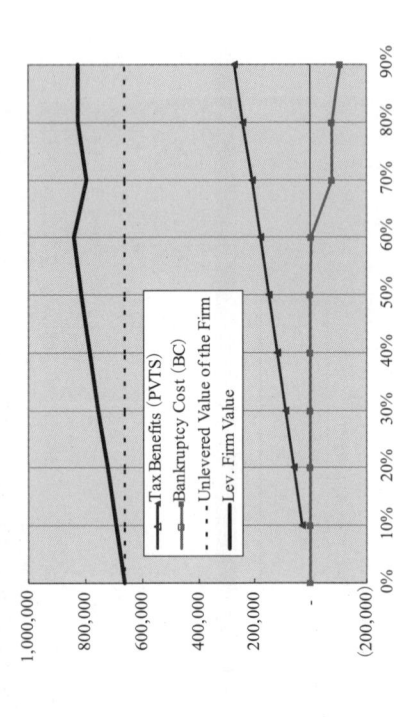

る.

（ⅰ）資本コスト（Cost of Capital）アプローチ

資本コストアプローチは，資本コストを最小化する資本構成（負債比率）を探し出すもので，以下の手順で求められる．

① キャピタリゼーション比率[80]に伴う信用格付（Credit Risk rating, 本書では以下，単に「格付」と呼ぶ）を推定する
② 推定した格付から，格付に応じた負債コスト（Rd）を求める
③ レバレッジによるリスク反映後の株主資本コスト（Re）を求める
④ 各キャピタリゼーション比率における WACC を求める

レバレッジによるリスク調整後の株主資本コストは，負債ベータ（β_D）を用いて次式によって求められる．

$$R_e = Rf + \beta_L \times MRP \qquad 式(3.1)$$

$$\beta_L = \left[1 + (1-t)D/E\right]\beta_U - \left[(1-t)D/E\right]\beta_D \qquad 式(3.2)$$

Re	：負債がある場合の株主資本コスト
Rf	：無リスク利子率
β_L	：負債がある場合の株式ベータ
MRP	：市場リスクプレミアム
t	：法人税率
D	：有利子負債
E	：株主資本
β_U	：負債のない場合の株式ベータ
β_D	：負債のベータ

負債が事業リスクを負担しないと仮定すると負債ベータ（β_D）はゼロとなるため，負債がある場合の株式ベータ（β_L）は，式(3.2)の右辺第1項のみ（式(2.18)を β_L について解いたもの）になる．しかし財務破綻は実際に起こり得る

---

[80] キャピタリゼーション比率＝有利子負債÷キャピタリゼーション
　　キャピタリゼーション＝有利子負債＋株主資本

ことから,レバレッジの増加に伴って負債コストは上昇する.ここでは事業リスクを一定(資本構成に影響されない)と仮定しており,事業リスクが部分的に負債によって負担された分だけ,β_L は減少することになる(式 (3.2)).

当アプローチによって求められた最適なキャピタリゼーション比率(最適資本構成)は,WACC が最小化 (5.97%) される 50% であり,その時の推定格付は A(シングル A)である.

(ⅱ) 収益差(Return Differential)アプローチ

収益差アプローチは,ROE と株主資本コストを最大化する資本構成(負債比率)を探し出すもので,以下の手順で求められる.

① キャピタリゼーション比率の変化に伴う格付を推定する
② 推定した格付から,格付に応じた負債コスト(Rd)を求める
③ レバレッジによるリスク反映後の株主資本コスト(Re)を求める
④ レバレッジによる負債コスト変化後の ROE を求める
⑤ 各キャピタリゼーション比率における ROE と株主資本コストの差を求める

当アプローチによって求められた最適なキャピタリゼーション比率(最適資本構成)は,ROE と Re との差が最大化 (1.22%) される 50% であり,その時の推定格付は A である.

(ⅲ) 修正現在価値(Adjusted Present Value)アプローチ

修正現在価値アプローチは,負債利用によるプラスの節税価値とマイナスの財務破綻コストの差を最大化する資本構成(負債比率)を探し出すもので,以下の手順で求められる.

① キャピタリゼーション比率の変化に伴う格付を推定する.
② 推定した格付から,格付に応じた負債コスト(Rd)を求める
③ 推定した格付から,倒産確率および倒産コスト(BC)を求める

④ 負債利息の節税価値 (PVTS) を求める
⑤ 各キャピタリゼーション比率における PVTS と BC コストの差を求める

当アプローチによって求められた最適なキャピタリゼーション比率(最適資本構成)は,節税効果と倒産コストの差(PVTS-BC)が最大化(1,765億円)される60%であり,その時の推定格付はBBBである.

これらすべての最適資本構成の推定で,各キャピタリゼーション比率に対して,①格付の推定,②負債コストの推計,という分析手順を踏むことから分かるように,格付の推定が最適資本構成の分析に大きな影響を与えることになる.サンプルでは格付を,インタレストカバレッジレシオのみ用いて推定しているが,実際には慎重な考慮が必要となろう.格付には,企業規模やキャッシュフロー比率,キャピタリゼーション比率などといった他の財務数値も重要であるし,それ以上に,企業の属する業界の参入障壁や競争環境,マクロ経済が業界全体に及ぼす影響などが総合的に考慮される.また,分析に用いた最適資本構成のモデルはすべて静的(static)であり,特定の時点の財務数値をもとにしているため,現実に調達戦略を検討するうえでは時間軸を考慮しなければならない点にも注意を要する.仮に現在の財務数値はキャピタリゼーション比率が低く(高く)とも,予測される将来の収益やFCFからキャピタリゼーション比率の上昇(下降)が見込まれる場合には,格付は将来を先取りするかたちで付される.したがって,少なくとも今後数年のFCFを考慮し,将来の予測財務数値を用いて格付推定を行なう必要がある.

(2) 目標とする資本構成の追加的な検討

次に,モデルで推定された最適資本構成について,実務的な観点から追加的な検討を行なう.最適資本構成として示されたキャピタリゼーション比率の推定格付はBBB(トリプルB)からA(シングルA)格の範囲であり,直感的には,投資適格とされるBBB格以上を最適資本構成として結果を返したことは納得できるものである.しかし現実の世界では,(トレードオフ理論に従えば)高い

キャピタリゼーション比率を維持できるはずの高収益企業[81]，いわゆるエクセレント・カンパニーで負債利用に消極的な企業も少なくない．たとえばキャノンや武田薬品，デンソーなどは現預金と有利子負債を相殺した純有利子負債（net debt）はマイナスであり，非常に高い格付を維持している．したがって，高い格付を企業価値の観点から積極的に肯定する理由の検討，ならびにモデルでは考慮されにくい点についての検討を行なう必要があろう．

(i) 財務柔軟性の考慮

まず企業経営としては，経営環境の不測の変化に対する柔軟性の確保という観点での考慮が必要である．BBB 格は，さらにもう一段の引き下げが行なわれた場合には投機的（投資不適格）水準となるため，事実上，資本市場を利用した調達に著しく支障をきたす可能性がある．米国の債券市場は日本のそれと比べて発達しており，低格付社債への投資家の裾野が広いと言われる．ジャンク債市場とも呼ばれ，投資不適格社債が活発に流通する米国に対して，日本ではそのような市場が発達しておらず，投資不適格グレードへの格付の低下は事実上の破綻となる可能性が高い．実際に 1990 年代後半の山一證券，拓殖銀行などの破綻は格付機関の投資不適格グレードへの格下げによると言われる．

また，BBB 格の社債の利回り（企業にとっての負債利息）は非常に不安定である（図 3-6）．特に 1998 年終盤から 99 年にかけての国内の金融危機，2001 年 9 月の同時多発テロ以降などの時期には，高格付（AA 格）の社債に比べて顕著に上昇していることも分かる．このように，ジャンク債市場はもとより，投資適格である BBB 格の社債市場も，たとえば年金運用でインデックスとして広く採用されている野村 BPI もその対象銘柄を A 格以上としているように，参加者の多い成熟した市場とは言い難い．

次に A 格を検討しよう．AA 格と比較した過去の金利差（図 3-6「A-AA Spread」）は残存 10 年の社債平均で 38bp であり，この金利差は残存期間が長いほど大きくなる傾向がある．時系列で観察される A 格の社債スプレッドの動

---

81) 資本構成のトレードオフ理論とは逆のこのような現実を説明するのがペッキング・オーダー理論である．ペッキング・オーダー理論に関しては次節で検討する．

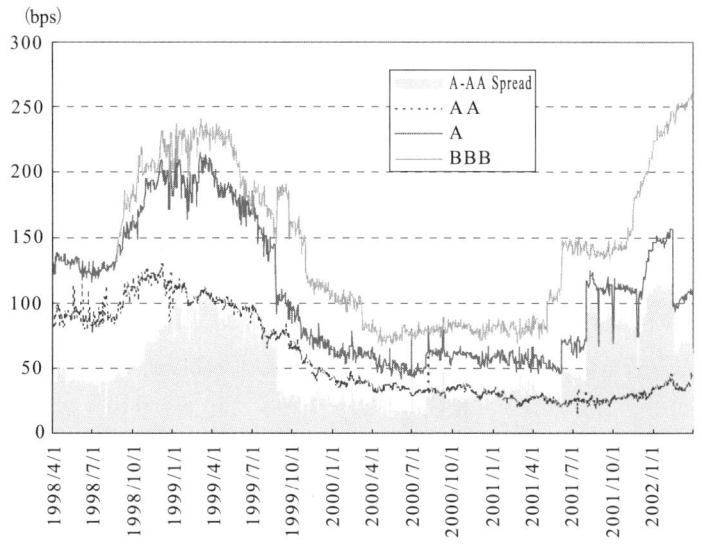

図3-6. 残存10年の社債利回り（98年4月～2002年3月）

注）1 bps（ベーシスポイント）=0.01%

きは，AA格の社債よりも，BBB格の社債の動きに近い．また，超長期債と呼ばれる10年を越す社債の発行も難しく，あるいは金利スワップ市場ではスワップの相手方（カウンターパーティ）から与信リスクの見返りとしてクレジット・チャージを要求されるため，負債のデュレーション調整などを行なおうとすると追加的なコスト負担も大きくなってしまう．このようにAA格と比較してA格は，財務活動に対する制約が大きく，財務柔軟性という観点では，AA格とA格との間には明らかに差が存在する．したがって，負債調達を機動的かつ安定的な金利負担で行なうという財務柔軟性を確保するためには，少なくともA格かそれ以上の格付が必要であろう．

ところで，Myers and Majluf（1984）は，NPV>0の投資を実行するにあたって，株主間のエージェンシー（富の移転）問題の発生しない負債発行が株式発行よりも優位であることを示している[82]．モデル上の最適資本構成となるよ

---

82) ここでは経営者が既存株主の利益を目的に行動すると仮定している．

う限界までレバレッジを上昇させた状態で，資本調達が必要なリスキーな投資機会が現れた場合を想定しよう．経営者が既存株主の利益を第一に考えた場合には，自社の株価が市場で過小評価されているときにはエクイティ・ファイナンスを行なえず，その価値ある投資を見送ることになってしまう．低い株価でのエクイティ・ファイナンスは，既存株主から新規株主への富の移転となってしまうからである．したがって，常に適正な株価が保証されない現実においては，株主間のエージェンシー問題を生じさせないためにも，やはり一定の負債調達の枠を残しておくことが望ましいことになる．あるいは，仮に適正な株価水準だったとしても，株式発行は債券のそれと比べて非常に発行コストが高い．直接的な発行コストは主に投資銀行の引受手数料，間接的なコストとしては，販売時のディスカウント，株式発行のアナウンスによる株価下落[83]，および発行に際しての目論見書作成などの事務作業などがある．したがって，その意味でも株式発行を最小限にとどめるために，一定の財務柔軟性（負債調達能力）を維持しておくことが企業価値の最大化につながると考えられる．

(ⅱ) 従来の財務方針との整合性および市場との信頼関係

従来の財務方針との整合性も考慮しなければならない．格付を企業自らが能動的に変更させることは，既存の債権者と株主との間でのエージェンシー問題を引き起こす．たとえば，株主はレバレッジの引き上げを一般に歓迎するものの，債権者にとってはデフォルトの蓋然性を高める．格下げを伴うレバレッジの引き上げを債権者軽視と市場が受け止めた場合には，債券市場での信頼および評判という面でプラスになることはあり得ない[84]．株主の利益を高めるために債権者に損失を与えるような行動を一度でもとれば，将来の負債調達コストを上昇させることになる．「富の移転」問題を解決することも，既発行の債券/借入の早期償還/返済によって不可能ではないが，しかしコスト面などか

---

[83] 株式発行のアナウンスが株価下落をもたらすシグナリング効果については次節で検討する．
[84] ただし，債券投資家は格下げの可能性も前提として購入しており，格下げの可能性は金利による対国債上乗せスプレッドで支払っているので問題ないとの意見もある．

表 3-2. 最適資本構成に関する追加的な検討項目

検討項目		検討の概要
1. 財務柔軟性		将来の不確実な資金需要,業績および金融資本市場を考慮すると,現実の最適資本構成は,モデルが示す資本構成よりも幾分か負債比率は小さいと考えられる
	BBB 格	国内社債市場は厚くなく,不測の環境変化によっては調達困難になりゴーイング・コンサーン(継続企業)を脅かす恐れがある
	A 格	AA 格と比較して,超長期債の発行やスワップ等を用いた財務活動の自由度は低くなる
	エクイティ・ファイナンス	常に適正な株価が保証されないこと,および株式の発行コストが大きいことから,負債調達余力を残しておくことが望ましい
2. 財務方針の整合性と市場との信頼関係		従来の財務方針との整合性は,債権者-株主間のエージェンシー問題であり,市場との信頼関係に影響する

ら現実的とも思われない[85]. 財務方針を変更する場合には,格付機関をはじめとする債券投資家や銀行などとの良好な信頼関係の維持について,慎重な検討を行なう必要があろう.

以上,表 3-2 に現実の最適資本構成の決定について,実務上の考慮すべき項目とその概要を整理しておく.

このように,トレードオフ理論を前提としたモデルで示される資本構成に対して,実際には一定の財務上の余裕 (financial slack, 本書では以下「財務スラック」と表現する) として負債調達能力 (財務柔軟性) を維持しておくことが,実務上企業価値を最大化する資本構成であることを明らかにした. 表 3-2 で整理した検討項目は,すべて不完全市場に起因すると言ってよかろう. そもそもトレードオフ理論で示される節税価値の増加は,税金という不完全市場要因がなければ,企業の資本構成の選択に影響を及ぼさない. また,格付による財務活動の制約や株価過小評価を嫌っての財務スラックの維持,債券発行に比べて高い株式発行コスト,格付機関や市場との信頼関係もすべて不完全市場要因である. それゆえ,これらを怠った結果,コストが発生すれば,それは株主もしく

---

85) このような債権者に対する株主の搾取というモラルハザードを未然に防止するために,契約として社債に「財務制限条項 (1996 年 1 月より「財務上の特約」として自由化)」を付するという解決方法もある.

図 3-7. 不完全市場と実務上の最適資本構成の体系化

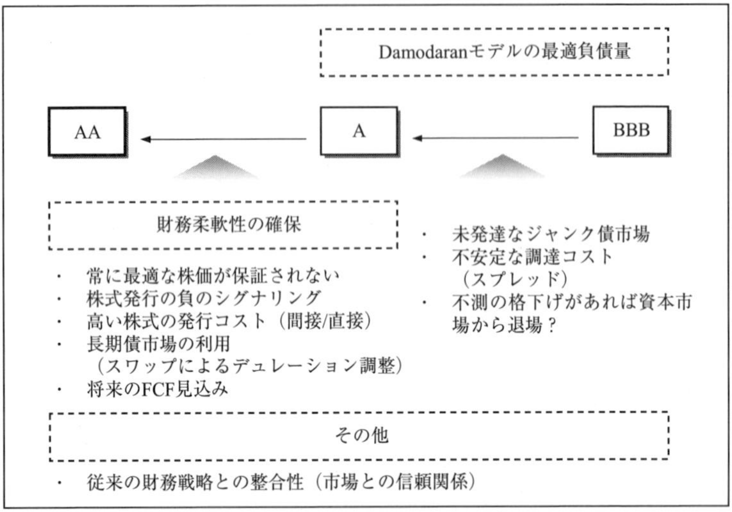

```
                    ┌─────────────────────────────────┐
                    │   Damodaranモデルの最適負債量    │
                    └─────────────────────────────────┘

        [AA]  ←──────  [A]  ←──────  [BBB]

    ┌──────────────────────────┐   ・未発達なジャンク債市場
    │    財務柔軟性の確保      │   ・不安定な調達コスト
    └──────────────────────────┘     （スプレッド）
    ・常に最適な株価が保証されない    ・不測の格下げがあれば資本市
    ・株式発行の負のシグナリング       場から退場？
    ・高い株式の発行コスト（間接/直接）
    ・長期債市場の利用
      （スワップによるデュレーション調整）
    ・将来のFCF見込み

    ┌──────────────────────────────────────────────────┐
    │                    その他                        │
    └──────────────────────────────────────────────────┘
    ・従来の財務戦略との整合性（市場との信頼関係）
```

は債権者が負担することとなり，いずれにしろ企業価値を毀損することになってしまう．その逆に，もしもこれらを適切にマネジメントできれば，資本構成によって企業価値を最大化することができるのである．図3-7に，実務上の最適資本構成を体系化して示す．

(3) 格付のリバース・エンジニアリング

　格付は格付機関が付与するものであり，企業が直接コントロールすることは難しい．しかしHiggins (2001) は，企業自らが目標とする格付を決定し，社債（負債）の発行上限を削ることを「資本構成の意思決定をリバース・エンジニアリングする」[86]と表現し，そのメリットとして次の2点をあげている．1点目は，過剰な負債を心配する企業や負債調達による節税効果に興味がある企業にとって，格付の低下を招く前に負債の限度額を明らかにできること，そして2点目は，経営者が，現時点での予測と戦略に基づいてどの格付がふさわしいのかを，より具体的に考えることに専念できることである．実際，企業自らが資

---

86) Higgins (2001) 邦訳書 229 頁.

本構成を変化させて格付をできる限りコントロールしようとする試みは，企業価値の最大化にとって意義のあるものと思われる．

まず第1に，発行量やタイミングをコントロールすることで，不要な負債コストを軽減できる可能性がある．たとえば，800億円の調達ならば格付の維持が可能だが，1,000億円を調達してしまうと格付が引き下げられる状況であったとしよう．企業は，特に公募で社債を発行する場合，発行に関して固定費的に発生する手数料および事務作業の観点から，なるべく一度の調達金額を大きくしようとするインセンティブを持つ．このとき，格付をリバース・エンジニアリングしておけば，現在の高い格付で800億円の社債発行にとどめるという選択を検討できる[87]．もし1,000億円を一度に全額調達しようとする場合，そのことによって格付が下がるなら，その1,000億円全額を引き下げられた格付で調達しなければならなくなってしまう．だからといって即座に200億円のエクイティ・ファイナンスを行なって社債を償還したとしても，一般に格付機関の格上げは慎重に行なわれる傾向が強いため，いったん引き下げられた格付は容易に引き上げられない．もちろん格付は財務的な支払能力だけでなく，その企業が属する業界の競争状態やマクロ経済などが大きな決定要素となる．しかし，格付機関が個別企業の格付（あるいはアウトルックなど）の変更をアナウンスするタイミングとしては，やはり何かしらの当該企業のイベント（たとえば大規模な負債調達，業績の変動を確認できる決算発表など）がきっかけとなりやすい．企業自らが，そのきっかけを格付機関に提供してしまうのは得策ではなかろう．

第2に，既存の格付のままでも，調達コストを低減できる可能性がある．債券投資家は，当然のことながら，購入した債券が格下げされるリスクを認識している．しかし，発行企業が格付をリバース・エンジニアリングすること，た

---

[87] あるいは，一度に1,000億円を，引き下げられた格付で調達するよりも，800億円を調達した後に，残り200億円を引き下げられた格付で調達すれば，一度に1,000億円を調達するよりも低いコストでの調達となる可能性がある．むろん，このような行動は債権者，格付機関との信頼関係にも影響するし，機会主義的行動としての評判リスク（reputation risk）がある．

とえば発行企業の格付の維持あるいは向上に対するコミットを確認・認識できた場合には，そうでない企業の発行する債券よりもリスクが小さいとして，投資家は高い価格（低い金利）で購入してくれるかもしれない．格付機関も同様に，発行企業のコミットがある場合には負債比率の増加を一時的なものと見なすだろう．債券を発行する企業と，その債券の信用力を格付というかたちで代弁する格付機関，それを購入する投資家との間に信頼関係を構築できれば，情報の非対称性と同時にエージェンシーコストを削減できる可能性がある．

このように，格付機関から付される格付を消極的に甘受するのではなく，企業自らが積極的に資本構成を変化させて格付をコントロールすることにメリットは大きい．いったん企業が目標とする格付を決定したら，格付機関との良好なリレーションシップの構築に努め，適切に負債 - 株主資本をコントロールしていくことが企業価値創造の財務マネジメントであろう．

本節の検討で，現実の株式市場では常に適正な株価水準が保証されないことおよび，格付機関をはじめとした市場との信頼関係構築が重要であることについて言及した．これらは情報の非対称性の存在を意味する．次節では，企業価値と市場価値との間に生じる乖離を情報格差に求め，それを緩和することを検討しよう．

第2節　情報の非対称性

市場の効率性に関する研究は膨大な蓄積があり，市場は概ね効率的であること，すなわちセミストロングフォーム（半強度）の効率性を持つということが，今や広く合意されていると考えてよいだろう[88]．セミ・ストロングフォームで効率的とは，公開された情報を市場が速やかに価格形成に織り込むということであり，言い換えれば企業による市場への情報提供が株価形成に重要な影響を与えることに他ならない．Young and O'Byne が指摘する情報の非対称性を

---

[88] 須田（2000）第4章，Brealey and Myers（2000）chap. 13 などを参照．

財務マネジメントとして理解し，企業価値と市場価値の乖離をできる限り縮小することが近年日本においても特に重要になってきている．このことは，東証一部に上場していたワールドやポッカが MBO（Management Buy-Out）による非公開化の道を選んだことに端的に表れている．

両社の社長はともに MBO を行なった理由として，株価が企業価値を適切に反映していないとの，市場への不満を表明した．株式の持ち合いの解消が進展し，会社法改正によって株式交換が可能になるなど，敵対的買収が日本においてもいよいよ現実的なものになってきており，本来の企業価値が市場株価に反映されないことは上場企業の経営にとってますます重要な課題となり，放置できるものではなくなってきた．そのような中，両社は非公開化という手段によって敵対的買収の脅威を遮断することで，「長期的な経営」が可能になると語った．むろん上場の目的は，一義的には市場からの資本調達であろうが，その他にもメリットは大きい．それを放棄してまでも選択肢は MBO しか残されていなかったのだろうか．そのような状況になる前に，あるいはポイズンピルなどの買収防衛策に走る前に，企業財務はどのような，あるいはどのように打つべき施策を選択，実施すればよいのだろうか．

市場において企業価値が適切に評価されなければ，事業戦略の選択肢としての M&A を有利に進められないどころか，買収標的とされ企業の存続問題ともなりかねない．そのような状態に陥らないためにも，情報の非対称性の緩和を VBM における財務マネジメントとして理解する必要があろう．そこで本節では，市場価値と企業価値の乖離の要因として考えられる情報の非対称性，すなわち企業内部と市場に流通する情報格差についての検討を行なう．投資家が将来業績を予測し企業価値を評価するとき，情報の量や質が劣っている，あるいは，その質に投資家が懐疑的になっている場合には，特に市場評価としての株価は保守的に形成されることとなる．その場合の財務施策としては大きく，① IR（Investor Relations）による直接的・事前的な情報格差の緩和と，②自社株買いや増配などの間接的・事後的なシグナリング効果，の 2 つが考えられる．

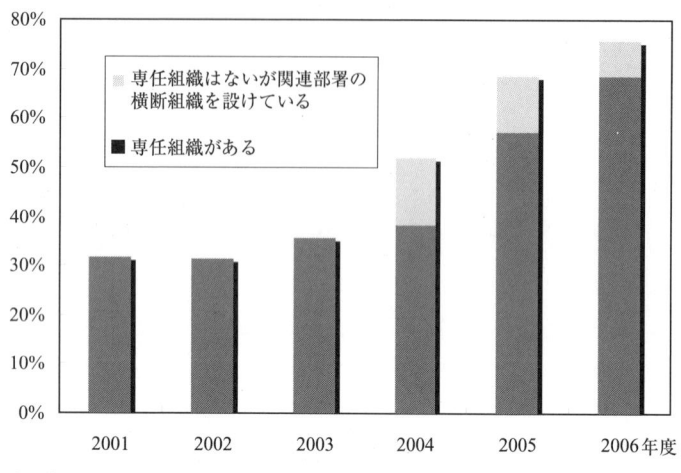

図 3-8. IR 専任部署の設置率の推移

(出所) 日本 IR 協議会「IR 活動の実態調査」より筆者作成

(1) 情報の非対称性と企業財務 (コーポレートファイナンス)

　企業からの情報開示は，法律等に規定される制度開示のみならず，企業が任意に行なう自発的開示が存在する．1990 年代後半以降，会計ビッグバンとも言われる大幅な会計基準の変更とともに制度開示は強化されてきた．それでも制度開示を補足するために IR などを通じて自発的な情報開示を企業は進めており，IR 専任部署を設置する企業の増加がそれを端的に表している (図 3-8)．

　日本 IR 協議会の「IR 活動の実態調査」によれば，IR 活動の目標についての解答で最も多かったのは 2004 年度まで「企業・事業内容の理解促進」であったが，2005 年度からは「適正な株価の形成」に入れ替わった．この事実は，経営者の市場価値 (市場評価) への意識が近年特に高まっていることを示しており，2004 年に経済産業省に設置された企業研究会においても，「経営者が算定する企業価値に比較し，現実の株価はなかなか上がらない」ために，「敵対的 M&A に対する脅威が増大している」と報告されている[89]．第 2 章で行なった

---

89) 経済産業省ホームページ http://www.meti.go.jp/policy/economic_industrial/gather/0000613/index.html 参照．

アイシン精機のインハウス・バリュエーションでも，市場では株価が過小評価されており，少なく見積もっても経営者が算定する企業価値から25%もの乖離があった．もちろん市場の評価に対して，経営者の算定が常に正しいとは限らない．しかし企業についての情報を，市場（外部投資家）よりも経営者の方が多く有することは否定できない事実である．

このような状況に対して企業がまず行なうべき施策は，市場が適正な証券価格を形成できるよう，IRなどの積極的な情報開示によって直接的に情報格差の緩和を促すことである．情報開示には制度開示と自発的開示があることは述べたが，制度開示であってもその運用には企業の裁量が働く余地が多く，企業の意思やスタンスが色濃く反映される．なぜならば，法律もしくは制度による情報開示の規定は，あくまで最低限を規定するだけであり，それ以上の情報の開示を妨げるものではないからである．経営者と投資家との情報格差を緩和することを情報開示の目的として捉えた場合には，その意味で自発的開示と制度開示に本質的な差はないと言ってもよかろう．

情報の非対称性と企業財務（コーポレートファイナンス）理論との連関については，たとえば遠藤ほか（2004）[90]はIR活動の効果として以下の6つをあげている．

1. 事業戦略や投資方針の伝達による適正な株価形成
2. 市場の効率性への寄与
3. 資本コストの適正化
4. リスクプレミアムの低下
5. エージェンシーコストの緩和
6. シグナリングの考慮

これらを市場の評価する市場価値と，経営者の評価する企業価値との関係で捉えながら，情報格差を緩和するための財務マネジメントを検討する．情報開示（本書では以下，制度開示と自発的開示を区別せず「情報開示」と呼ぶ）を直接的

---

[90] 遠藤ほか（2004）48-50頁．

な情報格差の緩和手段として，また，企業の財務行動によって市場に発信するシグナリングを間接的な情報格差の緩和手段として，具体的に財務マネジメントのあり方を考察しよう．

(2) 直接的な情報格差の緩和

　IR の定義に確定したものはないが，全米 IR 協会は「投資家に対して企業の業績やその将来性に関する正確な姿を提供するもの」としており，わが国では証券団体協議会が「企業と株主および投資家間の信頼関係構築のための活動」と定義している．また，日本インベスター・リレーションズ協会では，「企業の実態を株価が適正に反映すること」が IR の目的の 1 つであると謳っている[91]．したがって IR の具体的な活動目的は，自社の情報を投資家に開示・説明することで自社への理解を深めてもらい，情報格差を緩和することと考えることができる．

　そして，直接的に情報格差を緩和するための具体的な施策および機会としては，タイムリーディスクロージャーの徹底や企業が発表する業績予測の精度向上による情報サプライズの極小化，有価証券報告書やアニュアルレポート，ウェブサイト等を用いたより積極的な情報開示，決算説明会やアナリスト向け説明会・ミーティングの内容拡充，などが考えられる．これら IR 活動を通して市場との信頼関係を構築し，市場価値と企業価値の乖離を縮小させることが重要である．開示される情報が公正 (fair) であることは最低限の必要条件であるため，情報開示の迅速性および情報の量と質[92]について，ここでは財務マネジメントとして考察する．

　まず，情報開示の迅速性については，タイムリーディスクロージャーの徹底が重要である．企業は市場が織り込んでいない情報を適宜（タイムリーに）市場

---

91) 藤江 (2000) 10 頁.
92) Elliott and Jacobson (1994) は，質の高い情報開示により投資家が企業に求めるリスク・プレミアムが小さくなるとしている．音川 (2000) は，日本アナリスト協会によるディスクロージャー・ランキングが高い企業ほど，資本コスト（の推定値）が低くなることを実証している．同様に Botosan (1997) もアナリストのカバレッジが低い企業ほどアニュアルレポートによる積極的な情報開示が資本コストを低減させることを実証している．

に提供し，情報サプライズを極小化することで情報格差を緩和できる．日本の場合，発生事実および決定事実の開示が適時開示制度として規定されているが，重要性の判断をはじめとしてその運用に関しては企業側のスタンスが色濃く反映される．情報格差を最小化するためには，ポジティブ/ネガティブあるいはさほど重要でないと企業が考える情報であろうとも，可能な限り情報開示することが望ましいであろう．適時開示制度には重要性の判断基準が規定されているが，開示した情報が重要かどうかは本来，投資家が判断すべきものと考えられるからである．したがって理論的には，可能な限り多くの量の情報を適宜開示することが情報格差の緩和につながるはずである．また，制度としての適時開示だけに頼る必要はなく，プレスリリースやマスコミ関係の取材受け入れなど，様々な情報伝達ルートが存在する．

　開示の質の重要性はIR活動全般に言えることだが，ここでは特に重要と考えられる2点を取り上げる．第1に，経営者による業績予測の精度向上である．経営者による業績予測の公表は米国では見られない日本独自の制度であるが，多くのアナリストが経営者による業績予測を参考にしながらEPS等の分析を行っている．実際に行なわれるアナリストとの対話の場面でも，公表している予測数値に対する進捗率や，公表数値に対する影響についてかなりの時間を割いている事実からも，その有用性がうかがわれる．したがって，経営者が精度の高い業績予測を提供できれば，投資家の分析コストが低減されると同時に投資家の判断材料としての有用性が増し，市場とのより確かな信頼関係を構築することができるのである．しかしながら，企業を取り巻く環境はますます複雑になり不確実性を高めていることから，経営者が情報優位に立っているとしても業績を正確に予測することはますます困難になりつつある．そのため，為替や金利といった外部要因の前提や，販売数量や単価といった内部要因の前提を可能な限り明確に市場に開示することが望ましい．そうすれば，様々な要因変化が業績に与える影響を市場が織り込むことの助けとなる．また，結果的に業績予測の修正が必要となった場合にも，迅速な開示を行なうことで市場へのサプライズを最小限にとどめて，市場との信頼関係を損なわないことが重要である．

第2に，投資家が行なう中長期的な業績予測の材料として，経営者が具体的な企業戦略を市場に提供することである．既に指摘したタイムリーディスクロージャーの徹底や経営者による業績予測などは，どちらかと言えば短期的な業績水準を予測するために有用なデータであろう．理論的に企業価値は将来のキャッシュフローの割引現在価値であり，ゴーイング・コンサーン（継続企業）に問題が発生するなどの状況でない限りそのデュレーションは長期にわたる．したがって投資家は，中長期的な業績水準の予測に有用な情報の入手を最も望んでいるはずである．市場が株価形成を行なうために最も必要な情報は，競争優位をいかに確立・維持・強化していき，足元の業績をどのように，どれくらい成長させることが可能かという戦略そのものであろう．その内容は，現在の自社の競争ポジションをどのように自己分析しているのか，そして，今後フォーカスするマーケットをどこにするか，販売戦略をどうしていくのか，サプライ・チェーンやバリュー・チェーンのどこを狙うのか，生産戦略をどのように進めるのか，ブランドやプロパテント戦略についてどのように考えているのか，グループ経営やM&Aなどのアライアンスをいかに戦略として利用するのかなどである．中長期的な業績水準の予測に有用な情報の基礎となる，具体的な戦略を発信することで，経営者の考える業績シナリオを市場に認識させ，共有できれば情報格差は縮小し，その結果として市場は評価を上方にシフトすることになる．

　たとえば2000年にトヨタが実施した原価低減活動「CCC21」や近年の「グローバルマスタープラン」，日産カルロス・ゴーン氏が実施した「日産リバイバルプラン」やその後の「日産180」，ソニーの「デジタルドリームキッズ」などは競争戦略そのものと言えよう．そしてこれらは，企業と投資家にとってのコミュニケーションツールとなり，対話とともに相互理解を進めるうえで非常に重要な役割を果たすものと考えられる．特に重要な戦略であるほどCEOやCOOなど経営トップが，自らの言葉で語りコミットを体現できれば，市場との信頼関係を構築するうえでプラスになる．また，時には戦略の進捗状況のフォローなどを行なうことで，市場の円滑な期待形成の助けとなるのである．

　以上の議論を，株主資本コストと市場価値とに関連させて整理すると次のようになる．まず，業績予測の精度向上およびタイムリーディスクロージャーに

よって極小化されたサプライズは，株価のボラティリティを低下させ，それは企業にとっては株式の資本コストの低下となる[93]．そして，資本コスト（割引率）が低下したときに市場価値（現在価値）をより増大させるのは，経営者の業績予測の対象となるような（割引率の影響をさほど受けない）比較的近い将来のキャッシュフローではなく，遠い将来に生み出されると期待されているキャッシュフローである．したがって，中長期的な業績水準の予測に有用な戦略の発信の重要性が増す，すなわち市場価値に与える影響が大きくなるわけである．

(3) 間接的な情報格差の緩和

前項で取り上げた，直接的な情報開示水準の向上が効率的な株価形成に寄与することに議論の余地はない[94]．しかし現実には，完全に情報格差をなくすことは不可能である．すべての情報を開示することはもちろん，地域別あるいは事業セグメント別などの業績開示でさえも現実には容易ではない．また，マーケットや製品別の収益性などの情報は投資家にとっては重要であるけれども，企業秘密に属するような情報なら競合他社を利することになりかねない．したがって，経営者は競争優位を維持するために，必ずしも詳細な情報開示を行なわないというインセンティブを持つだろう[95]．

このため，企業の経営者は必然的に自社の経営状況（すなわち真の企業価値）に関して市場参加者よりも多くの情報を有する．その結果，企業の内部者だけが保有する情報は市場に反映されず[96]，市場価値（株価）は真の企業価値に対

---

[93] Dhaliwal (1979) は，質の高い情報開示を行なう企業ほど証券アナリストのカバレッジが多くなり，その企業に対する投資家の関心が集まることから，企業の資本コストが低下するとしている．また Diamond and Verrecchia (1991) は，情報開示は株式の流動性を高めることから機関投資家の需要を増加させ，資本コストを低下させるとしている．

[94] たとえば Baldwin (1984)，Balakrishnan *et al.* (1990) は，セグメント情報の開示によって証券アナリストの業績予測が向上したことを報告している．

[95] セグメント情報の開示については目的適合性，信頼性および比較可能性などの観点から，セグメンテーションの方法に関する経営者の自由裁量について以前から実際に議論となっている．

[96] ここでは一般的にコンセンサスを得ているセミストロング・フォーム（半強度）の市場の効率性を前提としている．

して情報量が少ない分だけ通常は過小評価されることになる．このような，現実には不可避である非対称情報環境下で，その過小評価（乖離）を是正するためには，企業が自社の企業価値に関する情報を，増配（もしくは自社株買い）などの財務行動によって市場に対してシグナルとして発信することが選択肢として考えられる．

周知のとおり，税金や取引コストの存在しない完全資本市場を仮定した場合には，Miller and Modigliani (1961) が示したように配当政策は企業価値に中立である（MM の配当無関連命題）．むしろ税金を考慮した場合には，投資家によっては課税が繰り延べされなくなってしまう分だけ配当は企業価値を減じることになるが，実際には増配を発表した企業の株価が高いパフォーマンスを示すことはよく知られている[97]．MM の世界では中立であるはずの増配が，実際には企業の市場価値を増加させることは，「①シグナリング理論」および，「②フリーキャッシュフロー理論」によって説明が可能である．また，「③ペッキングオーダー理論」は情報の非対称性に基づいて企業の資金調達に関する財務行動を説明するものである．

企業の選択した財務行動が市場に発する情報内容は，これら3つの理論によって説明される．そして経営者がそれを理解しておくことは，経営者が意図的に発信したい情報を効果的かつ確実に市場に伝達することの助けとなり，その結果として情報の非対称性を緩和して市場価値と企業価値の乖離を縮小させることに役立つことになる．

(ⅰ) シグナリング理論

日本では，1株当たりの配当を安定的に行なう「安定配当」を配当政策として掲げる企業が多い．これは，経営者は増配後の減配を嫌うために，将来に渡って維持可能な額までしか増配を行なわず，いったん増配した後には多少の利益変動があろうとも「安定」して配当を行なうという配当政策である．

経営者が安定配当を志向することを前提とすれば，シグナリング理論の観点

---

[97] Pettit (1972)，Charest (1978)，Aharony and Swary (1995)，諏訪部 (2006) など．

からは増配は次のようなシグナルとして解釈できる．すなわち，引き上げられた配当水準を維持できるだけの将来の業績見込みを経営者が持っているという内容である．その意味では，増配は短期的な増益シグナルというよりも，長期的に持続可能な業績水準に関するシグナルと考えられる．

(ⅱ) フリーキャッシュフロー理論

増配が市場価値を増加させることを説明する2つめの理論が，Jensen (1986) によるフリーキャッシュフロー理論である．古典的なコーポレートファイナンス理論では，経営者は株主の忠実な代理人（エージェント）として株主価値を最大化することを目的として経営にあたることが想定されている．しかし所有と経営の分離によって，現実には経営者が株主の利益を最優先する保証はない．株主もそれを防ぐためには，モニタリングや経営者へのインセンティブ報酬などのコストを負担せねばならないうえに，それらは不完備契約とならざるを得ず，経営者の私的な利潤を目的とした行動によって発生するエージェンシーコストを完全に排除することは困難である．このような状況では，キャッシュフローを企業内に留保させるよりも，企業外へ配当などの形で払い出させることで経営者の裁量を制限することの方が，株主価値の毀損可能性を減少させられると考えられる．この考え方では，増配のアナウンスメントは，経営者がキャッシュフローを非効率（無駄）な投資に使用せず，株主の利益に忠実な経営を行なうというシグナルとなる．ただし株主価値を創造できる魅力的な投資をさしあたって持たないという，利益成長の面での消極的なシグナルを発する側面を併せ持つことには注意を要する．

(ⅲ) ペッキングオーダー理論

ペッキングオーダー理論は Myers and Majluf (1984) と Myers (1984) によって示された．その主要な主張は，経営者は外部資金が必要なときには，情報の非対称性によって引き起こされる株主間のエージェンシー問題を避けるために，負債による資金調達を選択するというものである．ペッキングオーダー理論は，経営者は既存株主の利益に基づいて行動するとの仮定に立っており，株

式発行による調達は株価が過小評価されている場合は行なわれず，株価が過大評価されている場合にのみ行なわれると説明する．したがって外部調達において，経営者が株式による資金調達を選択した場合には，市場は悪いニュース（bad news）として解釈する一方で，負債による資金調達の場合には，経営者が自社の株価に対して過小評価されていると考えているとみなされ，それを市場は良いニュース（good news）と解釈することになる．

(4) 情報格差に対する財務マネジメント

ここまでに情報の非対称性を緩和するためには市場に対して，直接的に情報の量，質，そのタイミングを改善する方法と，配当や自社株買いといった財務行動によってシグナルを発信する間接的な方法があることを指摘した．以降では価値創造の財務マネジメントとして，さらに実務的な観点から考察を行なう．

(ⅰ) 直接的な情報格差の緩和

直接的な情報格差の緩和に関する実務上の留意点としては，情報開示水準の不可逆性を指摘することができる．ここで情報開示水準の不可逆性とは，有価証券報告書のセグメント情報などのように制度に基づいて行なわれる開示は，継続性の原則を遵守しなければならないという理由で，あるいは，継続性の原則が厳密に要求されないような自発的開示であっても市場との信頼関係を意識すると，やはり一度開示を行なった事項もしくは引き上げた開示水準を，次回は非開示もしくは以前の開示水準に戻すという行為はなかなか行なえない，という意味である．たとえば業績予測の前提の開示を今後継続的に行なっても，戦略上不都合は生じないか，あるいはセグメント情報の開示によって戦略上深刻な不利益が生じないか，組織形態（たとえば事業部制や機能本部制など）を将来変更したときに情報の利用者が混乱しないかなども，実務上は考慮する必要があろう．詳細なセグメント開示が組織形態を逆進的に規定することはあってはならないし，組織形態の変更が投資家の比較可能性を損なって情報の有用性が失われれば，開示は企業の負担にしかならないからである．

図 3-9. IR の従来と今後

従来の IR：一方から他方への情報の一方的（one way）伝達

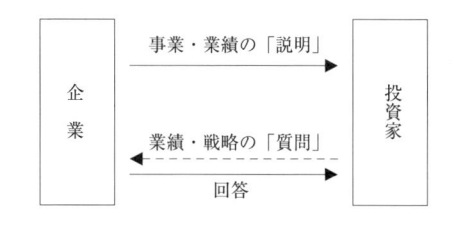

```
┌─────┐   事業・業績の「説明」    ┌─────┐
│ 企  │ ───────────────────→  │ 投  │
│ 業  │ ←─── ─── ─── ─── ───  │ 資  │
│     │   業績・戦略の「質問」   │ 家  │
└─────┘       回答           └─────┘
```

今後の IR：市場価値と企業価値のギャップを埋める双方向コミュニケーション

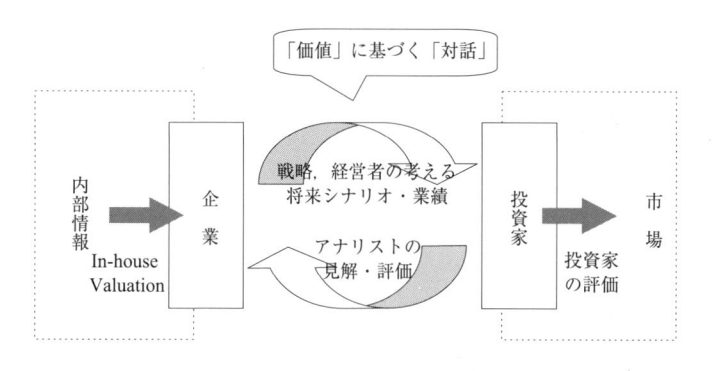

```
                「価値」に基づく「対話」
                        
┌──────┐   ┌─────┐  戦略、経営者の考える  ┌─────┐   ┌──┐
│ 内部 │ ⇒ │ 企  │  将来シナリオ・業績   │ 投  │ ⇒ │市 │
│ 情報 │   │ 業  │ ⇄                   │ 資  │   │場 │
│In-house│ │     │  アナリストの        │ 家  │   │  │
│Valuation│└─────┘  見解・評価         └─────┘   └──┘
└──────┘                              投資家の評価
```

　2004 年度調査までの IR 活動の目標についての解答では「企業・事業内容の理解促進」が最も多かったことからも想像できるように，企業側は必ずしも投資家の情報の利用目的に適った情報提供ということを強く意識してこなかった．従来の IR は企業から投資家への企業・事業内容の「説明」であり，また投資家とのミーティングでは，どちらかと言えば投資家からの一方的な質問に企業側は回答するという消極的なスタイルが多かったように思われる．一方から他方への情報の一方的（one way）伝達（図 3-9 上）であり，必ずしも市場と「対話」を行ないながら，投資家の投資判断に資する情報を提供できていなかったのではないだろうか．市場価値と企業価値の乖離を縮小させるためには，投資家がどのような情報を求めているのか，それを用いて投資判断をどのように行なうのか，という発想を企業自身が持つ必要があろう．そのように考えると

インハウス・バリュエーションは非常に便利な市場とのコミュニケーション・ツールとして利用できる．インハウス・バリュエーションによって算定された企業価値と市場評価の乖離はいったいどこから生じているのか，という疑問についてバリューマップと照らしながら投資家と対話し，双方向のコミュニケーションによって経営者の算定する企業価値と市場の期待とのギャップを埋めていくことが，21世紀のIRであろう（図3-9下）．VBMを目指す企業財務では，アナリストに投げかけられた質問に企業側が消極的に答えるだけでなく，時にはバリューマップを議論のベースにしながら，なぜアナリストの目標株価がインハウス・バリュエーションと大きく乖離してしまうのか，あるいはアナリストのバリュエーションのプロセスについてなどを，企業側からアナリストに積極的に質問していかなければならない．それを繰り返し地道に行なっていくことで，市場価値と企業価値の乖離を縮小させ，「適正な株価の形成」と「市場の効率性に寄与」できよう．

　このようなアプローチがギャップへの解決法となり得る1つの例を示す．事業Aと事業Bを持つ企業X社があり，①直近の業績は事業Aが100の利益を，事業Bが30の損失を計上している．②事業Bの損失は償却費によるものでFCFはプラスである．③しかしX社はセグメント情報を開示しておらず，外部からは事業Aと事業Bの合算された業績情報しか認知できない，という状況を想定する．このとき外部からの企業価値の評価は，合算された利益70という情報をもとに行なわれる．②より，事業Bの価値は，投下された資本額を維持しているのか，あるいは超える価値があるのかは分からないものの，FCFがプラスであることから価値はマイナスではない．つまり，合算利益70をベースにPERなどでバリュエーションを行なった場合には事業Bをマイナスの価値として評価してしまう可能性が高いことになる．このような状況では，バリューマップのように価値の要素を積み上げていくかたちでアナリストと対話を行なうことが必要であろう．少なくとも合算価値は事業Aの価値以上であるはずで，事業Bを（明示的でなくとも）マイナスのバリュエーションをしているとしたらそれは誤り（ミスプライシング）である．事業BについてはDCF法やEBITDA倍率，あるいはPSR（Price to Sales Ratio）などの評価手法を

用いるなど，評価の修正の議論を行なうことが，埋没している事業Bの価値の顕在化につながる可能性が高い．

　また近年では，持ち合い解消に伴って存在感を増してきている外国人投資家を意識して，海外でのIR活動を行なう企業が増加しているが，インハウス・バリュエーションの分析結果を利用することで，海外IRの限られたロードショーを効率的なものにすることができる．たとえばインハウス・バリュエーションによって，自社株式が利益水準や純資産に対して割安に放置されていると分析している状況では，バリュー株への投資を志向する投資家を主に訪問して，自社の割安度合いとそのような市場評価を解消する努力をどのようにしていくかといった観点で対話を行なうべきであろう．また，自社の成長力が株価に反映されていないと分析している状況では，グロース株への投資を志向する投資家を訪問し，自社の成長戦略を具体的にアピールすべきであろう．このように企業自らがインハウス・バリュエーションを行なっていれば，投資家の投資スタイルを考慮しながら，訪問先の選択および自社株のアピール方法等について戦略的なIRの実施が可能となる．

（ⅱ）間接的な情報格差の緩和

　次に，企業の財務行動が持つシグナルを，積極的かつ効果的に市場に発信することによる情報格差の緩和について実務上の検討を行なう．

　MMの配当無関連命題のフレームワークでは配当も自社株買いも等しくFCFのペイアウト（Payout（株主還元），配当に自社株買いを加えた株主への現金配分の総称）として捉えられ，企業価値に中立であり両者に差はない．しかし現実の世界では，両者が市場に発するメッセージは必ずしも同じではなく，次のような点で自社株買いは配当と異なる．すなわち，①減配を嫌う経営者にとって柔軟な利益還元の手段となり得る，②株価がファンダメンタルバリューと一致していない場合には自社株買いに応じた株主とそうでない株主との間で富の移転が生じる，③自社株買いに応じるかどうかは株主側の任意である，④資本構成をコントロールするための手段として利用しやすい，という4点である．

　これら自社株買いの特徴は，情報の非対称性の観点からすると，次のような

表 3-3. 増配と自社株買いの特徴とシグナリング

	特　徴	シグナリング
増配	・株主は持分に応じた均一なペイアウトを受ける ・資本構成のコントロールに用いると配当政策が外部から見えにくくなる	・将来業績への自信の表明
自社株買い	・ペイアウトを受けるか否かは株主の任意＝売却（株価に不満を持つ）株主のみへのペイアウト ・配当政策との分離によって，資本構成のコントロール手段として利用しやすい ・市場で流通する株式量を減少させる可能性	・株主価値を費消しない経営 ・株価に対する経営者の不満

メッセージ内容を持つ．すなわち，①現在の株価は過小評価されていること，②将来の収益水準に対して増配で還元するほどには自信がないこと，③自社株買いに応じる株主ほど経営者との間の情報の非対称性が大きいこと，④財務レバレッジによるROE，EPSのブーストに経営者がコミットすること，である．したがってまず，将来の業績への自信を表明したい場合には配当を，現在の株価に対する不満を表明したい場合には自社株買いを選択することになる（表3-3）．

ただしペイアウトによってシグナルを発信するには，実際にキャッシュが必要となるのは言うまでもない．そのとき当面のFCFがマイナスであっても，積極的にレバレッジを上昇させながらペイアウトを実施することはもちろん可能である．しかし追加負債が格下げを引き起こすなど，企業の財務安定性（もしくは財務柔軟性）に与える影響が懸念されるような状況では，ペイアウトの実施が事業投資を断念させることにもなりかねない．そのような状況を回避するためにも，前節の最適資本構成で検討した「財務スラック」を維持することが企業価値創造にとって重要な意味を持つことになる．財務スラックの維持によってNPVが正である投資機会を常に実行するオプションを持つことになると同時に，これらシグナリングを機動的に発信するためにも，財務スラックを常に一定量確保しておくことが望ましいと言えよう．財務スラックの保有はシグナリングを実施するオプションとしても機能するのである．

また，市場へのシグナルをより明確に発信するために，自社株買いと増減配，負債調達を組み合わせることも可能である．たとえば Soter et al. (1996) は，規制緩和後の競争に備えるための戦略的なレバレッジの引き下げを方針決定した電力会社の事例を報告している．減配が発してしまうネガティブなシグナルに対して，積極的な IR と自社株買いの組み合わせによって，シグナリング効果を適切にコントロールした財務マネジメントを行なったというものである．あるいは，戦略的なレバレッジの引き上げと株価への不満をシグナリングするには，負債調達と同額の自社株買いを組み合わせることで，市場へのメッセージがより明確になろう．

そして最後に，価値創造の財務マネジメントのためのシグナリングに関連する副次的効果と留意点を指摘しておく．適度な財務スラックの維持は価値を創造する一方で，過度な財務スラックの保有はエージェンシー理論が示すとおり市場価値のディスカウント要因となってしまう．自社の維持している財務スラックが適度かどうかということにも，情報格差が存在する．そのため，先に検討したように市場と真摯に対話を行ない，コミュニケーションを通じて相互理解を図ることが価値創造には必要であろう．

また，既に述べたように，自社株買いに応じるか否かは株主の任意であるため，自社株買いは株価に対する評価が低い株主から予め自社株を吸収しておくことになり，敵対的買収者の買収コストを事前に増加させる効果を期待できる[98]．価格に対する感応度の高い株主を減少させることで，買収に対する抵抗力を高められるのである[99]．しかしその反面，自社株買いは株式の流動性を低下させ，株価には負の影響を与える可能性もある．特に従来の日本のように市場での売買を前提としない安定株主が多い場合には，市場からの自社株買い付けが流動性に与える影響への考慮が必要であろう．

以上見てきたように，市場に対して適切なシグナリングを発信することは，その時々の企業の財務戦略および財政状況，資本市場の状況によって一様には決まらないため単純ではない．しかし，経営者にシグナルを発信する意図があ

---

98) Bagwell (1991), Stulz (1988) を参照．
99) 株主所有構造および株式の流動性については次節以降で改めて検討する．

ろうとなかろうと，市場は企業の財務行動に情報を見い出そうとする．経営者と投資家との間に存在する情報格差を完全に排除できない以上，企業行動自体が情報価値を有し，それを市場が解釈することで合理的，効率的な期待・価格形成が行なわれるというのは健全な市場の反応であろう．したがって，情報の非対称性の下では単純な資金過不足の調整であったとしても，それ自体が市場価値に影響を与える以上，シグナリングをコントロールすることも財務部門の重要な役割となる．シグナリングを適切にコントロール，あるいは積極的に利用することで市場価値を本源的な企業価値に近づけることができ，それによって敵対的買収脅威を排除するとともに，株式交換制度の下で買収通貨として機能する自社株の価値を高めることができる．ひいては事業戦略上 M&A の選択肢が拡がり，さらに自社の本源的な企業価値を高める，というように相互作用的に市場価値と企業価値は高まっていくのである．このように，不完全市場におけるシグナリングによる情報格差の緩和は，21世紀の企業財務にとって，価値創造のための財務マネジメントとして非常に重要な要素となってきている．

第3節　株式所有構造[100]

　本節では，企業価値と市場価値の乖離の要因となる可能性のある株式持ち合いについての分析を行なう．株式持ち合いにより敵対的買収の道が閉ざされている場合には，非効率な経営を正すための外部からの介入コストが大きくなると考えられるため，それを一種のエージェンシーコストとして株式持ち合いを捉えると，持ち合い株主（安定株主）の多い企業ほど市場評価が低くなる可能性がある．したがって，企業自らが株式所有構造を能動的に変化させることで市場評価の改善につながる可能性があることを，実証分析を通して明らかにす

---

[100] 本節は，拙稿 "Ownership Structure, Corporate Governance and Stock Price of the Japanese Firm: An Explanaton from the Accounting Model," *Paper Presented in European Accounting Association 25th Annual Congress in Copenhagen,* (unpublished) に加筆修正したものである．

る．

　第1章で指摘したように日本企業の株式所有構造は，メインバンクをはじめ取引関係の深い企業の間で株式を相互に持ち合うという慣行によって特徴付けられてきた．それは企業間で取引の経路を確保するという営業上の目的だけでなく，1970年代の資本自由化に伴い顕在化した敵対的な企業買収（いわゆるテイクオーバー）の脅威を取り除くうえでも有効に機能してきた．資本市場で行なわれるテイクオーバーは，企業の経営者を規律付けるコーポレートガバナンスの手段の1つであると言われるが，持ち合いが高度に発達した日本企業には，当初からそうしたメカニズムが働きにくい状況が生み出されていたのである．

　そのような中，経営者を規律付ける市場の役割を代替していたのは，脆弱な株主資本を補い，企業の資金調達の大部分を支えていたメインバンクであったとされる[101]．しかし，規制緩和を契機として資本市場を利用した直接金融が活発になったことで，1980年代後半には，間接金融を担う銀行の影響力は著しく弱まったと考えられる．本来ならこの時期に，企業は不特定多数の株主の利益をいっそう重視する必要に迫られたはずである．しかし調達された資金の多くは，規模の拡大を追求した収益性の劣る投資に振り向けられることが多かったと言われており[102]，企業はバブル期までに高い株主資本比率を手に入れた一方で，ROEの低下を招いてしまったのである．趨勢的に低下していくROE（図1-2参照）に反して資本市場が高い株価を付している間は，明らかに経営者はその追求を免れていたのだが，バブル経済の崩壊とともに下落した株価によって問題が一気に顕在化されることになった．直接金融の時代に入ってからも温存された株式持ち合いは，企業に資本コストを意識させることは従来ほとんどなかったと言ってよかろう．互いの経営への不介入を暗黙裡の前提としている持ち合い株主は，通常，利潤目的の株主なら行なうはずであろう株主利益を経営者に対して迫らない．このような株式所有構造が非効率な経営を温存させてしまうならば，それを察知した市場は，持ち合い株主の多い企業の市

---

101) Aoki (1990), Kaplan and Minton (1994), Kang and Shivdasani (1995) などを参照．
102) たとえば，渡辺 (1994，第1章) を参照．

図 3-10. 東証一部上場企業(金融を除く)に占める PBR1 倍割れ企業の比率と TOPIX の推移

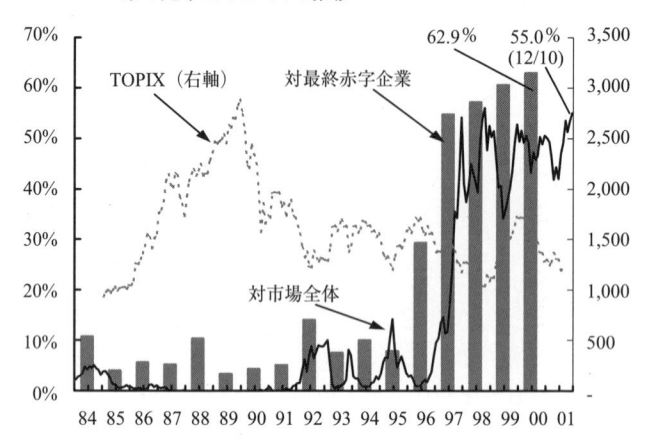

(注) 対市場全体は月次,対赤字企業は年次(決算時)の連結データを用いている.
(出所) 山田 (2001) をもとに筆者作成

場評価を低下させる可能性がある.

(1) 株式所有構造と日本企業の株価

(ⅰ) 資本コストと純資産価額

　図 3-10 は東京証券取引所第 1 部に上場する企業を対象に,株価が 1 株当たり純資産を下回る(PBR が 1 倍を下回る)銘柄の割合を示している.株価と純資産(=株主資本の帳簿価額)の差額は,市場が評価した企業固有の「のれん」に相当する.つまり,投下資本を上回るペイオフが先取りされてそこに織り込まれるわけである.むろん,原則として株主が企業に期待するのは,支出した資本以上のペイオフであるから,のれんが存在する限り,少なくとも資本の回収が可能であるという意味で,株主にとって最低限度の報酬が保証される.負担したリスクにちょうど見合う報酬が資本コスト[103]に相当する企業利益である

---

[103] 資本コストとは,企業の事業リスクを考慮に入れたとき,株主がその企業に対して要求する最低限のリターンを市場の平均値として表したものである.通常,無リスク利子率 (risk-free rate) にリスクプレミアムを加味した大きさで決められる.

とすれば，のれんにはこの資本コストを超過する企業利益の成長が織り込まれているのである[104]．

しかし，企業利益が低迷するに及んで，2001年12月時点で，上場企業の実に過半数において株価が純資産を割り込んでいる．これまで市場関係者の間では，利益水準がどれだけ落ち込んでも，純資産の帳簿価額は株価のアンカー（下値）になるという考えが広く受け入れられてきた．図3-10に示されるように，1984年から95年までは，赤字企業でさえPBRが1倍以下の企業の比率は1割に満たなかったのである．

それに対して，1996年以降になると，そのような企業の割合は急速に増加し，97年以降では市場全体で過半数，赤字企業にいたっては6割を占めるようになった．企業が資本のコストという経済的尺度に照らして株主から受託した資本を投資してさえいれば，企業の価値が純資産の大きさを割り込むことはないはずである[105]．

もちろん，日本経済の長引く低迷が，このような市場のトレンドに直接影響している可能性も指摘できよう．そこで，市場全体での株価の動きを表すTOPIXに注目して，PBRが1倍を下回る企業の増減を跡づけてみたのが表3-4である．

指定された5つの時点は，TOPIXがおよそ1,250ポイントの水準を抽出しているが，そのような企業の割合は時間とともに一貫して増大している．そう

---

[104] 後述するように，資本のコストに相当するペイオフは，純資産の帳簿価額を基準に計算されるため，その回収が将来にわたって保証される限り，株価は理論的に純資産を下回らないはずである．

[105] 純資産価額を企業の清算価値と読み替えても同じことである．株価がそれを下回る企業は本来，市場の裁定によって買収された上で，経営の改善が図られるか，清算価値で売却される．もちろん，純資産価額は，事業の継続を前提とする会計のルールにしたがって計算されるため，正確に清算価値を表すものでない．しかし，株主から委託された資本の増減を歴史的原価で測定しているという意味で，将来のペイオフがそれを下回るような事象は不合理であろう．なお，事前に正ののれんが見込まれた投資であっても，経済環境や競争条件などの変化によって，サンクコスト（埋没原価）の発生が不可避になることがある．その場合，減損会計を導入していない当時の日本の会計基準の下では，損失の認識ラグから，株価が純資産を下回り続ける可能性も考えられる．

表 3-4. 所与の TOPIX に対する PBR1 倍割れ企業の比率

	86/4	92/6	95/5	99/3	00/12
TOPIX	1,252	1,236	1,254	1,267	1,284
PBR1 倍割れ企業比率（対市場全体）	0.5%	6.8%	10.6%	46.1%	50.5%
PBR1 倍割れ企業比率（対赤字企業）	5.6%	14.1%	7.8%	57.2%	62.9%

なると，PBR が 1 倍を割り込む企業が近年急増している背景には，単にバブル崩壊以後の市場全体での株価下落が悪影響を及ぼしているというよりも，純資産価額に対する市場の見方そのものが変化してきたと考える方が適当であろう[106]．株価がファンダメンタルな価値を適正に織り込むとすれば，PBR が 1 倍を割り込むような状況は，資本コストに満たない非効率な事業が，将来にわたって継続することを市場が予測しているということに他ならない．本来，株主に最小限の報酬さえ保証しない企業に資金が滞留することは，資本市場の理論から逸脱した事象と言えよう．

(ⅱ) 株式所有構造と株価

　企業経営の手法上，投資の規模を拡大すること自体に問題があるわけではない．資本コストを満たすリターンが期待できる限り，株主にとって企業への干渉を深める動機は見当たらないからである．他方，企業が投資判断を誤ったり，株主との利害対立から不合理な行動をとった場合，経営者が自発的にそれを改めるのでなければ，外部から修正を促すための何らかの仕組みが必要になる．前述のように，企業外部者によるテイクオーバーは，一般にその最も有効な形態の1つであると言われている．

　その一方，取引関係が深い系列やグループ企業の中で株式を持ち合うことが多い日本企業の間では，テイクオーバーが成功した例はほとんど見られな

---

[106] 土地や金融資産に多額の含み損益を残す会計上の純資産に，企業の価値を客観的に測るだけの信頼性が寄せられていないことも確かである．しかし，株主資本の増減を資本コストと絶えず関連させる点で，純資産の帳簿価額は株価との関連性を失うことはない．純資産の帳簿価額を株価の下限とみなす考え方については，Burgstahler and Dichev (1997) などを参照．

い[107]．株主は自身の利益が守られない場合，株主権を行使して企業経営そのものを改善するか，それができなければ持分を処分することが合理的な選択肢である．しかし，持ち合いによって市場で取得可能な株式数が少ない状況では，不特定多数の株主が企業経営に介入する機会は大幅に制限される．

むろん，一部の株主が企業の株式を大規模に持つブロック（集中的）所有は，企業行動をその所有者の利害に従わせる一面を持つ．たとえば，Admati et al.（1994）や Shleifer and Vishny（1986）によれば，ブロック所有は，経営への介入やモニタリングを通して，コーポレートガバナンスの面から企業価値をむしろ向上させる可能性が示されている．ただ，ブロック所有の目的が企業価値の向上や株式リターンの追求のみに置かれているとは限らない．持ち合いの主な機能がテイクオーバーを排除することにあるとすれば，ガバナンスの効果はあまり期待できないであろう．ブロック所有に近い特徴を持つ株式の持ち合いであっても，それが企業価値にどのように影響するかは，これらの研究結果からは必ずしも自明ではない．

実際，日本の大規模製造業を対象とする Lichtenberg and Pushner（1994）の研究によれば，他の事業法人によって所有される株式の割合が大きい企業ほど，生産性と株主資本利益率（ROE）が低いことが示されている[108]．少なくともこの事実を見る限り，持ち合いは株式リターンを求める株主の利益を損ねるようである．テイクオーバーが企業外部から経営者を規律付けるうえで主要な役割を担うならば，その脅威を免れた経営者ほど株主の利害に沿った行動をとる動機が薄いというのが経験的に確かめられた理由であろう．いずれにせよ，持ち合いがリターンを重視する株主の利益に負の影響を及ぼす以上，それが強固な企業ほど市場での評価が下がるはずである．

先に指摘したように，日本では 1970 年代後半から株式の時価発行による増資が活発化したことで，企業にとって配当支払いのコストは事実上軽減され

---

[107] 本書で用いる「株式の持ち合い」という言葉は，相互に株式を保有し合うという表層的な意味にとどまらず，互いの経営を信任し，そこに介入しないことを暗黙裡に約束するという目的まで含めている．

[108] 新田（2000）も同様の結果を提示している．

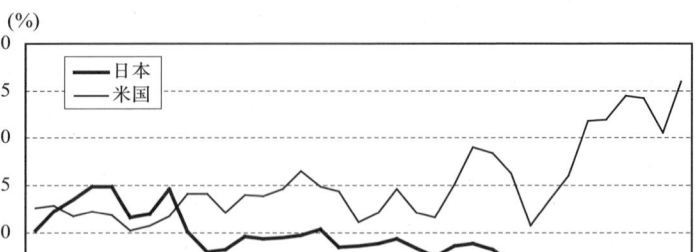

図 3-11. 日米企業の ROE の推移：1965-99 年度

注）日本は TOPIX ベース
　　米国は S&P Industrial ベース
（出所）大和総研　企業調査第一部

た[109]．1 株あたりの配当額を一定水準に維持するための負担は，拡大した事業規模に比べれば，さして大きくなかったはずだからである．その後，1980 年代半ば以降，低金利と高株価とを背景に，いわゆるエクイティ・ファイナンスが大量に行なわれたが，日本の企業は資本コストに対する意識が極めて低かったため，この時期に調達された資金は，資本効率よりも規模のほうが優先される傾向があったと考えられる．

そのことは，米国の企業よりも著しく低い日本企業の平均的な株主資本利益率（ROE）によく現れている．図 3-11 のとおり，日本企業は ROE を趨勢的に低下させてしまった．

1990 年代半ば以降，日本の無リスクの利子率はかなり低い水準であるものの，事業に伴うリスクを考慮すれば，この程度の利益では株主価値の増加に結

---

[109] 全国証券取引所協議会の「平成 12 年度企業業績及び配当の状況」によれば，1970 年度の配当性向は 39.7%，株主資本配当率（DOE）は 5.7% であったのに対して，1990 年度にはそれぞれ 30.3%，2.1% に低下している．この点について，松村（1997）も同様の指摘をしている．

び付かないことは明らかである[110]．資本市場が企業への資金供給の中心的な担い手となった現在，そこで要求される最小限の報酬である資本コストの回収すら期待できないような企業は，本来，市場による淘汰を免れないはずであろう．そうならない背景には，持ち合いのように他の株主が株式リターンを厳密に追求するうえで障害となる構造が強く作用していたと考えられるのである．

このような中，株式を持ち合う慣行の弊害も指摘されるようになった．近年では，金融商品に時価評価を要求する会計制度の変更，銀行による株式保有の制限，あるいは BIS 規制の強化などの影響で，金融機関をはじめ企業が持ち合い株式を売却する動きが活発化してきた．持ち合いの解消に向けた圧力は，経営権の市場（market for corporate control）としての資本市場の機能を，経営者と株主に再認識させつつある．なぜなら，持ち合いが買収の脅威を排除することで，資本効率の改善に向けた経営者の自律的な営業努力を妨げるとすれば，結果として株主価値を毀損することになるからである．この点について，荻島（2001）や手嶋（2000）は，株式を持ち合う割合が大きい企業ほど，企業の価値が減少することをエージェンシー理論の枠組みの中で証明している[111]．

それに対して本節では，日本に固有の株式所有構造と株主価値との関連をリアルオプション理論に基づいて検証する．持ち合いによってテイクオーバーの機会が閉ざされるため，非効率な事業が行なわれていても，あるいは行なわれようとしても，企業にそれを清算・中止させることは外部者にとって容易でない．したがって，持ち合う株式が多い企業ほど，持ち合い以外の株主が外部から企業に介入するいわゆるオプション（以下，本書では「経営介入オプション」と呼ぶ）[112]を行使する機会を制約すると考えるわけである．本節では，東証一部

---

[110] 玉木（1999）によれば 1994～98 年における日本企業の ROE の平均値は，主要国のなかで最低の水準であると説明されている．

[111] エージェンシー理論に基づいて株主構成と企業価値との関連を検証した文献としては，Jensen and Meckling（1976），Stulz（1988），Morck et al.（1988），McConnell and Servaes（1990）などがよく知られている．

[112] Burgstahler and Dichev（1997）は，業績が悪化した場合でも投下資本を他の効率的な投資プロジェクトに柔軟に振り替えるオプション（adaptation option）を行使することで，少なくとも資本の回収はつねに保証されることを明らかにしている．本書で用いる経営介

に上場している大規模企業を対象に,株式の所有構造が企業の株価形成にどのように影響しているのかを,株価が利益と純資産という二つの会計数値の関数で表されるモデルを用いて実証的に分析する.そこで次に,株価と会計数値との理論的な関わりが,日本企業の所有構造の問題点を分析するうえで,どのような役割を果たすのかを検討する.

(2) 企業評価モデルと仮説

(i) 会計数値に基づく企業評価モデルの構造

残余利益モデル[113]に従えば,株主に帰属する企業の価値を決めるものは,何よりも当初の株主資本の価額(資本支出)とそれに帰属する利益である.そして,年々の利益で投下資本利子を回収した後の余剰にあたる残余利益は,期待を先取りする形で,資本支出時点の株式プレミアムに織り込まれる.利益の実現を待つまでもなく,資本利子もそれを超過する残余利益も最終的に株主に帰属する限り,彼らが保有する株式の価値を構成するからである.

今,t年度の会計利益をx_t,同年度期首時点の投下資本の帳簿価額をy_{t-1},そして資本コストをrと置けば,残余利益は,

$$x^a_t = x_t - ry_{t-1} \qquad 式(3.3)$$

と表される.他方,会計上計算される企業の純資産の帳簿価額は,株主が投下した資本の増減を事後的に測定した数値である.企業活動から生み出された利益は,株主に帰属するいわば可処分所得として純資産を増加させる.それを配

入オプションは,資本コストの回収可能性の観点からBurgstahler and Dichev (1997)の理論を再構築した概念であり,日本企業の資本コストに対する経営姿勢を問題にする本書の分析に適した形にアレンジしている.詳しくは第3節を参照.

113) 残余利益とは,市場が求める最低限度の利子を控除した後の利益であり,いわゆる超過収益(economic rent; spread)に相当する.利益にチャージする資本利子(資本費用)については,無リスク利子率を用いるOhlson (1995),リスクの等しい他の金融資産から期待できる利子率を用いるEdwards and Bell (1961)などがある.EVAは利子率の観点では後者に属すると考えられるが,第2章で検討したとおりチャージする投下資本について株主資本同等物という概念を用いて調整している点で異なるが,いずれも残余利益モデルと言えよう.

当として消費してしまうか，貯蓄して同じ企業に再投資するかは株主の意思にゆだねられる．むろん，配当 (d_t) してしまえば，その分だけ純資産は減少する．この関係を単純化すれば，

$$y_t = y_{t-1} + x_t - d_t \qquad 式(3.4)$$

のようになる．

　株式の価値は，以上のような単純な会計の構造に立脚して決まる．まず式(3.4)の関係から，企業の純資産は，再投資を含めた株主からの資本支出のみに基づいて測定されるため，将来期待される資本利子の現在価値は，どの時点においても純資産の帳簿価額に一致する．次に，t時点に予測したτ年後の残余利益の期待値を $E_t\left[\tilde{x}^a_{t+\tau}\right]$ とすれば，この現在価値の総和が純資産を上回る株式のプレミアムを構成する．したがって，t時点の株式価値は，

$$P_t = y_t + \sum_{\tau=1}^{\infty}(1+r)^{-\tau} E_t\left[\tilde{x}^a_{t+\tau}\right] \qquad 式(3.5)$$

を理論値とする．現実に観察される株価には，予測時点で考えられる残余利益のあらゆる源泉が織り込まれる．本節ではテイクオーバーの可能性を，将来の残余利益を増加させるための，1つのオプションと捉え，それが株価に有意に織り込まれていることを確認する．

　なお，式(3.3)・(3.4)から分かるように，残余利益は利益から資本コストに相当する利子を控除したものであるが，純資産は配当の減少関数であるため，式(3.5)も配当の影響を免れない．ただし，将来の配当パターンを予想することは容易でない．この点に関して，Ohlson (1995) は，残余利益そのものの動態に着目し，株価を予測時点の純資産と利益の関数として近似させるモデルを導いている．いま，確率変数である残余利益が自己回帰プロセス，

$$\tilde{x}^a_{t+1} = \omega x^a_t + v_t + \tilde{\varepsilon}_{1,t+1}$$
$$\tilde{v}_{t+1} = \gamma v_t + \tilde{\varepsilon}_{2,t+1} \qquad 式(3.6)$$

にしたがって期間変動するものと仮定する．ここで，ω と γ は，$0 \leq \omega, \gamma \leq 1$ の

値をとり，V_t は t 時点で得られた情報でまだ会計数値に現れていないもの[114]，$\tilde{\varepsilon}_{1,t+1}$, $\tilde{\varepsilon}_{2,t+1}$ はそれぞれ確率誤差項を意味する．

　周知のように，新しい事業分野の開拓によって，当初は平均以上のリターンが得られたとしても，企業間での競争によってそうした経済のパイはゼロに収束していく．追加的な情報が残余利益の獲得に貢献する部分も次第に減少すると考えられる．式 (3.6) は，この関係を表している．ところで，式 (3.6) から τ 年後の残余利益を

$$E[\tilde{x}^a_{t+\tau}] = \omega^\tau x^a_t + \frac{\omega^\tau - \gamma^\tau}{\omega - \gamma} v_t \qquad \text{式(3.7)}$$

という一般的な形に置き換えることができる．式 (3.7) を式 (3.5) に代入すれば，

$$P_t = y_t + \alpha_1 x^a_t + \alpha_2 v_t \qquad \text{式(3.8)}$$

が得られる．ただし，

$$\alpha_1 = \frac{\omega}{(1+r-\omega)}, \alpha_2 = \frac{1+r}{(1+r-\omega)(1+r-\gamma)}$$

である．

　このとき，式 (3.3)・(3.4) を代入して整理すれば，式 (3.8) は予測時点の純資産と利益の加重平均モデル，

$$P_t = (1-k)y_t + k(\varphi x_t - d_t) + \alpha_2 v_t \qquad \text{式(3.9)}$$

に変形される．ここで，

$$k = \alpha_1 r = \frac{\omega r}{(1+r-\omega)}, \varphi = \frac{1+r}{r}$$

[114) たとえば，成果が次年度以降に実現する新規の事業契約などは，当面の財務数値にはなんら影響しないが，将来における残余利益の獲得に貢献するはずである．

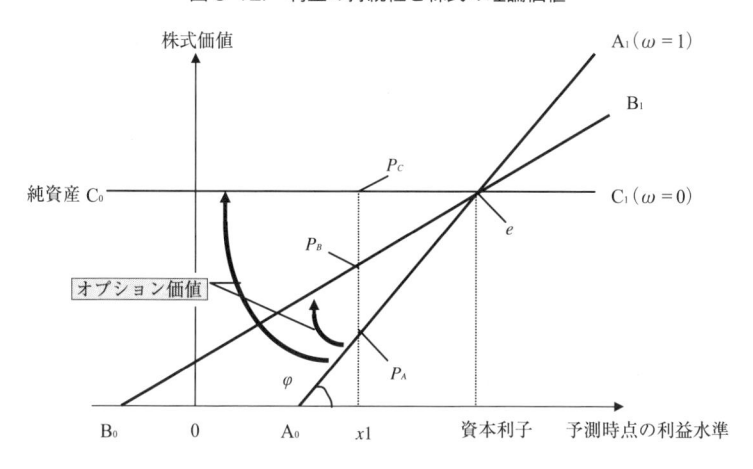

図 3-12. 利益の持続性と株式の理論価値

である．企業価値に対する純資産と利益の寄与度を決める k が，ω の関数で表されることから分かるように，予測時点の会計数値と企業価値との関係は，現在の利益水準が将来どれだけ持続するかに大きく依存する．図 3-12 を用いてそのことを確かめよう．

仮に現在の利益水準が資本利子に満たない x_1 の水準であるとする．x_1 の利益水準がごく一時的なもので持続性が認められない場合（$\omega=0$），$k=0$ となるから，さしあたり関連する他の情報がないとすれば，

$$P_t = y_t \qquad \text{式}(3.10)$$

となり，株価が純資産の帳簿価額 P_C によって近似される（直線 C_0C_1 に対応する）．他方，現在の利益水準が恒久的に続くと予想される場合（$\omega=1$），同様にして $k=1$，

$$P_t = \varphi x_t - d_t \qquad \text{式}(3.11)$$

となる．このとき純資産は企業の価値と無関係になり，株価は利益を資本のコストで除した大きさ P_A に近づく（直線 A_0A_1 に対応する）．x_1 が資本利子を下回るから，P_A は当然，純資産より小さい．株式価値は，資本のコストに対応す

る e 点を中心に ω が増大するにつれて，直線 $A_0A_1 \to B_0B_1 \to C_0C_1$ のように右回りに回転する．

(ⅱ) 株式所有構造と企業価値に関する仮説

　式 (3.10)・(3.11) は，どちらも極端な状況のみを扱っているが，以降で行なう分析にとって重要なインプリケーションを示している．たとえば，企業の業績不振が続く場合，株主が支出した資本は非効率な投資に振り向けられていることになる．しかし，どれだけ業績が悪化しても，企業の経営権を市場で取得することができる限り，株価は企業の純資産を下回ることはない．なぜなら，経営者の更迭などの形で，少なくとも資本コストに見合う利益を生み出す投資プロジェクトに資金を再投入することができるからである．図で言えば，直線 $A_0A_1 \to B_0B_1 \to C_0C_1$ まで企業の価値を嵩上げする代替的な投資プロジェクトが，企業の側に常に用意されていることになる．不特定多数の株主が要求する最低限度の報酬を保証するように企業活動が行なわれるとすれば，株価が投下資本利子の現在価値に相当する純資産価額 P_C を割り込むことはないはずである（式 (3.10) を参照）．

　しかし，株式を相互に持ち合うことで経営への介入が事実上制限されている場合，企業が自発的に投資を変更する保証はない．当面の企業成果がどれだけ悪くても，持ち合い以外の株主は投資変更のオプションを外部から行使することができないのである．資本利子を回収する見込みがほとんどない状況では，株主が当初支出した資本は保有する株式の価値にとってなんら意味を持たない．このとき，P_t は式 (3.11) に示されるとおり，x_t に大きく依存するから，低い利益を資本コストで割り引いた価値（φx_t）にしかならない．つまり，株式の価値に対する純資産と利益の相対的な影響力のウェイトは，経営権の取得可能性と相関を持つと考えられるわけである．

　Burgstahler and Dichev (1997) は，このようなオプションを図3-13のように説明している．

　資本利子を境に不連続な直線 ABC は，式 (3.9) でいう右辺第3項を除いた形の理論価値を表す．このとき，企業活動を再構築して少なくとも資本コスト

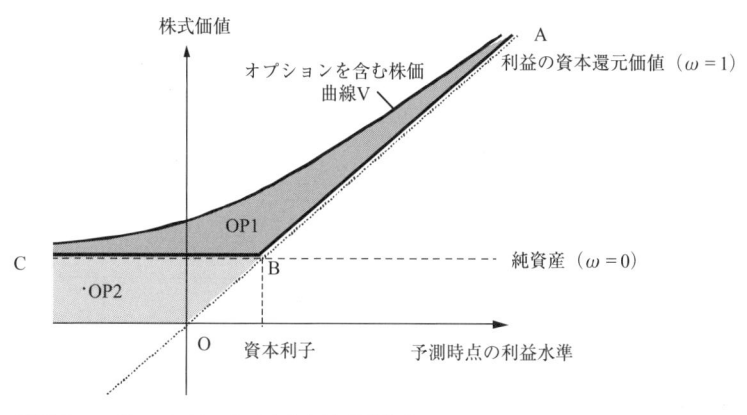

図3-13. 株式の理論価値とオプション価値

[図：縦軸「株式価値」、横軸「予測時点の利益水準」。点A方向に伸びる直線「利益の資本還元価値（$\omega=1$）」、水平線「純資産（$\omega=0$）」、曲線V「オプションを含む株価曲線V」。領域OP1、OP2、点C、B、原点O、横軸上に「資本利子」。]

（出所）Burgstahler and Dichev (1997) をもとに筆者作成

に見合う利益水準を回復する機会が保証されていれば，現実に観察される株価はその分だけこの理論価値を上回るはずである．したがって，オプション価値を含んだ株式価値は曲線Vによって描写される．収益性が極めて高い事業であれば，それを清算する理由はないから，株式価値は利益を資本還元した大きさ（すなわちφx_t）に近づく．逆に，非常に収益性の悪い事業であれば，それを再構築した場合の価値（y_t）に収束する[115]．

現実に観察される株価は，基本的にオプション部分に相当する第3項を含めた式 (3.9) で表される．もし日本の株式市場が経営権取得のオプション価値を企業評価に組み入れているとすれば，それは企業の株主構成と無関係であり得ない．テイクオーバーによって企業活動の再構築ができるほど株式（経営権）が広く市場に流通している企業は，そうしたオプション価値の分だけ市場から高く評価されよう．そもそも，市場の要求に速やかに対応できる企業ほど市場の評価が高いという事実は極めて直感的である．

---

[115] つまり，テイクオーバーが100%可能であれば，株式価値は，

$$\int_{-\infty}^{ry} y \cdot f(x|y)dx + \int_{ry}^{\infty} \varphi x \cdot f(x|y)dx = y + \int_{ry}^{\infty}(\varphi x - y)f(x|y)dx$$

で記述される．なお$f(x|y)$は純資産の大きさを所与とした場合に，利益がある範囲の値をとる確率を表す．

(ⅱ)-1　株式所有構造と企業価値との関連

このような関係について, Morck *et al.*(1988), McConnell and Servaes(1990), 手嶋(2000)および佐々木・米澤(2000)は, 株主構成といわゆるトービンのqとの間に強い相関関係が存在することを実証している. 本書でも最初に, 会計数値による企業評価モデル式(3.9)を用いて同様の分析を行ない, 経営権を取得できる可能性がオプションの評価を通じて株式の価値を有意に高めるか検証する. とりわけ, PBRと所有構造との関連に焦点を合わせるため, 式(3.9)の両辺をy_tで除し,

$$\frac{P_t}{y_t}=\beta_1+\beta_2\frac{x_t}{y_t}+\beta_3 v_t+\varepsilon_t \qquad 式(3.12)$$

のように推定式を設定する.

なお, $\beta_1=1-k\left(1+\dfrac{d_t}{y_t}\right), \beta_2=k\varphi, \beta_3=\dfrac{1}{y_t}\alpha_2$, ε_tは誤差項である. ここでは当期の業績には反映されていないが, 将来残余利益の獲得に貢献する他の情報v_tを経営権取得の可能性に置き換えている.

もし, 経営介入のオプションをいつでも行使することができれば, 図3-12のOP1とOP2の部分はすべて株価に織り込まれる. 他方, 系列企業間で株式を持ち合うことで, 経営への介入が制限されているとき, 株式価値を表す曲線Vは直線BCを割り込む. 他方, 極限的なケースで外部からの介入が完全に閉ざされている場合, それは直線AOに近づく. 結果として株式の価値は, 市場で経営権を取得できる程度に応じて, 曲線Vと直線AOとの間で推移する. ここでは, 式(3.12)のβ_3を推定することで, オプションの行使可能性に影響する所有構造の各変数が, どれだけ企業に追加的な価値をもたらすのか確かめる. なお, 式(3.12)のようなモデルの定式化は, Francis and Schipper(1999), Collins *et al.*(1997), Burgstahler and Dichev(1997)およびBarth *et al.*(1996)などでも見られる.

(ⅱ)-2　経営介入オプションの行使可能性と企業価値との関連

　ところで経営介入オプションの行使可能性は，当面の業績との関連も強く持つと考えられる．当面の業績が良好なパフォーマンスをあげている企業については経営に介入する誘引に乏しく，その逆に，パフォーマンスが低迷している企業ほど経営に介入する誘引が強くなろう．

　そこで，次に当面の業績が低迷している企業を選び出して，持ち合い株主（安定株主）の割合と経営介入のオプション価値との関係を調査する．ここに分類されるのは，現時点で既にオプションの行使が必要な企業ばかりである．したがって，以下の検証では，実際に経営介入が要求される局面で，所有構造がその実行にどのような制約を加えるのかを，市場評価の観点から分析することに焦点が置かれている．たとえ現時点で資本利子さえ回収できない企業であっても，経営の改善が可能な限りその市場価値は純資産を下回ることはない．したがって，式 (3.9) に基づき，

$$\frac{P_t}{y_t} = \gamma_1 + \gamma_2 \frac{x_t}{y_t} + \varepsilon_t \qquad 式(3.13)$$

を推定したとき，経営への介入が容易な企業ほど，γ_1 は 1 に，γ_2 は 0 にそれぞれ近づくと考えられる．

　逆に，経営介入に障害が伴う企業では，γ_1 は 0 に，γ_2 は 1 に収束することになろう．両者のケースの差は，図 3-13 に示される OP2 の価値が企業価値に加わる程度の差にほかならない．ここでは，図 3-10 で確認されたような PBR の推移が，日本企業の株式所有構造とどう関わるのかが論点となる．推定されたパラメータは直接，利益と純資産という 2 つの会計数値の企業価値関連性を表すから，株価と純資産価額との関係が，とりわけ固定的な株式の所有構造によってどう影響されるのか分析するうえで，このモデルは極めて簡潔かつ明瞭な内容を有する．

(3) サンプルと分析結果
(i) サンプルと変数の選択

　分析に用いられるサンプルは，東京証券取引所に上場する3月期決算企業から構成され，2001年3月期の決算データ，株主構成および同年6月末の株価が観察可能な企業を対象としている．これらのデータは，有価証券報告書と大和総研アナリスト・ガイドから抽出した．なお，銀行・証券・保険などの金融会社の企業評価は，一般事業会社のケースと異なるため，母集団から除外した．また，異常値の影響を取り除くために，式 (3.12) の被説明変数である株価/純資産 (P_t/y_t：PBR) と説明変数の利益/純資産 (x_t/y_t) について，観察値の上位・下位各3%ずつを削除している．それだけでなく，債務超過によって純資産の帳簿価額がマイナスの企業も取り除いている．その結果，推定に用いられる全サンプルとして，1,156社が選択された．

　前述のように，式 (3.12) の推定には，株価・純資産の帳簿価額・利益および株式所有構造という4つの変数が必要である．株価と純資産価額のデータは，それぞれ2001年6月末と決算期（3月末）のものを用いる．利益については，ここでは純利益ではなく税金を調整した後の経常利益と定義している[116]．この場合，厳密には式 (3.4) が満たされなくなるが，近年では会計基準の変更や大規模なリストラに伴う特別損益が利益に占める比重が大きくなっているため，企業のファンダメンタルを重視するには，そうした項目を反映しない経常利益のほうが妥当であると判断した．次に，日本企業の株式所有構造を特徴付けるプロキシー（式 (3.12) 第3項）を特定するに際しては，先行研究の成果を踏まえて以下のように選択する．

　まず，当分析にとって最も重要な変数は，企業間での株式持ち合いの程度に関するものである．しかし，持ち合いの形態は高度に精緻化しており，その全容を把握することは容易でない．ここでは，他の事業法人によって保有される株式が対象企業の発行済み株式総数に占める割合 (CORP) を持ち合いのレベル

---

[116] 税金調整済みの経常利益は，損益計算書に記載される経常利益に 0.6 を乗じて求めている．

を表す変数として用いることにする．経営介入のオプションと企業価値の観点からすれば，この変数は株価に対して負の影響をもたらすと考えられる．ただし，従来の研究では持ち合いがコーポレートガバナンスに果たす役割について多様な解釈が示されているため，CORPの効果を一律に論じることはできないであろう．

たとえば，Sheard (1989) などによれば，株式を持ち合うことで経営者は，企業の短期的な業績に左右されることなく，長期的視点に立って事業投資を行なうことができると言われる．それが本当なら，こうした経営者の姿勢は，最終的に株主の利益を向上させるのに貢献するかもしれない．そうなると，持ち合いの効果をめぐって対立する2つの見方を調整するには，式 (3.12) のような線型の推定では不十分であろう．クロス・セクションでみた場合，一定の範囲の持ち合いは，企業価値を増加させる要因となるかもしれないからである．そこでこのような関係を確かめるために，$CORP^2$ と $CORP^3$ を説明変数に追加した場合の分析も行なうことにする．

他方，メインバンクによる持ち株も，コーポレートガバナンスの有力なツールと考えられてきた．Kaplan and Minton (1994)，Lichtenberg and Pushner (1994) および Kang and Shivdasani (1995) によれば，メインバンクは，株主と債権者の両方の立場を通じて企業に規律を与えることが示されている．とりわけ，企業のパフォーマンスが悪いときに，トップ経営者の更迭や取締役の外部任命を通して企業経営に積極的に介入し，経営者の営業努力を促す役割が期待されていた．本書の分析では，投資信託を除く金融機関の持ち株比率 (FIN) を銀行のガバナンスを表す代理変数として位置付ける．その一方で，Aoki (1990) によれば，企業が負債利息を支払ったうえで，銀行を含む株主に適切な水準の利益を保証することさえできれば，経営者はほとんど更迭されないことも経験的な事実として知られている[117]．さらに，日本企業のレバレッジが顕著に低下

---

[117] 企業が慢性的な資本不足の状態にあった高度成長期には，銀行は額面で株式を引き受けていた．そのため，額面 (50円) に対する安定配当 (5円) であっても，現在よりは十分な額の利益を分配していたものと考えられる．その意味では，無配当あるいは減配が必要なほど収益性が悪化した場合にのみガバナンスを行なうということも，このような時

表 3-5. 株式所有構造と企業価値に関する変数の記述統計量 (1,156 社)

変数	平均	中位数	標準偏差	最小値	最大値
株価/純資産 (P_t/y_t)	1.40	1.12	0.99	0.00	6.24
利益/純資産 (x_t/y_t)	0.07	0.07	0.05	−0.05	0.24
事業法人 (CORP)	0.26	0.21	0.17	0.01	0.80
金融機関 (FIN)	0.30	0.30	0.14	0.02	0.68
経営者 (MANAGE)	0.03	0.00	0.11	0.00	0.63
投資信託 (TRUST)	0.02	0.01	0.05	0.00	0.34
外国人 (FOREIGN)	0.08	0.04	0.10	0.00	0.72
個人 (INDIV)	0.33	0.32	0.23	0.02	0.88
ln. 売上高 (SIZE)	11.47	11.32	1.26	6.45	16.21

している事実から，今回の分析で FIN が企業価値にどのような影響をもたらすかは，先験的に予測することが難しい．

他方，他の株式所有構造が企業価値に与える影響についても調査しておこう．たとえば，Jensen and Meckling (1976)，Morck *et al.* (1988)，McConnell and Servaes (1990)，手嶋 (2000) などによれば，内部経営者による株式保有の割合が企業価値と正の相関を持つことが理論的に示されている．また，手嶋 (2000)，佐々木・米澤 (2000) は，投資信託および外国人投資家による持ち株は，欧米の機関投資家と同様に経営者に規律を与えることを証明している．そこで，ここでは経営者 (MANAGE)，投資信託 (TRUST) および外国人投資家 (FOREIGN) の持ち株比率を説明変数に加える．なお，個人の投資家も保有株式の売買を通じて企業価値の向上に寄与すると考えられるが，Admati *et al.* (1994) が示すように，他の投資家の行動にフリーライドしようとする負の効果のほうが上回ることもあり，この変数のパラメータの符号も一律に決めることはできない[118]．以上の変数選択をもとに，各変数の記述統計量をまとめたものが表 3-5 である．

P_t/y_t の平均（中位数）は 1.40 (1.12) であり，最大 6.24 までの分布を持つ．

代背景からすれば合理的であったと言えなくもない．
118) 株式所有が分散していれば少数株主が代償を支払わずに経営改善の果実を得る可能性があるため，テイクオーバーの動機そのものが稀薄化するというフリーライダー効果については，ほかに Grossman and Hart (1980)，Shleifer and Vishny (1986) などを参照．

x_t/y_t は平均（中位数も同じ）が 0.07, 最大値が 0.24 である．株式所有構造についてとりわけ顕著な数値が見られるのは，FIN と CORP である．これらの変数は，平均がそれぞれ 0.30, 0.26 と比較的高く，最大値も 0.68, 0.80 にまで及ぶ．それに対して，MANAGE, TRUST, FOREIGN は平均（中位数）がそれぞれ 0.03, 0.02, 0.08（0.00, 0.01, 0.04）とごく小さい値をとる．なお，企業規模を調節するために，売上高の自然対数値をコントロール変数としているが，その平均値（中位数）は 11.47（11.32）である．

（ⅱ）株式所有構造と企業価値に関する実証分析の結果

日本企業の株式所有構造を特徴付ける諸要素と企業価値との関連を式 (3.12) によって検証した結果が表 3-6 である．コラム (1) は，株価／純資産価額（P_t/y_t）を利益／純資産（x_t/y_t）と各株主の持ち株比率に回帰した結果を示している．企業間での株式の持ち合いが，コーポレートガバナンスにとって負の効果を持つという予測どおり，事業法人持ち株（CORP）には強力な負の係数が観察された．このことは，他の事業法人によって経営権の大部分が掌握されている企業では，既存事業の効率が低下したときにそれを補う保証が小さい分だけ，市場から価値を割り引いて評価されることを裏付けている[119]．厳密にリターンを追求する株主の視点から見れば，株式の持ち合いは競争力の源泉というより，むしろ彼らに帰属する価値を毀損する要素と見なされるようである[120]．

同様に，投資信託を除く金融機関の持ち株比率（FIN）も負の係数をとる．しかし，この係数の t 値は −1.62 であり，統計的に有意でない．これは，日本企業が投資資金の調達を直接金融に大きく依存するようになり，負債比率が大幅に低下したことで，大企業に対する金融機関の影響力が縮小しつつあるため

---

[119] むろん，支出された株主の資金が低収益の投資に固定されてしまう，フリーキャッシュフロー問題のようなエージェンシー理論の枠組みで議論しても結果の解釈に違いは生じない．なお，フリーキャッシュフロー問題については，Jensen (1986) が詳しい．

[120] そこでの評価に，株式を安定保有する株主（事業法人）の行動は反映されない．なぜなら，市場で株価を決めるのは，小数の活発に取引を行なう投資家（active minority investor）であり，彼らが経営権の取得可能性を重視すれば，安定株主が多い企業の株価は割り引かれるのである．

表 3-6. 株式所有構造と企業価値に関する分析結果（サンプル：1,156 社）

	(1)	(2)	(3)
定数項	1.33	1.58	1.70
	(4.73)***	(5.53)***	(5.77)***
利益／純資産 (x_t/y_t)	8.46	8.37	8.38
	(16.36)***	(16.29)***	(16.33)***
事業法人 (CORP)	−0.63	−2.77	−4.68
	(−3.11)***	(−5.11)***	(−3.61)***
事業法人 (CORP)^2		3.32	10.07
		(4.25)***	(2.38)**
事業法人 (CORP)^3			−6.42
			(−1.63)*
金融機関 (FIN)	−0.41	−0.29	−0.25
	(−1.62)	(−1.15)	(−0.98)
経営者 (MANAGE)	2.15	2.06	2.01
	(5.39)***	(5.20)***	(5.07)***
投資信託 (TRUST)	1.63	1.64	1.65
	(2.40)**	(2.44)**	(2.45)**
外国人 (FOREIGN)	1.06	0.88	0.81
	(3.39)***	(2.81)***	(2.58)**
個人 (INDIV)	−1.51	−1.43	−1.41
	(−7.29)***	(−6.93)***	(−6.81)***
ln. 売上高 (SIZE)	0.01	0.00	0.00
	(0.22)	(0.02)	(−0.04)
Adjusted R^2	0.33	0.34	0.34

(注) 各係数の下に付した ( ) 内の数値は t 値である．なお，*** および ** は，それぞれ 1％, 5％ の水準で帰無仮説が棄却されることを意味する．

であろう．その一方，有意な負の係数 (−1.51) をとった変数が，個人投資家の持ち株比率 (INDIV) である．一般に個人の投資家はリターンを重視する投資家と位置付けられるようであるが，日本ではフリーライダー効果の方が深刻であると考えられているようである．

それに対して，残る 3 つの変数については，すべて有意な正のパラメータが得られた．経営者持ち株 (MANAGE) は，経営者と株主の利益をある程度一致させることが知られており，それは他の変数に比べて係数がかなり大きい (2.15) ことに反映されている[121]．また，投資信託 (TRUST) および外国人投資

---

121) ただし，Morck et al. (1988), McConnell and Servaes (1990) は，内部経営者の株式保有が一定の割合を超えて大きくなると，かえってテイクオーバーが妨げられやすくなる

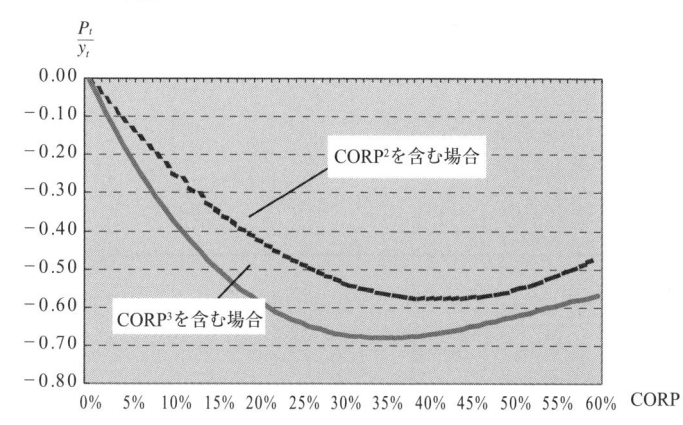

図3-14. $CORP^2$ および $CORP^3$ を説明変数に加えた場合の企業価値の増減

家（FOREIGN）の持ち株比率も，有意な正の係数をとっている．特に後者の変数（FOREIGN）は，このところ徐々に日本の資本市場に占める割合を増やしているため，持ち合いによって硬直化した企業のコーポレートガバナンスを革新する契機になることが期待されている．

ところで，コラム（2）と（3）では，$CORP^2$ と $CORP^3$ を説明変数に加えた場合の結果を示している．これを見る限り，企業間での安定的な株式保有が常に企業価値を減少させるわけではないことが分かる．コラム（2）によれば，およそ40％の事業法人持ち株を境に，企業価値は増加に転じるようである．図3-14を見れば，そのことがより明確に確認できよう．コラム（3）では，$CORP^3$ の係数（-6.42）の有意水準が若干低くなるものの，この関係自体に変化は生じない．そこでは，CORPが35％を超えると企業価値が緩やかな上昇トレンドに沿って増加し，70％に至ると再び減少し始めることがうかがえる．ただし，CORPが70％を超える企業はサンプル全体の1％にも満たないため，35％ないし40％以上のCORPは企業価値を高める要素になると考えてよい．

その水準（35-40％）は，ちょうど連結財務諸表に関する会計基準に規定され

ことで，市場から負の評価を与えられることをトービンの q と関わらせて実証している．

る子会社の範囲の下限に相当する．連結会計の基準は，1998年における改訂の際に，子会社の認定基準に支配力基準を取り入れた結果，40％以上の株式を所有する企業を子会社に含めるようになった．もとより，この水準を超える上場企業には，垂直的な企業グループに属する企業が多い．連結会計が強化されるとともに，日本企業の経営者はこれらグループ企業への経営関与を深めたと考えられる．そうなると，CORPが高い企業には，単なる下請けなどといった意味でなく，戦略上のパートナーとしてグループ経営上，重要な役割が期待されることになろう．このように考えれば，比較的に高い水準のCORPが観察される企業では，グループ全体で事業効率を高めようとする親会社などの適切なコーポレートガバナンスが働くため，株主であるそれら企業の利益に沿った行動をとることが期待されていると言ってよいであろう[122]．

手嶋（2000）もこれと同様の結果を提示しているが，企業価値の転換点を画するCORPの水準が異なる．そこでは，CORPが50％を超えると，それまで下げ止まっていたトービンのqが再び減少トレンドに入ることが示されている．手嶋（2000）で分析対象となった企業のデータは1998年3月期のものであるから，本節で導かれた結果は単にデータを更新したというだけでなく，連結会計の改訂を機に子会社をはじめとするグループ企業に対する上場企業および資本市場の見方が変わったことを示唆している可能性がある[123]．いずれにせよ，表3-5のように，日本企業のCORPの平均値（中位数）は26％（21％）であるから，全体として事業法人同士の株式保有に対する市場の評価は，否定的なものであると結論づけられる．

(iii) 経営介入オプションの評価

これまでの分析は，株式の相互持ち合いを中心に日本企業の株式所有構造が

---

122) それはまた，親会社などCORPが相対的に大きい企業の株主が，当該企業の経営に介入し，場合によっては事業を再編するオプションを実質的に保有することが評価された結果と見ることもできよう．
123) なお，手嶋（2000）では，サンプルを東証一部に上場する製造業に限定し，さらに外資系の企業を除外している．

経営介入オプションの観点から，資本市場においてどのように評価されているかを確かめるものである．そこでは，事業法人の間で株式を安定保有する慣行が，そうしたオプションの行使に制約を加えると見なされることが明らかにされた．次に，現在の企業利益が著しく低下した企業を選び出し，事業法人持ち株（CORP）が多い企業では，実際に経営介入オプションの行使が制限されているのかどうか分析する．結果として，式(3.13)を通してCORPが高い企業では，株価に対する低水準の利益の説明力が純資産の説明力を上回ることが示される．それはまた，持ち合いが多い企業のPBRは1を下回りやすくなることを確認するテストでもある．

まず，前節で用いられた1,156社のサンプルから，さしあたり税金調整済みの経常利益/純資産比率が5%を下回る652社を業績の低い企業として抽出した[124]．もし持ち合いによって経営介入オプションの行使が困難であるなら，これらの企業の株価は利益を中心に評価されるため，純資産を下回る可能性が高い[125]．そこで，サブサンプルの企業をCORPの大きさをもとに二つのグループにわけ，別個に式(3.13)を回帰することで，それぞれのグループにおける会計数値（純資産と利益）の株価関連性を比較する．他の条件が一定ならば，CORPが大きいグループ（$CORP_H$）の純資産の変数に相当する定数項γ_1（利益の係数γ_2）は小さいグループ（$CORP_L$）の場合に比べて小さく（大きく）なると考えられる．表3-7は，各グループの分析に用いられる変数の記述統計量を示している．

2つのグループは，22%のCORPを境に分かれるため，$CORP_H$のほうが

---

[124] x_t/y_t が6%，4%以下のサブサンプルについても同様の分析を行ったが，結果はさして変わらなかった．前者の場合，サンプル数は816社であり，変数および係数の符号は仮説を支持するものであったが，Adjusted R^2 が著しく減少した．他方，後者のテスト（560社）の結果は，表3-8とほとんど変わらなかった．
[125] たとえば，純資産価額が100（億円，以下略）の企業では，資本コスト（5%）を回収するために最低5の利益が必要である．将来それだけの利益を生み出す事業に企業を再編することができれば，株価は純資産（5÷5%＝100）が下限となる．しかし，オプション価値が制限された企業では，低い利益水準（たとえば4）のまま既存事業が維持されるものと期待されるため，4÷5%＝80程度の評価しか与えられないことになる．

表 3-7. 株式所有構造と企業再編オプションに関する変数の記述統計量

	パネル A: CORP の高いグループ (CORP$_H$)					パネル B: CORP の低いグループ (CORP$_L$)				
	平均	中位数	標準偏差	最小	最大	平均	中位数	標準偏差	最小	最大
P_t/y_t	1.01	0.79	0.75	0.27	6.05	1.10	0.91	0.73	0.18	6.24
x_t/y_t	0.05	0.04	0.04	−0.05	0.24	0.05	0.05	0.04	−0.05	0.23
CORP	0.39	0.37	0.13	0.22	0.80	0.13	0.13	0.05	0.01	0.22

表 3-8. 事業法人持ち株の大きさによる会計数値の企業価値関連性の相違

	パネル A: CORP の高いグループ (CORP$_H$)	パネル B: CORP の低いグループ (CORP$_L$)
定数項	0.67	0.91
	(11.70)***	(14.88)***
x_t/y_t	7.37	4.21
	(8.06)***	(4.21)***
観測数	326	326
Adjusted R^2	0.16	0.11

(注) 各係数の下に付した ( ) 内の数値は t 値である. なお, *** は, 1%の水準で帰無仮説が棄却されることを意味する.

CORP$_L$ よりも広く分布している. 株価／純資産 (P_t/y_t) の平均は, CORP$_L$ の方が 9% 大きく (1.10 vs. 1.01), CORP が高い企業ほど株価が小さくなるという前節の分析結果と整合的である. また, 一見して判るように, 利益／純資産 (x_t/y_t) については, 平均値も中位数も 2 つのグループの間でほとんど変わらない. その他の統計値に関しても, 両グループの分布に大きな差異はない. これによって, x_t/y_t の分布上の違いが分析に及ぼす影響を排除することができよう.

CORP$_H$ と CORP$_L$ のそれぞれに対して P_t/y_t を x_t/y_t に回帰した結果が表 3-8 である.

すべての定数項およびパラメータは統計的に有意な正の値をとる. CORP が小さくなるに伴い, 純資産価額に対応する定数項の大きさは 0.67 から 0.91 に増大することから, 企業利益が極めて小さい場合, CORP (他の事業法人によっ

て所有される株式の割合）が小さいほど純資産の企業価値関連性が向上することが分かる．その一方，x_t/y_t の係数は，CORP が減少するとともに 7.37 から 4.21 に縮小する．ちょうど前者のケースと反対に，CORP が小さいほど，低迷する業績とは無関係に企業価値が評価されている．これらの数値のパターンは，すべて想定したシナリオの妥当性を裏付けている．

そうなると，2つのグループの定数項および変数の差異が統計的に有意であれば，経営介入オプションの価値が CORP との関連で日本企業の株価に織り込まれていることが証明されることになろう．それを確かめるために，以下のようなピースワイズ回帰分析を追加的に行なった．

$$\frac{P_t}{y_t} = \alpha_0 + \alpha_1 DUMMY_L + \beta_0 \frac{x_t}{y_t} + \beta_1 DUMMY_L \frac{x_t}{y_t} + \varepsilon_t \qquad 式(3.14)$$

式 (3.14) の $DUMMY_L$ は，$CORP_L$ を表すダミー変数である．α_1 と β_1 はそれぞれ α_0 および β_0 に対する変化分を意味するから，これらのパラメータが有意な値をとれば，グループ間の差異はゼロでないことが証明される．推定の結果，定数項の差異 (0.24) は 1%，変数の差異 (3.16) は 5% の水準で有意であった．

ここで，ふたたび式 (3.9) に着目しよう．式 (3.9) は企業の価値を利益の持続性の観点から定式化している．たとえ足元の業績が資本のコストに見合う水準を下回っても，株式の持ち合いが存在する状況では，一部の株主が企業価値の向上を指向しても，外部からパフォーマンスの改善を促すことができない．この場合，低い水準の利益が将来も持続すると考えられる範囲で，利益の株価説明力 k が増大し，純資産の説明力 $(1-k)$ を打ち消す．本書の分析は，Hayn (1995) や Burgstahler and Dichev (1997) で説明されたオプション・スタイルの企業評価モデルの妥当性は，企業とリターンを追及する株主の利害が完全に一致した状況においてのみ成り立つことを示している．そうしたモデルは，企業間での株式持ち合いがタイトな日本企業に，必ずしも当てはまるわけではない

のである[126]．

　もともと，十分に高い収益性を持つ企業であれば，持ち合いの多寡に応じて企業経営に介入する機会がどう変わろうと，ほとんど問題ではない．経営者が企業価値の最大化を一義的な目標にしていなくとも，結果的に超過収益をあげているならば，彼らにとって経営に関与するインセンティブは小さいはずである．それに比べて，パフォーマンスの悪い企業は，経営の改善方法によっては企業価値をさらに大きくすることができるため，テイクオーバーの可能性が市場の評価に大きく影響する．言うまでもなく，その判断の基準は資本コストの回収可能性にある．将来，テイクオーバーによって，資本コストを重視する方向に経営のあり方を変えることができるのであれば，企業の価値は当座の利益とは無関係に決まる．逆に，株式の持ち合いに護られ，経営改善の見通しがつかない企業では，現在の低い収益性が持続すると判断される限り，市場の評価が当期の利益に依存するわけである．

(4) 財務マネジメントとしての株主政策

　本節では，株式を相互に保有し合う企業経営の仕組みが，株式リターンを重視する株主の利益という観点からどう評価されるかを分析した．株式の持ち合いが企業間での分業を効率的にし，日本企業の競争力を高めているのであれば，そこに問題は生じない．しかし，ROEに代表される資本効率が著しく低下していく局面では，そのあり方自体に疑問が生じるのは極めて自然である．特に，株主価値やコーポレートガバナンスが時代のキーワードとなった現在，株式所有構造が市場評価に与える影響を整理しておくことは意義のあることと思われる．

　2007年には外国企業による株式交換制度がいよいよ解禁される運びとなったことを受けて，日本企業の一部にはテイクオーバーを恐れるあまりに，解消が進んできた持ち合いに巻き戻しをかける動きが見える[127]．従来の旧財閥や

---

126) たとえば図3-13の曲線で説明される企業の価値は，経営介入オプションがどれだけ株主に付与されているかに大きく依存するからである．
127) たとえば新日本製鐵は2006年に入って，神戸製鋼所，住友金属工業の鉄鋼大手3

系列金融機関などといった企業集団内での持ち合いは，そこに経済合理性を見いだすことは容易でないかもしれないが，シナジーの期待できる事業戦略上の提携・協力関係を維持・構築するための持ち合いは企業価値を高める可能性を否定はできない[128]．その意味では株式所有構造は株主価値にとって，正と負の側面を併せ持つ両刃の剣なのかもしれない．持ち合いで問題となるのはそれ自体ではなく，安定株主と一般の株主との利害対立すなわち株主間でエージェンシーコストが生ずる可能性がある点である[129]．

　いずれにせよ，持ち合い株主は営業上の取引関係であったり，互いにテイクオーバーの脅威を取り除くなど，株式リターン以外の代替的な利益の源泉を持つために，他の不特定多数の株主との間で利害対立を引き起こすリスクを内包しており，それは可能性の議論としては避けられない．他の株主は証券投資としてのリターン（配当＋キャピタルゲイン）を除いて株式保有からのメリットを享受することが困難な少数株主であり，搾取される可能性がある以上，この点は自身にとってのバリュエーションを引き下げる要因となる．持ち合いを行なう安定株主は通常，市場での売買は行なわないことから株価形成には直接的には関与できないため，企業の市場価値は主に積極的に売買を行なう少数株主（active minority shareholder）によって形成されると言ってもよかろう．自社が買収を行なう際に買収通貨として機能する自社株式の価値を決定するのが，自社の買収防衛の役割を担う持ち合い株主ではなく，少数株主であるという事実はなんとも皮肉である．

　前章では情報の非対称性の観点から，市場価値と企業価値の乖離について検討した．市場が適切に企業価値を表していなければ，経営者がテイクオーバーの脅威を感じるのは当然であろう．しかし，その脅威への対応策として持ち合いを強化することで市場の経営介入の機会を閉じれば，経営介入オプションの

　社をはじめ業界内での株式持ち合いを強化している．
128) それでも資本の空洞化という批判は免れないであろうし，価値創造の観点から企業間の良好な関係のために相互に株式を持ち合うことが本当に必要か（持ち合わなければ価値が創造できないのか）という点では疑問は残る．
129) もちろん，持ち合いによって経営者が護られ私的利潤を追求するという株主と経営者との利害対立からもエージェンシーコストが生ずることは言うまでもない．

価値を減じるかたちで市場価値が下落するというスパイラル・ダウンに陥りかねず，経営者の評価する本源的な企業価値からの乖離はますます大きくなってしまう．その逆に，経営者が勇気と意思を持って市場に経営介入オプションを与えれば，経営介入オプションの価値を評価するかたちで市場は評価を上げ，テイクオーバーの脅威が小さくなるというスパイラル・アップを期待できる．それが本節で行なった分析の重要なインプリケーションである．

　価値創造を志向する経営において，M&Aを競争戦略として有効に活用するためには自社の高い市場評価が不可欠である．そのためには，企業の財務部門が株式所有構造に対する現在の市場の評価を的確に捉え，価値創造の財務マネジメントとしての株主政策を検討しなければならない．市場が株式持ち合いによって生じるエージェンシーコストを懸念しているならば，その対応いかんで市場価値を高められる可能性があることになる．したがって，実際に所有構造をコントロールするための手段を慎重に選択・実施し，その後は株主間の利害対立が発生しないよう，適切に株主を取り扱って株主間のエージェンシーコストの最小化に努めていく必要があろう．なお，本節では株式所有構造に関する言及は規範的な範囲にとどめ，次節以降で実践での持ち合い解消についてアイシン精機の事例をもとに考察を行なう．

第4節　アイシン精機の企業行動と企業価値・市場価値

　本節では，資本市場に対する財務マネジメントのケーススタディとして，アイシン精機の一連の対資本市場への財務マネジメントを取り上げる．ここでは特に，アイシン精機の意思決定プロセスに焦点を当てて，組織内での方針の決定や諸施策の優先順位付け，あるいは様々な不完全市場要因に対する洞察，分析と検討，各施策のコンフリクトや制約として何を認識していたかを踏まえて，本節の最後に，著者が提唱する資本市場に対する財務マネジメントの有効性を検証する．

表 3-9. 理論株価と市場株価とのギャップ（乖離）の要因と対応施策

要　因	施　策
情報の非対称性	□ IRのレベル・頻度 up による市場への情報開示 □ タイムリー・ディスクロージャーの徹底 □ 増配・自社株買い
株式の流動性	□ 単元株引き下げ・株式分割 □ 持ち合い解消を進め，市場における流通株式数を増加させる □ 売出しによる個人株主比率の向上
株価ボラティリティ	□ 個人株主比率の向上により逆張り的な投資家を増やす □ タイムリー・ディスクロージャーの徹底により市場へのサプライズを極小化する

(1) アイシン精機の状況分析

アイシン精機では，財務マネジメントのスタートとして第2章で説明したインハウス・バリュエーション分析を行なった．その結果は少なく見積もったとしても1,632億円もの企業価値と市場価値の乖離が存在するというものであり，まずはその要因を，情報の非対称性，株式持ち合いにあると考え，情報の非対称性については本章第2節で説明したような施策を検討することになった．

株式持ち合いについては，持ち合い解消の方法を検討する過程において，株式の流動性と株価ボラティリティについても乖離の要因となり得ると考え，それぞれの要因への対応策を検討することになった．このことは，実務においては株式所有構造を，株式の流動性と株価ボラティリティという2つの要素に分解することが財務マネジメント上効果的であることを示唆するものであろう．

表3-9は情報の非対称性，株式の流動性と株価ボラティリティを企業価値と市場価値の乖離の要因として特定した後，市場価値の改善を目的としてアイシン精機でリストアップされた市場に関する諸施策である．

また，それらの施策を補完し，本源的価値を増加する施策として子会社であるアイシンAWの価値の顕在化，既に説明した負債-株主資本（最適資本構成）の選択，保有する持ち合い株式価値の顕在化，および経営者インセンティブの付与も検討の対象となろう（次ページ表3-10参照）．以下，それらについて紹

表 3-10. 乖離の縮小・本源的価値増加のための対応施策と効果

(2002 年 6 月)

施　策	効　果	
負債の積極利用	株価 @179 円 up[1] （企業価値 400 億円 up）	□ ターゲット・レーティングを A+ に引下げることで，約 1,000 億円の負債調達による自社株買いが可能[2]
	株価 @507 円 up （企業価値 800 億円 up）	□ ターゲット・レーティングが A ならば，約 2,000 億円の負債調達による自社株買いが可能
	？？	□ 同時に自社株買いを行なうため，アナウンスメント効果も期待できる □ レバレッジを増加させることは（増配と同様），経営者が，将来の収益力に対し自信を表明することに他ならない
子会社資本政策	埋没する AW の価値の顕在化	□ トラッキング・ストックの発行
		□ カーブアウト：@12,272 円[3] 以上の価格による売却で価値増加
		□ スピンオフ：AW 価値の顕在化を断念した場合の最終手段．クラウン・ジュエル（焦土作戦）に近い
持ち合い株式価値の顕在化	金融資産の価値が時価総額に反映	□ 売却（の意思表明）
持ち合い解消	「経営権の価値」が付加される	□ 買収・リストラクチャリングの機会を市場に与えることで，経営に規律（discipline）・緊張感が生まれ，株主価値（株価）を意識した経営が行なわれる
経営者インセンティブの付与	経営改善期待額	□ 株主利益と経営者利益を一致させる（ストック・オプションなど，株価価値に直結したインセンティブ）

注 1) 節税効果の価値は，法人税率を 40%，増加負債を将来維持する前提で算定．株価上昇は，節税効果を 1 株当たり消却後株数で求めている．
　2) 2002 年 6 月当時の格付シミュレーションによる．
　3) インハウス・バリュエーションで算定されたアイシン AW の株主価値を，AW の発行済株数総数で除した価格

介し，その効果について考察する．

（ⅰ）市場流動性の向上による株主資本コストの引き下げ

　IR やディスクロージャーによって情報の非対称性が緩和され，新しい情報が証券価格に随時織り込まれれば投資家のリスクは軽減されることは既に述べたが，それは株価のボラティリティを低下させることによって実現されると考えてよいだろう[130]．継続的な IR によって業績変化を徐々に株価に反映させるのか，決算発表まで市場が変化を知ることができないかでは，株価ボラティリティに差が生じるはずである．そして株価のボラティリティを直接低下させる施策として，個人株主を増加させることがあげられている．前節ではエージェンシー理論の観点から株式所有構造を考察したが，ここでは市場の取引コストの観点から株式所有構造について若干の考察を行なおう．

　一般に個人投資家は株価が下落すれば購入し，上昇すれば売却を行なうという逆張り的な投資を行なう主体と言われる．そのような投資家が増えれば売りと買いが相殺され，まとまった株数の売買をより小さなマーケット・インパクトで行なえることになり，投資家にとってのリスクおよびコストの軽減につながると考えられる．そして，このように市場の厚み (depth) が増せば，すなわち流動性が向上すれば，その便益を享受できるのは個人投資家と比較して売買単位の大きな機関投資家であろう．ところで検討された諸施策は，市場価値と企業価値の乖離を問題意識としていたが，企業財務にとってアクセスが容易で，ファンダメンタルな企業価値について継続的な対話を行なっていきながら，より合理的な価格形成を期待できるのは，やはり個人投資家ではなく機関投資家であるのが現実である．その意味でも機関投資家の市場参加を促すこと

---

[130] CAPM の理論に立てば，投資家が期待できるのは分散不可能なベータに表されるシステマティック・リスクに対してのみということになる．しかし，同じベータを持つが，アンシステマティック・リスクに差がある 2 つの証券が存在した場合には，そのリスクが小さい証券が選好されることになることは直感的であろう．アンシステマティック・リスクが相対的に大きな証券を保有する投資家は，そのリスクを分散によって低減するためにより多くの銘柄保有をしなければならず，リスクコントロールにコストがかかるからである．

図 3-15. 企業財務から見た個人投資家と機関投資家の特徴と相互関係

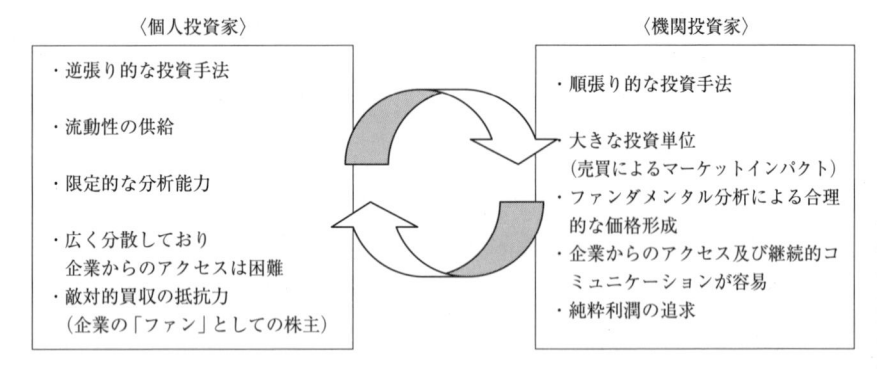

〈個人投資家〉
・逆張り的な投資手法
・流動性の供給
・限定的な分析能力
・広く分散しており企業からのアクセスは困難
・敵対的買収の抵抗力（企業の「ファン」としての株主）

〈機関投資家〉
・順張り的な投資手法
・大きな投資単位（売買によるマーケットインパクト）
・ファンダメンタル分析による合理的な価格形成
・企業からのアクセス及び継続的コミュニケーションが容易
・純粋利潤の追求

になる流動性の向上は重要な施策であり，そのためには個人投資家の開拓が不可欠であろう．このように，株主としての個人投資家と機関投資家は相互に重要な関係を持っていると考えられるため，財務部門はそのバランスをコントロールすることに努めなければならない．図 3-15 に，両者の特徴と相互関係を示す．

したがって，合理的な株価形成を目指すなら機関投資家の持分を増加させるための株式の売出し，個人投資家の株式保有・売買を通して株式の流動性向上を目指すなら単元株の引き下げや株式分割による投資単位の引き下げ，個人向けの株式の売出しなどが施策として考えられよう．

(ⅱ) 埋没する事業（子会社）価値の顕在化

バリューマップで明らかなとおり，当時の連結アイシン精機の企業価値で最も大きな価値を生み出しているのは，主にオートマチック・トランスミッションを担当するアイシン AW であり，その価値は 3,652 億円，企業価値全体の 38% にものぼった．1999 年の商法改正で内国会社同士の株式交換が解禁され，にわかに連結グループ経営が叫ばれだしていた当時，戦略上重要な子会社については完全子会社化すべきという風潮があった．菊池・山田 (2000) による親会社に吸収合併される上場子会社の株価パフォーマンスの調査では，新聞報道日から 30 日間で，TOPIX に対して 10% 以上の超過リターンを示しており，

市場が完全子会社化による集権的な経営を歓迎していたことが読み取れる．

そのような時流の中，どちらかと言えば自主・独立的な裁量を与えながら分権的なグループ経営を行なっていたアイシン精機の連結経営方針は，当時の市場から積極的な理解を得るのが難しかったように思われる．したがって，市場が必ずしも子会社の各事業の価値を，インハウス・バリュエーション分析のようには評価していなかった可能性がある．コングロマリット・ディスカウントとは多角化した事業を持つ企業の市場価値が割り引かれて評価されることを言うが，それに近い現象がアイシン精機の市場評価でも発生し，AW の価値が埋没していた可能性を否定できない．そして，市場価値と企業価値との乖離の要因をそこに求めた場合には，価値を顕在化する方法としてカーブアウト，乖離そのものを消滅させるスピンオフなどが考えられる．カーブアウトとは，子会社（特定事業）を上場させることで直接的に市場の評価を得ようというものである．ただし，それによって仮に子会社が市場で正当な評価を受けたとしても，親子会社の時価総額の逆転現象が観察されるように，アイシン精機の企業価値に，AW の価値が反映されるかという懸念も残るのである[131]．一方，スピンオフとは配当という形で子会社株式を株主に対して配布することで親会社が子会社の支配を放棄するものであり，企業価値の構成要素自体とともに乖離が消滅する．

しかし，AW はアイシン精機にとって戦略的に重要な子会社であることから，いくら市場の評価が低いと言えど上記の選択は現実的ではなかった．そのような場合には，トラッキングストックによって，戦略的に重要な子会社の支配権を維持しつつ，その価値を市場で評価してもらうということも考えられる．しかし，ソニーが「グループ子会社の企業価値を反映させることを企図」[132]して 2001 年に発行・上場した唯一の国内事例であるソニーコミュニケーションネットワークのトラッキングストックに関して言えば，それが子会

---

[131] たとえば菊池・山田（2000）によれば，富士電機や豊田自動織機，NTT，イトーヨーカ堂などで，自社の株式時価総額が，保有する他社（子会社）株式の時価総額よりも小さくなるという現象が散見されている．

[132] ソニーのプレスリリース（2000 年 11 月 20 日）．

社の価値を適切に反映し親会社の市場評価を高めるとは必ずしも判断できなかった．なお，その後ソニーは2005年12月に，トラッキングストックを自社株式に転換することで廃止した．

以上のような子会社資本政策については，事業戦略との整合性とともに，その不可逆性についても慎重な検討が必要であろう．いったん分離させた事業，変更した組織形態を元に戻すには，少なからずコストが発生するうえに，経営者の事業戦略に疑問が投げかけられる恐れがあるからである．

(iii) 持ち合い株式（金融資産）価値の顕在化

第2節の情報の非対称性で紹介したフリーキャッシュフロー理論は，企業が潤沢に保有する余剰資金が，市場価値としてはディスカウントされる可能性を意味する．経営者が株主の利益に忠実な経営を行なう限りにおいては，企業の保有する資金はその市場価値として額面を維持するはずである．しかし，もしもそれが将来非効率な (NPV<0 の) 投資に振り向けられる可能性を市場が認識すれば，もはや留保された資金はその額面の価値を有しないことになる．エージェンシーコストが発生すると予測される分だけ割り引かれたかたちで，市場価値が付されるからである．したがって，持ち合いの株式が単なる金融資産と見なされれば，この考え方は余剰資金と同様に当てはまることになる．

また，株式の固有の問題としては，投資家にとって二重課税という非効率が生じるし，ポートフォリオを投資先の企業に間接的に組んでもらう必要はない．さらには，基本的に売却しない前提として企業が保有するのであれば，そのリターンは配当しか期待できない．投資家にとってその含み益（キャピタルゲイン）が実現不可能な「絵に描いた餅」であるならば，その意味でも企業が保有する持ち合い株式には，市場株価だけの価値は認められないだろう．また何よりも，株主から貴重な資本を受託した経営者自らが，他社の経営者に運用を委託することを株主は望んでいまい．したがって，受託者責任の放棄と言われないためには，その価値を維持する積極的な保有理由が存在しなければならないし，市場に対しての説明責任を果たすことが困難な株式については少なくとも売却して現金化する必要があろう．そして現金化後に適切な現金保有を検討

し，フリーキャッシュフロー問題が発生しないような資金保有を検討することが肝要である．

ところで，「適切」な現金保有がいったいどのくらいの水準であるかという点については，これもまた単純な問題ではない．たとえば諏訪部 (2006) は，時系列で企業が保有する現預金の市場価値を推計しており，市場が企業の成長性に対して高い期待を抱いている場合には現預金の市場評価が高まるとしている．また，金融システムを一時的に麻痺させた 2001 年の世界同時多発テロを境に，投資家は企業の余剰資金保有に対して，以前よりは寛容な姿勢を見せている．このように金融資産の保有が市場でどのように評価されるかについても，その時々の経済情勢や投資家心理などによって一様ではない．あるいは前節で考察したように，市場に対して経営介入オプションを保証する株式所有構造であるならば，市場価値が割り引かれないかもしれない．あるいは，資金保有の水準が同じであっても，レバレッジの多寡や財務スラックの必要性の程度によって市場評価に差が生じることも考えられ，企業の株主政策や財政状況などに依存する可能性もある．したがって持ち合い株式を含む金融資産の保有についても，多岐に渡る検討が必要であり，価値創造の財務マネジメントとしての重要な役割を財務部門が担うこととなる．

(iv) 経営者インセンティブの付与

VBM をより効率的なものにするためには，経営者に株主利益に忠実な経営を行なわせるための仕組みとしての報酬システムが欠かせないとの指摘は，Rappaport (1986)，Stewart (1991a)，Martin and Petty (2000) など枚挙にいとまがない．経営と所有の分離が進んだ現代の企業では，株主と経営者との深刻な利害対立が起こり得るため，経営者インセンティブとして報酬制度と株主価値を連動させてエージェンシーコストを削減する必要がある．ストックオプションはその代表的なものである．ストックオプションは，株価が上昇して初めて経営者に報酬を与えるため，株主価値との連動性が極めて高く，直接的なインセンティブ報酬であると言えよう．

しかしその一方で，株価は景気全般や為替レート，金利などといった経済の

マクロ環境に大きな影響を受けるため，必ずしも個別経営者の評価を行なえるわけではない．そのため適切な報酬システムをデザインするためには，そのような影響を排除する工夫も必要となる．たとえば Stewart（1991a）は，株式パフォーマンスと EVA の高い相関を理由として，EVA に連動する報酬制度を推奨しているが，そこで「ボーナスバンク（bonus bank）」という概念を導入している．これは，長期的な EVA を犠牲にすることで短期的に EVA を最大化するといった経営者の機会主義的な行動を牽制するものである．会計手続きによる歪みを修正した EVA と言えど，経営意思決定の時間軸を長くすることで，より適切なインセンティブ報酬となるような工夫を施していることが分かる．また Rappaport（1999）は，同業他社などのインデックスの株式リターンとの差によって報酬を与えるインデックス・オプションを提唱している．経済マクロ環境の影響とともに，経営者の在任期間と株式のデュレーションの不一致という問題が，これによって相当程度解決できると考えられる．

このように，適切なインセンティブ報酬をデザインするうえで考慮すべき点は多岐にわたる．創造された企業価値に対して，株主から適正な報酬を受け取るシステムをデザインするためには，市場で形成される株価と企業業績，マクロ経済動向およびその関係に関する深い知見および洞察が不可欠であり，ここでもやはり財務部門が重要な役割を担うことになる．

(2) アイシン精機の企業行動

前項では，情報の非対称性，株式の流動性，株価ボラティリティを企業価値と市場価値の乖離の要因として特定した後，市場価値の改善を目的としてアイシン精機でリストアップされた市場に関する諸施策を表 3-10 に示した．次に，それらの施策がどのように実行されたのかを，時系列で分析していこう．

表 3-11 は，2000 年度以降のアイシン精機の一連の財務マネジメントを整理したものである．これら一連の財務マネジメントは，その外部環境および内部環境の状況から，大きく 2 つのフェーズに分けて考えられる．

第 1 のフェーズは，90 年代終盤の金融不安と株式市場の低迷，アイシン精機の増加するキャッシュ・ポジション（プラスの FCF）が特徴である．2000 年

表 3-11. アイシン精機の財務マネジメント

年度	情報の非対称性			エージェンシーコスト		取引コストほか
	直接	間接（シグナリング）				
	ディスクロージャー	増配（円）自社株買い（百万株）	負債調達（net, 億円）	持合い解消/方法（百万株）	ストックオプション	流動性・需給
~2000		増配 +1 → 12		銀行・生保 7.5 →機関投資家/ブロックトレード 銀行 1.8/市場売却		ブロックトレード 3.0
2001		増配 +1 → 13		銀行 10.1 →機関投資家/ブロックトレード 銀行・生保 1.9/市場売却他		ブロックトレード 10.1
2002	海外 IR 開始（北米）アニュアルレポートでの定性情報の開示開始	増配 +2 → 15 自社株買い 16.8	400	銀行 9.9/自社株買い 銀行 9.5 →機関投資家/ブロックトレード	付与開始	単位株引下げ 自社株買い 16.8 海外売出し 10.8 北米 IR
2003	個人向 IR 開始 海外 IR 拡充（欧州）	増配 +3 → 18	400	銀行 5.3 →機関投資家/ブロックトレード他 銀行→機関投資家 10.8/海外売出し	子会社にも付与対象拡大	個人 IR 欧州 IR 株式判明調査
2004	海外 IR 拡充（アジア）個人 IR 頻度 up 和文アニュアルレポートの開示	増配 +6 → 24	300			アジア IR
2005		増配 +8 → 32	740			S&P からの格付取得

度は，アイシン精機にとって事実上の金融機関の持ち合い解消が始まった年であり，金融機関から放出される自社株式をブロックトレード[133]によって吸収している．また，増配による株主還元を本格的に意識し始めた年でもあった．

---

133) 市場外で行なわれる大口の相対取引のこと．

【フェーズ1】低迷する株式市場とプラスのFCF

2002年度まで	
外部環境	金融不安と持ち合い解消による株式市場の低迷・需給懸念
内部環境	増加するキャッシュ・ポジション（FCF>0）
この時期のねらい	①持ち合い解消による株式の需給懸念の払拭，②株価に対する不満表明，③金融機関に代わる新たな株主の開拓，④流動性の向上
企業行動	ブロックトレード（①③④），負債調達＋自社株買い（①②），単元株引下げ（③④），海外売出し（①③④）

【フェーズ2】株式市場の回復とマイナスのFCF

2003年度以降	
外部環境	株式市場の回復・正常化
内部環境	投資拡大期の積極的な財務政策（FCF<0）
この時期のねらい	①成長資金のファイナンス，②市場評価改善への継続的な取り組み，③将来業績への自信表明，④買収防衛
企業行動	格付機関とのコミュニケーション（①），負債調達（①③），海外IRの拡充（②③），個人IR開始（④）

そして2002年度には，自社株買いと負債調達によってレバレッジのコントロールへ着手，放出される自社株式に対する自社株買い付けを行なうとともに，海外でのIRの開始，英文アニュアルレポートの内容の拡充，単元株の引き下げなどといった株主政策を本格化，経営者インセンティブとしてストックオプションもこの時期に初めて導入している．

第2のフェーズは，マクロ的に回復する企業業績を背景とした株式市場の回復と，アイシン精機の設備投資の拡大（不足するFCF）が特徴である．2003年4月にボトムを付けた株式市場であったが，金融機関からの持ち合い解消圧力は継続しており，それに対する施策として機関投資家への株式の売出しが行なわれた．そしてこの年以降，アイシン精機は成長への投資を加速させたためFCFは継続的にマイナスとなり，不足するキャッシュの調達が負債によって行なわれながらも継続的な増配が行なわれた．IRについても継続的かつ積極的に実施されている．

表 3-12. 各モデルによる最適資本構成の推定結果

アプローチ	最適資本構成 (キャピタリゼーション比率)	負債量（億円）	推定格付
(1) 資本コスト	50%	3,640	A
(2) 修正現在価値	60%	4,368	BBB
(3) 収益差	50%	3,522[134]	A
(4) 投資銀行 A （資本コストアプローチ）	65%	4,003	A

　このような背景の中で実施された財務マネジメントのうち，まずは 2002 年度に実施された資本構成のコントロール（負債調達＋自社株買い）およびシグナリングを意図した自社株買いに関する意思決定について，次に，2002 年度から 2003 年度にかけて持ち合い解消に対応するために実施された自社株買いおよび機関投資家への株式売出しについて，順に考察を行なう．（自社株買いは資本構成のコントロール，シグナリングと同時に，第 3 節で検討した株式所有構造に対する財務マネジメントという 3 つの側面を併せ持つ．）そして本項の最後に，これまで検討してきた資本市場に対するマネジメントの諸施策について整理してまとめる．

(ⅰ) フェーズ 1：負債調達による自社株買い

　企業価値を最大化するための負債量，すなわち最適資本構成を決定するにあたり，まず Damodaran (1997) モデルの 3 手法（本章第 1 節の図 3-3 ～ 3-5）および投資銀行のモデルを用いて検討を開始した．シミュレーション結果をまとめたものが表 3-12 である．

　アイシン精機の 2002 年 3 月期における時価ベースのキャピタリゼーション比率は 22％であったのに対し，上記の 4 手法が推定する最適資本構成は 50％ ～ 65％となった．前述したように Damodaran モデルではインタレストカ

---

[134] 収益差アプローチのみキャピタリゼーション比率の計算に簿価を用いているため，他のアプローチとの比率および負債量と整合性が失われている．

バレッジのみを用いて格付を推定しているのに対して,投資銀行は企業規模を含むその他の財務数値も考慮したうえで格付を推定している.そのため投資銀行の格付推定が他の手法に比べて高くなり,その結果,最適な資本構成についても高いキャピタリゼーション比率を示した可能性がある.いずれにしろ,4手法の推定結果は,2002年3月期現在で1,553億円の有利子負債を,さらに1,500〜2,500億円ほど積み増したうえで,同額の株主資本を減少させることを意味する.しかし,アイシン精機は当時AAの格付を取得[135]しており,いずれの分析結果からも最適資本構成からは大きくかけ離れたものであった.

(a) 目標格付の決定（財務柔軟性と従来の財務方針）

まず資本構成の方針策定において,負債を利用することによってROE,ひいては株価を高めることが企業価値創造のためには不可欠であるとの考えが前提となる.ただし,どの水準までキャピタリゼーション比率を高めるかという議論については,財務活動に課される制約の問題から格付BBBを肯定する意見はほとんどなかった.アイシン精機は格付機関（R&I）からAAを付与されていたため議論となったのは,目標格付を現状維持のAAとするか,あるいは格下げを肯定してAのどちらにするのかという選択である.しかし,債権者から株主への富の移転を伴ってまで格付を引き下げることは,市場との信頼関係の点で問題がある.したがって,第1節で検討したように,財務柔軟性の確保および従来の財務方針との整合性の観点から,アイシン精機では資本構成に関する方針として,

① 目標格付をAA（目標キャピタリゼーション比率＝25％）とする
② 目標格付の範囲内で負債を積極利用してROEを上昇させる

が採択された.図3-16にアイシン精機の目標格付の決定プロセスを示す.
本採択は,従来の「無借金」を是とする価値観との衝突でもあった.しかし,

---

[135] R&Iによる長期債格付

図 3-16. アイシン精機の目標格付の検討

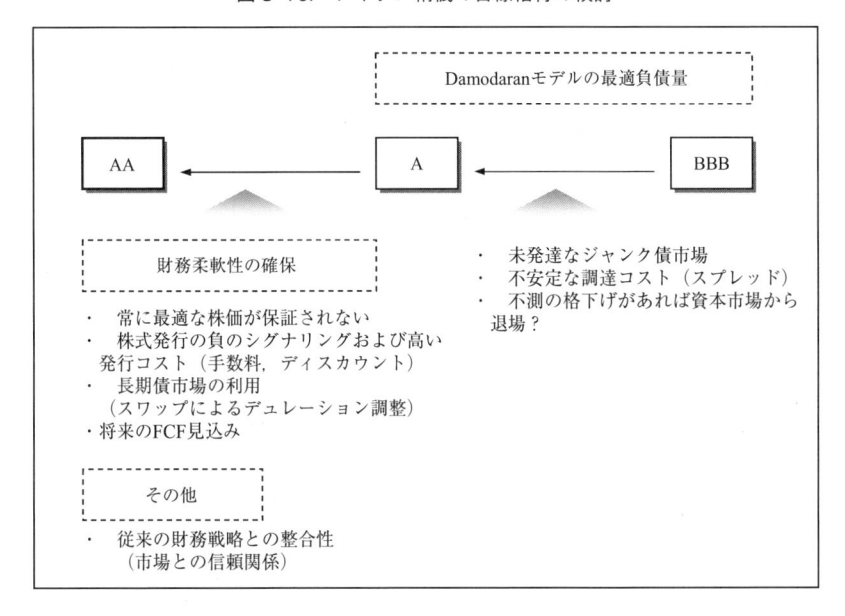

```
        Damodaranモデルの最適負債量

  AA  ←————  A  ←————  BBB

  財務柔軟性の確保              ・ 未発達なジャンク債市場
                              ・ 不安定な調達コスト（スプレッド）
  ・ 常に最適な株価が保証されない  ・ 不測の格下げがあれば資本市場から
  ・ 株式発行の負のシグナリングおよび高い   退場？
    発行コスト（手数料，ディスカウント）
  ・ 長期債市場の利用
    （スワップによるデュレーション調整）
  ・将来のFCF見込み

  その他
  ・ 従来の財務戦略との整合性
    （市場との信頼関係）
```

無借金経営により確保できるのは高い格付による負債調達の柔軟性であり，資本効率を無視した企業には株式市場では高い評価は与えられない．外部資本市場が発達した今日においては，高い株価によるエクイティ・ファイナンスの柔軟性の確保は，高い格付による負債調達の柔軟性と同等あるいはそれ以上に重要性が高いと考えられる．そのため，アイシン精機では財務の役割を，「常に低コストで資金調達できる状態に保つこと」すなわち「高い財務柔軟性を確保」することと定義し，そのために「高い株価と高い信用力」を同時に実現し維持することが目標とされた．これは，債権者からも株主からも信頼される企業であることを目指すことと同義であり，債権者の利益と株主の利益の双方について高い次元でバランスをとっていくことを意味する．表3-13に，従来と比較した今後の企業財務の負債に対する考え方を，図3-17に，企業価値の最大化とゴーイング・コンサーン，レバレッジ（借金）との関係を示しておく．次に，決定された財務方針（目標格付）に基づいた財務施策が実施されるまでの意思決定について考察していく．

表 3-13. 企業財務における負債に対する考え方の比較

	従来の企業財務	これからの企業財務
企業の目的関数	売上・経常利益	企業価値
負債 (Debt) の捉え方	返済すべきモノ	負債資本として永続利用するモノ（ゴーイング・コンサーン（継続企業）を前提）
負債の機能	財務破綻を引き起こすモノ	業績悪化を早期に顕在化させるためのウォーニング機能を持つ
内部留保利益の捉え方	会社のモノ	株主から預かっているだけ
使用資本のコスト	支払利息 + 配当	WACC（株主資本の機会費用を考慮）
是とする資本構成	無借金	節税価値の享受，ROE のブーストのためにレバレッジは不可欠

目的関数の違いは，財務戦略をまったく違ったものにする

図 3-17. 企業価値最大化とゴーイング・コンサーンおよびレバレッジ

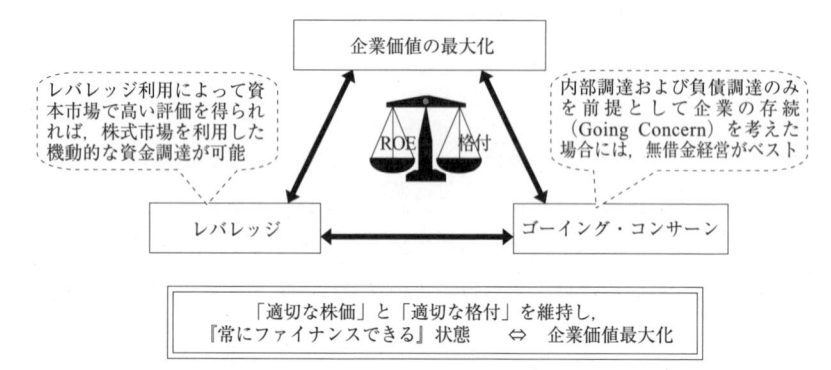

レバレッジ利用によって資本市場で高い評価を得られれば，株式市場を利用した機動的な資金調達が可能

内部調達および負債調達のみを前提として企業の存続（Going Concern）を考えた場合には，無借金経営がベスト

企業価値の最大化 ― ROE ― 格付 ― レバレッジ ― ゴーイング・コンサーン

「適切な株価」と「適切な格付」を維持し，『常にファイナンスできる』状態　⇔　企業価値最大化

(b) FCF と将来の資本構成のシミュレーション

2002 年度に検討されたアイシン精機の 2003，04 年度の資金状況は，FCF のマイナスが 150 億円，既存負債の償還スケジュールが 100 億円で，差し引き 250 億円の調達が必要な状況であった．その 250 億円をすべて負債で調達しても，キャピタリゼーション比率（簿価ベース）は 20.6％（2002 年 3 月実績）から 13.8％（2004 年 3 月期計画）となり，レバレッジは大きく低下することが予測されていた（図 3-18）．

そのため，少なくとも 2002 年度に不足する資金 250 億円は負債によって調

第4節　アイシン精機の企業行動と企業価値・市場価値　149

図3-18. 2002年3月期（実績）から2004年3月期（計画）のB/S

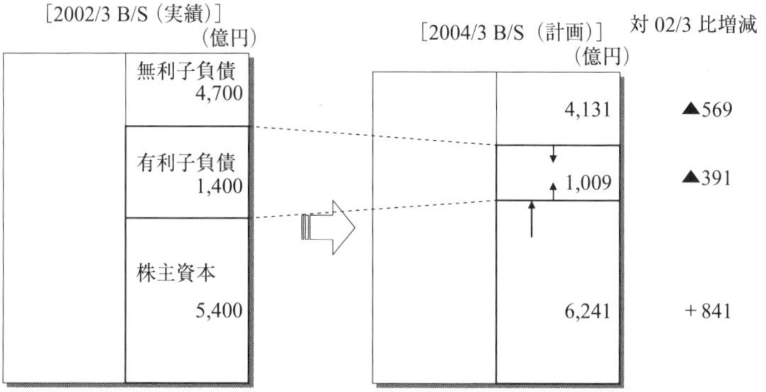

	2002/3 実績		2004/3 計画	対 02/3 比増減
株主資本比率	47.0%	⇒	54.8%	＋7.8%
キャピタリゼーション比率	20.6%	⇒	13.9%	▲6.7%

（簿価ベース）

達することになる．さらに（2002年当時では）将来のFCFはプラスが予測され，利益を内部留保しない前提でもレバレッジ（net debt）は低下していき実質的に無借金となってしまうことが分かった．したがって，先に決定された目標キャピタリゼーション比率（25%）を維持するためには，プラスのキャッシュフローを負債返済ではなく，自社株買いなどに振り向けるなどして株主へ還元していく必要があった．

(c) 自社株買いの意思決定

前章のインハウス・バリュエーション分析から，株価は市場で過小評価されておりエクイティ・ファイナンスは実施すべきでないことが分かっている．株価の面でエクイティ・ファイナンスを実施すべきでないということは，マイナスのエクイティ・ファイナンスすなわち第2節で検討したとおり，自社株式の買い入れの検討を行なうに値する．そのため，複数の投資銀行の格付推計シミュレーションモデルを用いて，AAを維持できる追加負債のキャパシティの分析を行ない，その結果は，保守的に見積もっても600〜1,000億円の負債追

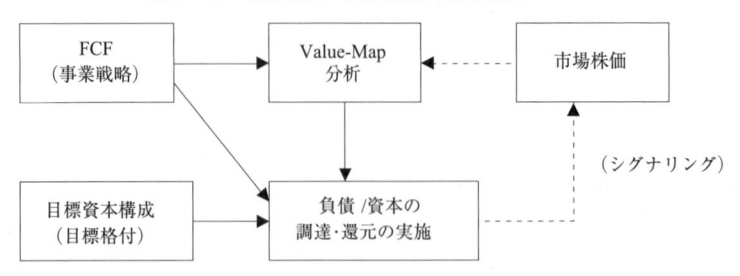

図 3-19. 資金調達 / 還元活動の意思決定プロセス

加が可能というものだった．

　以上の分析から，先に決定した資本構成の方針の「AA の範囲内で負債を積極利用」に則れば，2002，2003 年度で 600 億円の負債調達を行なったうえで，実需 250 億円は事業への投資および負債の借り換えに，残り 350 億円は割安な自社株式の買い付けにまわすことになる．そしてアイシン精機は実際に 2002 年度に約 20 百万株，268 億円の自社株買いを行なうことでレバレッジを維持した．資金調達 / 還元活動の意思決定プロセスを図 3-19 に示す．

　資金調達活動の意思決定の出発点は事業戦略であり，事業活動から生み出される（あるいは事業活動に必要な）FCF の予測である．企業価値を創造する投資機会が豊富で FCF がマイナスであれば，その資金の調達方法を，あるいは投資機会が内部調達でまかなえる範囲であれば，どのように資金を資本提供者へ還元していくかを慎重に検討しなければならない．いずれの場合であっても，目標とする資本構成およびバリューマップ分析を考慮したうえで，負債 / 資本の調達 / 還元を選択する必要があろう．

(ⅱ) フェーズ 1～2: 持ち合い解消への対応（自社株買いと機関投資家への株式売出し）

　次に 2002～2003 年度にかけて行なわれた，アイシン精機の株式所有構造に関する財務マネジメントを取り上げる．当時は一時的に持ち直していた株式市場が IT バブル崩壊により再度低迷しボトムをつけるような状態であった．また，それまでに公的資金が注入された多くの銀行にとっては財務体質の健全

化が急務となっていた時期である．そのため当時の市場は，金融機関の保有株式の売却による需給悪化を懸念してか，企業業績を必ずしも反映しない悲観的な相場であったと言えよう．アイシン精機の株価も当時は純資産価格を挟んでの取引であり，前述のようにインハウス・バリュエーション分析からはかなりの割安と判断されており，さらにレバレッジの引き上げも可能な状況であった．

あえて施策を講じずとも，金融機関の持ち合い株式が売却されれば所有構造はオープンになり，その点では前節で行なった分析のとおり市場の評価は高くなるかもしれない．しかし，それを待っているだけでは解消が終わる目処が立ちにくく，需給悪化を懸念する市場はさらに株式の購入に及び腰となってしまい，株価の下落圧力が強まってしまう可能性が高い．したがって，市場価値がさらに企業価値から乖離するのをただ傍観しているのではなく，価値創造のためには何かしら積極的に施策を打つことが好ましいであろう．このような状況下での持ち合い解消への対応選択肢と検討の概要を以下に示す．なお，経営へ介入しない新しい持ち合い株主を模索することは，当時は困難であったし，マーケット・ガバナンスを拒絶するというシグナルを市場に発することになりかねないため選択肢からは外された．

(a) 持ち合い解消への対応選択肢
1. 何もしない：企業側は無作為に何も行動を起こさず，金融機関に自由に処分してもらう

新しく株主になる主体，売却方法やそのタイミングについて一切関知しない．安定株主の減少によってマーケット・ガバナンスを受け入れこととなり，経営介入オプションを市場に与えることになる．また，市場で売却されるため流通する株式数が増加して流動性の向上を期待できる反面，短期的には需給が悪化することから株価が下落してしまうことも予想される．株価の下落を金融機関が嫌えば持ち合い解消に時間がかかることとなり，需給懸念が市場に残ることで株価の頭を抑えてしまうことが懸念される．

2. 自社株買い：アイシン精機自らによる買い付け

　安定株主の比率は減少するが，保有を継続する株主の議決権割合は上昇するため，1.と比較して，所有構造がオープンになる程度はやや小さい．また，第三者への売却ではないため流動性は向上しない．買い付け方法は，市場外でのTOB，市場での立会外買い付け（東証のToSTNeT-2[136]など），および市場での立会内買い付けが考えられ，TOB，立会外買い付けは市場の需給による株価影響はなく，立会内買い付けは需給の改善を期待できる[137]．

3. ブロック・トレード：金融機関から第三者（主に機関投資家）への相対の売却

　安定株主の減少は1.と同様．買い手は主に年金をはじめとした純粋利潤目的の機関投資家であり，ガバナンスへは積極的に関与する傾向が高いため経営介入オプションとしての価値を認識できる株主と考えられる．相対での取引なので直接的な市場株価への影響はない．

4. 売出し：不特定多数の投資家への売却

　売却先として大きくは，機関投資家か個人投資家かの選択がある．機関投資家向けの場合は，3.のブロックトレードの規模をより大きくしたもの．個人投資家向けの場合は，広く株主を分散できるが，実証でも明らかなとおり経営者に対する規律付けの効果は高くない．まとまった株数を一度に処分できる．

(b) 金融機関が放出する自社株式への対応方針の決定と実施

　持ち合いの解消は所有構造の点から受け入れるとしても，見てきたように対応選択肢は複数存在し，市場価値に及ぼす影響は様々である．したがって，①需給懸念および需給への直接的影響，②株式の流動性への影響，③解消後の株式所有構造等への考慮が必要となる．

---

136) 1997年に東京証券取引所で開始された立会外で行なわれる終値取引で，ToSTNeTはTokyo Stock exchange Trading Network systemの略．
137) ただし，株価操作を防止するため買い付け株数は制限される．

さらに，これまでに検討してきたインハウス・バリュエーション，最適資本構成，非対称情報下のシグナリングを考慮した結果，アイシン精機で持ち合いの解消への対応を実施するうえで，以下の方針を決定するに至った．

1. 持ち合い解消の放出株式の処理をできる限り短期間に終えて，需給懸念がなくなったことを市場にアナウンスすること
2. 併せて株価の過小評価のシグナリングを市場に向けて発信すること
3. 合理的な価格形成への期待およびエージェンシー理論の観点から機関投資家を持ち合い解消後の株主とすること

このように持ち合い解消への3つの方針は，単に所有構造をオープンにするだけでなく，機関投資家を解消後の株主とすることで合理的な価格形成を期待するものであった．また，それをできる限り短期間で完了し，需給懸念を完全に払拭することで市場に買い安心感を与えるとともに，現在の株価が過小であることのシグナリングを市場に対して発信し，市場価値を高めることも狙いとしていた．そのため，自社株買い，ブロックトレード，機関投資家への株式売出しという複数の異なった手法を組み合わせて行なうという結論が導出された．持ち合い解消という需給懸念を，積極的に価値創造の機会というかたちで利用したのである．自社株買いの資金を負債で調達することで，業績への自信およびレバレッジによる株主価値向上への意識の表明となる．また，ブロックトレードは，資金負担なしに所有構造を改善することができる．そして，最後に売出しを行なうことで，持ち合い解消による需給懸念がなくなったことを市場に対してアナウンスすると同時に市場に超過需要を残す．以上がアイシン精機の持ち合い解消への総合的な財務マネジメントである．

図 3-20 にアイシン精機の持ち合い解消に対する施策と株価を示す．待ち合い解消に対して当方針を策定し積極的な対応を開始したのが 2002 年 8 月，翌年 11 月に海外での売出しで当面の対応をすべて完了した．2002 年度は下落を続ける市場（TOPIX）に対してアイシン精機は何とか株価を維持し，2003 年 11 月の対応の完了後は，需給懸念が払拭されたからか，その後も低迷を続ける市

図 3-20. 持ち合い解消へのアイシン精機の対応と株価推移

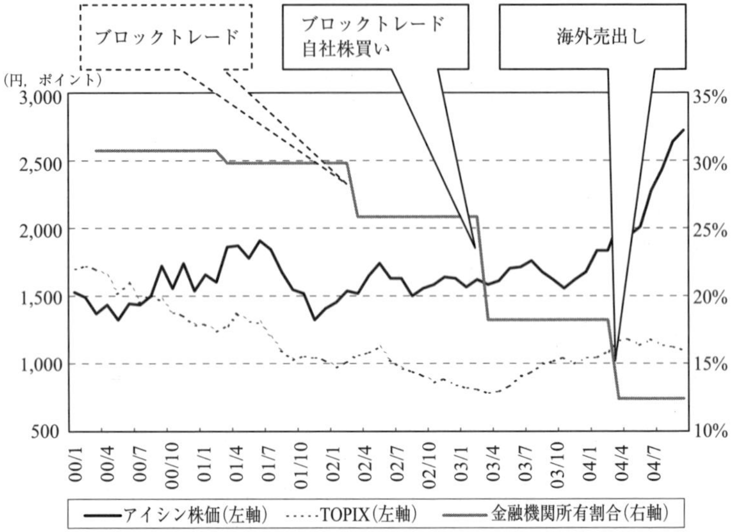

（出所）有価証券報告書等を用いて筆者作成

場全体（TOPIX）を尻目に良好なパフォーマンスをあげていることを当図は示している．

(iii) 資本市場に対する財務マネジメントとその効果のまとめ

それではここで，第3章で検討してきた資本市場に対する財務マネジメントの諸施策について，その効果と狙い，およびコンフリクトと制約等の概要を以下に整理し，表3-14を示す．

① 負債の積極利用

資本構成のトレードオフ理論が示すとおり，負債を積極的に利用することで節税価値分だけ企業価値の増加を期待できる．またペッキングオーダー理論が示すように，株式発行による調達と比較した場合には，株価の過小評価および業績への経営者の自信を市場に対してシグナリングすることができる．またエージェンシー理論からはFCF問題を軽減する効果も期待できる．その一方

表 3-14. 資本市場に対する財務施策と効果

施策	効果・ねらい	コンフリクト・制約等
①負債の積極利用 （最適資本構成）	・節税価値の享受 ・業績への自信の表明 ・FCF 問題の軽減	・財務スラックの考慮
②増配	・業績への自信の表明 ・FCF 問題の軽減	・財務スラックの考慮 ・成長期でも一定の配当 ・事業機会に関する負のシグナリング効果
③自社株買い	・株価への不満の表明 ・ROE，EPS の改善 ・需給の改善（市場買付け） ・FCF 問題の軽減 ・買収抵抗力の増加	・財務スラックの考慮 ・手法によっては株式の流動性が低下 ・成長期の選択は困難 ・株主所有構造に影響
④情報開示の頻度・水準の改善	・経営者と市場の業績期待ギャップの縮小 ・株価ボラティリティの抑制	・競争戦略上の問題 ・開示水準の不可逆性の考慮
⑤個人向け IR	・株価ボラティリティの抑制 ・流動性の向上	・効果の測定が困難
⑥投資単位の引き下げ	・流動性の向上	・過度な引き下げは非合理的な価格形成の恐れあり
⑦機関投資家向け IR （内国／外国）	・合理的価格形成 ・地政学的リスクの分散	・敵対的買収への抵抗力の低下
⑧持ち合い解消	・株価への経営権の付与 ・非流動株式の減少	・敵対的買収への抵抗力の低下
⑨子会社資本政策	・埋没価値の顕在化 ・経営者インセンティブの活用	・グループ経営との整合性
⑩金融資産の処分	・FCF 問題の軽減	・財務スラックの考慮
⑪ストックオプション	・株主と経営者との利害一致	・EPS の希薄化

で負債利用は財務的な安全性を低下させるため，過度な利用は財務柔軟性を毀損して過少投資問題を引き起こすことが懸念される．取引コストは株式の発行に比べて相当程度の抑制が可能である．

② 増配

　経営者は減配を嫌うことから増配は将来業績に対する自信の積極的なシグナ

リングとなる．また，ペイアウトにより経営者の裁量の及ぶキャッシュを減少させることからFCF問題を軽減することにもなる．ただしその一方で，有望な投資先を持たず成長機会に乏しいとのシグナリングを発する恐れもある．また減配は，業績に関して負のシグナリングとして市場で受け止められる恐れが大きいため，成長期においても一定の配当を継続しなければならないのかというジレンマがある．

③ 自社株買い

増配は主に将来業績への自信を表明するのに対して，自社株買いは株価への不満を市場に対して強く表明できる．また，株主資本および株式数を減少させるため，ROE，EPSといった財務指標が改善される．増配は株主へ均一にペイアウトを行なうのに対して，自社株買いは株価に不満を持つ株主にのみ行なう株主のみへのペイアウトであり，敵対的買収への抵抗力を増加させる．資本構成のコントロールに用いやすいことも特徴の1つ．市場から買い付けを行なう場合には需給を改善できる一方で，市場での流通株式を減少させることにもなり流動性への影響に対する考慮が必要となる．

④ 情報開示の頻度・水準の改善

市場が行なう将来の業績予測に必要な情報の量・質を改善することで，経営者と市場との将来業績に関する期待ギャップを縮小させるとともに，業績サプライズ（投資家にとってのリスク）を極小化する．ただし競争戦略を考慮すると非開示にすべき情報が多く存在するのが現実である．

⑤ 個人向けIR

個人投資家はその逆張り的な投資スタイルから，株価ボラティリティの抑制および流動性の向上を期待できる．また，TOBでプレミアムが提示されても必ずしも応募しないことも多く，敵対的買収への抵抗力ともなる．企業がIRに投じた経営資源に対する効果の測定が困難であるのが実情である．

⑥ 投資単位の引き下げ

個人投資家の市場への参加を促すための施策．ただし，過度な引き下げによって，個人投資家の売買に株価のプライシング（pricing）を依存することになれば，ファンダメンタル・バリューから乖離した非合理的な価格形成の恐れが生じる．

⑦ 機関投資家向け IR（内国／外国）

合理的な価格形成を期待できる株式所有主体．機関投資家と言っても年金からヘッジファンドまで様々な主体および様々な投資スタイルを持つため一概には言えないが，総じて順張り的で同方向の投資判断をする傾向があると言われ，その点では株価ボラティリティを高める可能性も否定できない．それでも，投資スタイルや投資家の地域を分散できれば，ボラティリティおよび流動性の向上へ貢献する可能性もある．敵対的買収に対しては，彼らの受託責任上，抵抗力とはなりにくい．

⑧ 持ち合い解消

持ち合い解消の過程でどのような企業行動を起こすか（あるいは起こさないか）が，市場のガバナンスに対する経営者の意識の表明になる．また，それまで固定化され市場で流通することのなかった株式が対象となるため，新しい所有主体によって価格形成や流動性などにも影響が生じる．

⑨ 子会社資本政策

埋没するグループ子会社や事業部門の価値を顕在化させるためには，カーブアウト，スピンオフ，トラッキングストックなどが考えられ，これらは子会社の経営者に対して株式を用いたインセンティブ報酬システムの手段を提供することにもなる．事業戦略上のグループ経営との整合性への考慮が不可欠．また，取引コストが大きく，その点で不可逆的なものになりやすい．

⑩ 金融資産の処分

　過大な金融資産の保有によるFCF問題（エージェンシーコスト）と，財務スラックの維持のバランスをとることが肝要である．

⑪ ストックオプション

　株主と経営者との間の利害対立，すなわちエージェンシーコストを抑制する手段．ストックオプションによる報酬は，希薄化というかたちで株主が負担することになる．

(3) 市場価値と企業価値の乖離の縮小

　それではいよいよ本章の総括として，アイシン精機の実施した一連の財務マネジメントが市場価値と企業価値との乖離を縮小することができたのかを検証しよう．インハウス・バリュエーションによる企業価値と市場価値，金融機関所有割合の推移およびアイシン精機の実施した主な財務施策を図3-21に，同期間のアイシン精機とTOPIXの累積リターンの関係を1999年12月を100として図3-22に示す．

　図3-21のアイシン精機のインハウス・バリュエーションによる理論株価は，毎年5月に行なっている評価と翌年5月の評価でプロットされる数値を直線補完してグラフを作成している．また，金融機関所有割合が階段状になっているのは，年度末に確定する株主名簿に基づいて数値を作成しているためである．2005年までは乖離が縮小する局面もあるものの，一貫して市場価値は企業価値を下回っており，2000年1月から2005年12月までの平均乖離率[138]は26.7%である．ところが2005年半ばからは，乖離は急速に縮小して2006年4月には市場価値が企業価値を初めて上回った．06年1月から12月の間の平均乖離率は7.8%となっている．

　同時期の市場全体（TOPIX）はと言うと，図3-22より2005年12月までは上昇しているものの，06年に入ってからは横這いもしくは下落していることが

---

138) 乖離率＝（理論株価－市場株価）÷理論株価

第 4 節　アイシン精機の企業行動と企業価値・市場価値　159

図 3-21. インハウス・バリュエーションによる理論株価と市場株価および金融機関所有割合の推移

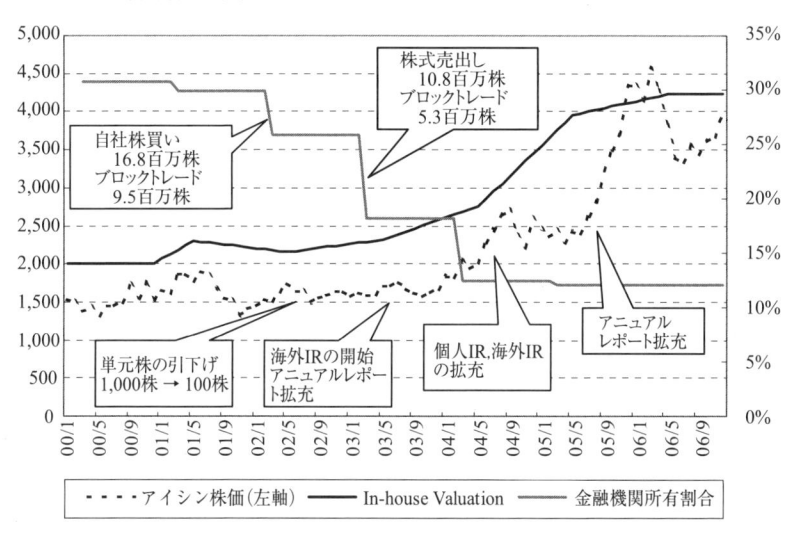

- - - - アイシン株価（左軸）　――― In-house Valuation　――― 金融機関所有割合

自社株買い
16.8百万株
ブロックトレード
9.5百万株

株式売出し
10.8百万株
ブロックトレード
5.3百万株

単元株の引下げ
1,000株 → 100株

海外IRの開始
アニュアルレポート拡充

個人IR、海外IR
の拡充

アニュアル
レポート拡充

（出所）有価証券報告書等を用いて筆者作成

図 3-22. アイシン精機株式とTOPIXの累積リターンの比較（1999年12月＝100）

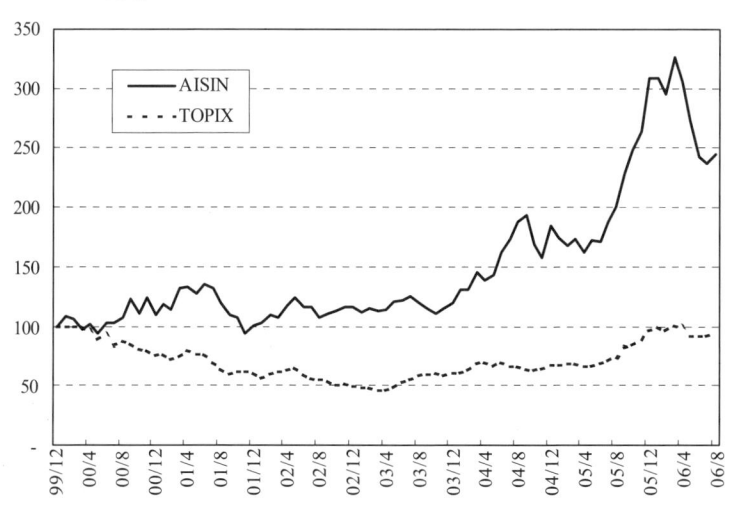

分かる．したがって，06年1月以降にアイシン精機の市場価値と企業価値の乖離縮小は，マーケット全体が上昇したことによるものではないと考えられ，一連の資本市場に対する財務マネジメントの効果が現れた可能性がある．

　また，1999年12月から2006年12月までの期間全体を見ると，若干のマイナスである市場全体に比較して，アイシン精機株式が非常に高いパフォーマンスをあげていることも分かる．2003年4月までに50％以上下落したTOPIXに対してアイシン精機の株価は概ねその価値を維持している．全期間の累積リターンはTOPIXがマイナス5.09％であるのに対して，アイシン精機の株価リターンはプラス145.01％である．この間の業績は132％の増加（2000年3月期営業利益508億円→2007年3月期 会社公表営業利益予測1,180億円）であるため，資本市場に対する財務マネジメントには一定の効果が認められたと言ってもよいのではないだろうか．アイシン精機が実施した一連の財務マネジメントによって，企業価値と市場価値の乖離は相当程度縮小されたと言えよう．

　以上，本節ではケーススタディとして，インハウス・バリュエーション分析から得られるインプリケーションをもとに講じられたアイシン精機の財務マネジメントを取り上げた．特に企業価値と市場価値の乖離を縮小させることに主眼を置いたアイシン精機の意思決定プロセスでどのような議論・検討がなされたのかという実務上の観察に焦点を当てて，組織内での方針の決定や優先順位付け，あるいは様々な不完全市場要因に対する洞察，分析と検討，各施策のコンフリクトや制約として何を認識していたかをVBMのコンテクストで考察しながら，価値創造の財務マネジメントのあり方を考察した．それでは次章で，VBMの新たな展開領域である企業間にわたる財務マネジメントについて考察しよう．

第4章

企業間にわたる財務マネジメント

　前章では資本市場に対する財務マネジメントについて考察し，適切な財務マネジメントによって企業価値と市場価値の乖離を緩和できること，ひいては，本源的価値を高められることを明らかにした．そうした財務マネジメントを適切に行った結果として証券市場で高い評価（高い株価と高い信用力）を獲得できれば，その企業がひとたび資金を必要とした場合には資本市場は寛容な姿勢を見せよう．自社の発行する証券に対して投資家が高い評価を与えれば，それは企業にとっての資金調達力の向上とともに単位当たりの資本コストを低下させることになる．すなわち第1章で指摘した「資本市場での高い競争力」の実現であり，投資家の高い評価の獲得とは，企業の発行する証券価値（バリュエーション）の上方修正を意味する．そして国境を越えた合従連衡が頻発するグローバルコンペティションの中では，より高い株価，大きな時価総額は，強い買収通貨としてM&Aをはじめとした企業間連携に有利に働き，「財・サービス市場での競争力」をますます高めよう．たとえばBRICsと呼ばれるマーケットに参入する場合などには，自社独力でゼロから事業基盤を築くには時間もコストもかかる上にリスクも高いため，M&Aをはじめとしたアライアンス戦略がとくに有力な選択肢となる．そのような新興市場で事業を行なうには，当局との関係や法律，商慣習などに明るい現地法人の無形資産の利用がリスク・マネジメントの面でも有効であるからである．

　さて，M&Aをはじめとしたアライアンス戦略を実行し自社の競争力を向上

させるためには，他社の価値を測定することが不可欠である．そこで本章では，第2章で考察したバリュエーション手法を応用する形で，他社の企業（事業）価値の測定とそれに関連する企業間にわたる財務マネジメントについて考察する．M&Aや資本提携などは当事者同士の交渉が行なわれる相対取引となるケースが多い．あるいはTOBなど証券市場を通じた取引が行なわれることもあるが，そこでの取引価格は証券市場で形成されている価格とは異なることが通常である．なぜならば，アライアンスとは一方もしくは両者の保有する有形・無形資産の利用を規模や範囲の経済性あるいはシナジーによって拡大・修正することを目的とした取引であり，それを積極的に最大限引き出そうとする経済主体が考える価値は，従来の資産の利用方法による価値とは明らかに異なるからである．その意味で企業財務の機能として他社の経営資源に対して行なうバリュエーションが，自社の企業価値創造において重要な役割を担うこととなるわけである．本章では，アライアンス戦略において緩やかな企業間連携の形態であるライセンシングと，もっとも強固な形態であるM&Aの事例を取り上げて，それぞれにおける価値創造のバリュエーション手法を提唱し，企業間にわたる財務マネジメントの有効性とそのあり方を考察する．

第1節　ライセンス契約におけるロイヤリティ・レート[139]

他社の経営資源の利用対価として支払いロイヤリティが発生するようなライセンシングやフランチャイズなどの取引を検討する場合には，見えざる資産 (intangible asset)[140] —— ノウハウや技術などの知的財産 —— のバリュエーションを行なうことが，VBMにとっては不可欠である．

---

139) 本節は，拙稿報告論文「知的財産評価とロイヤリティ・レートの決定方法」『経営情報学会2002年度秋季全国研究発表大会予稿集：新産業創出の世紀 —— 産学官連携に向けて』およびOhnishi and Mitsuta (2007) に加筆修正したものである．
140) 見えざる資産は，会計実務上「無形資産」としてとらえられ，IAS第38号では無形資産は「生産，財・サービスの供給，賃貸，あるいは管理目的で保有する，識別可能な，実体の無い非金銭的資産」と定義される．

そこで本節では，特許技術のライセンス事例をもとにバリュエーション手法を検討したうえで，ライセンス契約におけるバリューベイストなロイヤリティ・レート（実施料率）の算定手法を明らかにする．ライセンシングは，情報が偏在する特許などが対象となるため，元来的にその契約は不完全，不完備なものとならざるをえない．ライセンス契約の実務では，そのような状況に適合できるように，様々なオプション条項を挿入することが行なわれるが，そうした条項の経済的価値を把握できなければ，適切なロイヤリティ・レートの算定ができないことを説明し，その測定手段としてリアルオプションの適用可能性についても考察を加える．

以下，M社の製造工程に関する特許技術およびノウハウについて，パッケージとしてのライセンス・インを検討した事例をもとに，考察を進めていこう．

(1) 価値をベースにしたライセンス契約の考え方

ライセンス契約を図示すると，図4-1のように表される．

図4-1で示されるようなライセンス契約が成立する前提は，契約当事者間で経営資源に関しての何らかの補完関係が見込まれることである．契約当事者はそれぞれ，ライセンサー（知的財産などの技術供与する側），ライセンシー（供与される側）と呼ばれる．ライセンサーの所有する知的財産（本節で取り扱う事例では特許技術とノウハウのパッケージ）と，ライセンシーが所有する経営資源，すなわち製造能力や販路，顧客との関係，ブランド，資本力，熟練した労働力，あるいは政府との関係などとの組み合わせが生み出す価値が，ライセンサー単独で生み出すことのできる価値よりも大きいとき，ライセンス契約を行なう方が双方にとって魅力的となるだろう[141]．

さらにまた，経営資源に関しての補完関係が存在しシナジー効果がある前提に加え，当事者間でライセンス契約が成立するには，ロイヤリティについての

---

[141] ここではライセンサーが，保有する知的財産について，あくまで積極的かつ事前的に提携（アライアンス）関係を結ぼうと意識的に行動することを前提に論じているが，侵害があってから事後的にライセンス契約を結ぶような場合でも，同様に補完関係が存在すると解することができよう．

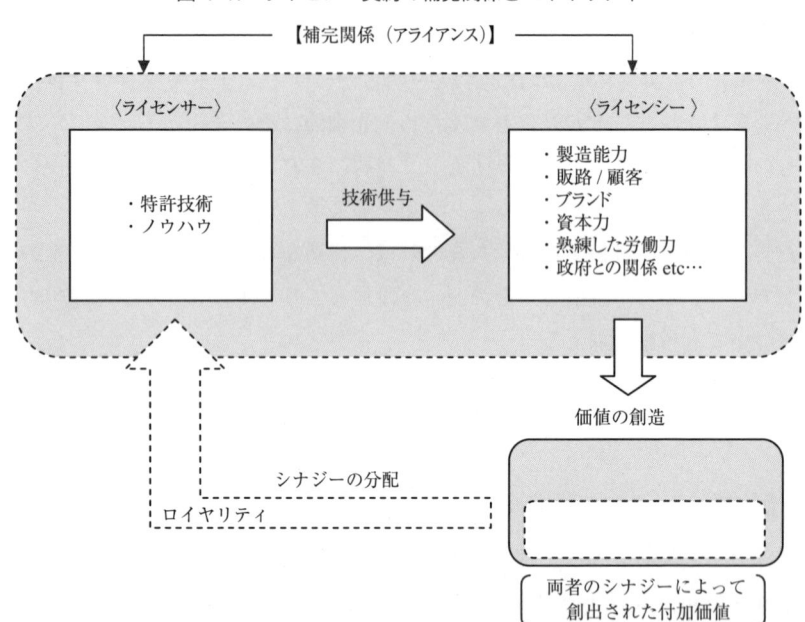

図 4-1. ライセンス契約の補完関係とロイヤリティ

【補完関係（アライアンス）】

〈ライセンサー〉
・特許技術
・ノウハウ

技術供与 →

〈ライセンシー〉
・製造能力
・販路／顧客
・ブランド
・資本力
・熟練した労働力
・政府との関係 etc…

価値の創造

両者のシナジーによって
創出された付加価値

シナジーの分配
ロイヤリティ

合意が必要である．ロイヤリティとはライセンシーが，ライセンサーから供与された知的財産に対して支払う対価ではあるが，両者のアライアンスによって創造される付加価値（シナジー）を貢献割合に応じて分配した金額でなければ合意は得られないと考えられる．

しかし両者のアライアンスによって創造されたシナジーの帰属については議論がある．たとえば Razgaitis (2002) はライセンスによって創造された価値（NPV: Net Present Value）の配分について，「NPV は売り手（ライセンサー）と買い手（ライセンシー）の間でその相対的貢献度に応じて配分されるべきである」という考え方を示す一方で，「RAHR (Risk Adjusted Hurdle Rate, 知財評価に用いるために機会費用としてリスクを反映した割引率) には買い手にとって適切なリターンが組み込まれているため，売り手が NPV の超過額を 100% 受け取るべ

きである」[142]という考え方も述べている．

　また，Smith and Parr（2000）も，「交渉の結果として知的財産（によってもたらされた）利益は，ライセンサーとライセンシーの両者の間で通常は分配される」[143]と，現実には分配されることが通常であることを認めながらも，「（ライセンシーが）知的財産の価値を増大させたわけでない場合には，ライセンサーは，理論上その知的財産から生み出されたいかなるキャッシュフローもライセンシーに留保させようとしないため，ロイヤリティはライセンシーの事業価値をもとの価値まで減少させる」[144]と述べている．これらの意見をどのように解釈すべきだろうか．

　たしかに特許技術を持つライセンサー側に対して，無数の潜在的なライセンシーが存在し，完全競争状態であるならば，ライセンシーに留保される超過利潤が残らない水準までロイヤリティ・レートは低下するであろう[145]．しかし現実には，ライセンサーからアクセスが可能な潜在的ライセンシーの数には限界がある．さらに，単独での事業化を断念しライセンスというアライアンス戦略を選択したならばそれは，先にも指摘したとおりラインセンシーの経営資源を活用した方が，特許がより効率的に収益を生み出すと判断したことに他ならない．第三者からの補完を受けるメリットがなければ，自社単独で事業化すればよいのである．

　このように合従連衡の手段としてライセンシングをとらえると，アライアンスによって創出された価値は，ライセンサーとライセンシーとの間で価値創出に対する貢献割合に応じて分配されるべきだと考えられる．そして，その推定された貢献割合を表すものがロイヤリティ・レート（実施料率）であり[146]，価

---

142) Razgaitis (2002) p. 238. (（　）内は筆者挿入)
143) Smith and Parr (2000) p. 380. (（　）内は筆者挿入)
144) Smith and Parr (2000) p. 380. (（　）内は筆者挿入)
145) 侵害された特許に対しては，保有者（ライセンサー）は侵害者（ライセンシー）の超過利潤（侵害によって増加した経済的利益）が残らない水準をロイヤリティとして請求・交渉することとなる．
146) ここでは，契約当初に支払うイニシャル・ロイヤリティなど（契約期間に渡って支払いが行なわれるランニング・ロイヤリティ以外の）他の支払い方法がないものと仮定し

表4-1. ロイヤリティ・レートの算定手順

> 1. 知的財産（シナジー）のバリュエーション
> 2. ライセンサー，ライセンシーの価値創出への貢献割合の推定
> 3. ロイヤリティ・レートの決定

値の分配手続きがロイヤリティの支払いと定義できる．したがって，ロイヤリティ・レートを決定するための作業は，(1) 知的財産（シナジー）のバリュエーション，(2) ライセンサー，ライセンシーの貢献割合の推定，(3) ロイヤリティ・レートの決定，という手順を踏むことになる（表4-1）．なお，本節で単に「ロイヤリティ（レート）」と表現した場合にはライセンシーが販売した実績に基づいて支払われる「ランニング・ロイヤリティ（レート）[147]」を指すものとする．

次項では知的財産（シナジー）のバリュエーション手法について考察し，次いで，M社の製造工程に関する特許技術およびノウハウをパッケージとしてライセンス・インを検討した事例をもとに，ライセンサー・ライセンシーの価値創出への貢献割合の推定，ロイヤリティ・レートの決定について具体的考察を進めていこう．

(2) 知的財産のバリュエーション手法

通常，企業がキャッシュフローを生み出すためには，その企業が保有する有形資産のみならず，特許技術，ノウハウ，ブランドなどの無形資産[148]が重要

　て論じている．
147) 継続ロイヤリティ，実績ロイヤリティなどとも呼ばれる．
148) Lev (2001, p. 5) によれば，無形資産 (intangibles) は会計学で用いられる用語であり，知識資産 (knowledge assets) は経済学で，知的資本 (intellectual capital) は経営学と法律で用いられるが，「将来の便益に対する実体の無い請求権」という意味で，本質的には同じことを意味する．また，渡邊 (2002) は，知的財産 (intellectual property) を特許権，著作権など最も狭い概念，知的資産 (intellectual assets) をブランド，ノウハウ，組織文化を含む概念とし，無形資産を借地権などを含む最も広い概念として取り扱っている．このように，それら定義には必ずしも決まったものは存在せず，本節においては，有形資産の対義として「無形資産」という用語を用いることとし，それ以外には「知的財産」と呼ぶこと

図 4-2. 企業価値における有形資産と無形資産の割合

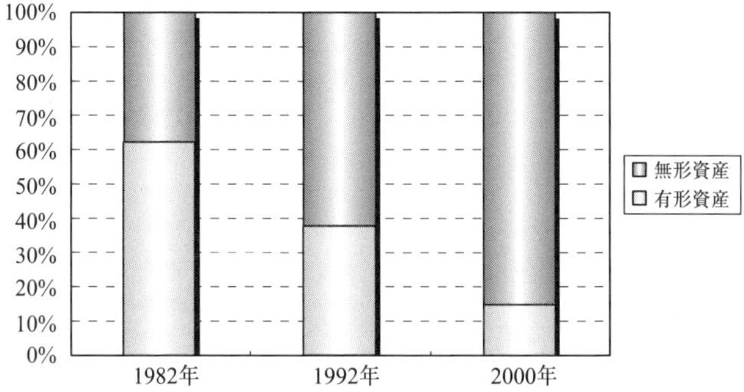

(出所) Ulrich and Smallwood (2003, 邦訳書 32 頁) をもとに筆者作成

な役割を果たす．したがって，第 2 章で検討した DCF 法をはじめとしたバリュエーション手法によって算出された評価額には，当然これら無形資産の価値が含まれている．近年，企業価値に占める有形資産と無形資産の割合は大きく変化 (図 4-2)[149] しており，無形資産の重要性が高まっていると言われる．Lev (2001) はその理由について，取引のグローバル化と規制緩和による企業間競争の高まりと情報技術 (IT) の出現によって，有形資産の集約が持続的な競争優位と成長をもたらさなくなったためと説明している[150]．有形資産の集約が競争優位の源泉となりにくくなってきたのは，資本市場のグローバル化や規制緩和によって，企業の資金調達における規模の制約が小さくなりつつあることも理由の 1 つであろう．

さて，このように重要性がますます大きくなってきている知的財産の価値を，企業 (事業) 価値全体から分離して個別に評価する手法は，コスト・アプローチ，マーケット・アプローチ，インカム・アプローチに大別される．企業の株主価値 (株価) の評価との連関で説明すると，コスト・アプローチは純資

とする．
[149] 企業価値に占める無形資産の割合については Sullivan (2000) もほぼ同様に，1978 年の 20% から 1998 年には 70% まで上昇したと述べている．
[150] Lev (2001) pp. 8-12.

産法，マーケット・アプローチは類似会社批准法，インカム・アプローチは収益還元法と言えよう．

コスト・アプローチは知的財産の取得に要したコストで評価する手法であり，外部から購入した資産であれば対価として支払った金額，自社開発した資産であれば開発に要した金額を当該知的財産の価値とする方法である．この考え方は客観的であり検証可能性という点で優れるが，いわゆる生産者論理に基づいており，当該知的財産がもたらす将来収益やリスクについて考慮されないため，利用価値を表さないことが多いのが欠点である．ただし，買い手が当該知的財産と同様のものを自社開発するのか，それとも外部購入するのかを比較したい場合には有用であろう．

マーケット・アプローチは，市場で取引されている同様の知的財産取引を基準に評価する手法である．この考え方は，客観性という点で優れるものの，実際には活発な取引市場（active market）が存在しないことが多い．したがって，その取引条件を含めて同様な資産の取引事例を見つけ出すことは通常困難である場合が多いし，特に特許技術やブランドなどはそれ自体が差別化された個性的な資産であるため，そもそもマーケット・アプローチによる評価は適さないことが多い．

インカム・アプローチは，知的財産が生み出す将来収益をDCF法などで評価する手法である．この考え方は，不確実な将来の予測と割引率の設定作業が必要であり客観性という点では問題があるが，当該知的財産の利用価値を表す手法で最も論理的であり，その点で他のアプローチと比較して優れている．

なお，インカム・アプローチにも複数の手法があり，利益分割（profit split）アプローチ，残余利益（residual income）アプローチ，増加収益（incremental income）アプローチなどが存在する．利益分割アプローチは特許技術の評価で用いられる典型的な「25％ルール」がそれにあたる．残余利益アプローチは資産全体が生み出す収益から，評価対象の知的財産以外の資産に帰属する収益を控除するというEVAに類似した手法である．増加収益アプローチは，知的財産を保有した場合の収益から保有していない場合の収益を差し引くことで，最も直接的に知的財産の価値を求める手法である．販売価格や市場シェア，製造

コストなどが，当該知的財産の利用によっていくらの改善（差）がなされるかという観点から，差分分析法（differential analysis method）とも呼ばれる[151]．

以上，知的財産の評価手法を概観したが，概に検討したように，ライセンシングを相互補完による価値創造の手段としてとらえると，必ずしも知的財産の移転（売買）を前提とした（所有）価値を求める必要はない．すなわち，緩やかなアライアンスによる経営資源の利用であるライセンシングを前提とした場合には，できる限り「利用」価値の算出・分析の可能なインカム・アプローチを用いることが評価手法として望ましいと言えよう．それでは以下で，事例をもとにインカム・アプローチを用いて特許技術の評価を行ない，適切なロイヤリティ・レートの算定について考察しよう．

(3) 増加収益アプローチによる特許技術のバリュエーション

当事例は，部品製造のための工法（ノウハウ技術と特許のパッケージ）を実際にM社からアイシン精機がライセンス導入したものである．生産台数（/年）は初年度の約21万台から3年後には77万台まで増加しそれ以降は安定推移する．契約期間は10年，工法の導入であり原価低減効果として1個当たり@179円を期待できるが，生産開始前には試作などの試験研究費が発生，開始後は生産数量に応じて設備および型への追加投資が必要となる．

ライセンス導入事例の概要を表4-2に，技術導入した場合のキャッシュフローおよび評価結果を表4-3に示す．

まず，知的財産そのもののバリュエーションを行なうために，ライセンサーへのロイヤリティの支払いについては，いったんゼロとしている．また，割引率については，リスクフリーレートに対して上乗せするリスクプレミアムを企業全体の評価に用いる市場リスクプレミアム（一般に5～6%）よりもやや低め（3%）に設定してある．これは，確立した技術を導入したために，当該特許技術（以下，特許とする）によって生み出される将来キャッシュフローのリスク，

[151) 知的財産によって，売価が高くなるのか，あるいは原価が低くなるのか等を区別して論じる場合もあるが，結果として「増加する収益（incremental income）」として知的財産の価値をとらえることとしては同じなので，本書ではこれらを区別しない．

170　第4章　企業間にわたる財務マネジメント

表4-2.　事例の概要

事例	:	自動車部品製造のための工法の導入
ライセンサー	:	M社
導入対象	:	工法のノウハウ技術と特許
生産台数	:	3年後以降 約77万台で推移
契約期間	:	10年
導入効果	:	原価低減見込み　179円/個

表4-3.　技術導入した場合のキャッシュフロー増加額および特許の価値

M社技術導入　　　　　　　　　　　　　　　　　　　　　　　　　　　　　　　　千円

	生産台数		208,174	616,008	770,011	773,880	773,880	773,880	773,880	773,880	773,880	
	年度	2001	2002	2003	2004	2005	2006	2007	2008	2009	2010	2011	Royalty Rate
増加支出	ランニング・ロイヤリティ	0	0	0	0	0	0	0	0	0	0	0	0.000%
	試験研究費	−20,000	−10,000	−5,000	0	0	0	0	0	0	0	0	
	増加設備投資	−30,900	0	−30,900	−30,900	0	0	0	0	0	0	0	
	型	−34,600	0	−69,200	−34,600	−34,600	−69,200	−34,600	−69,200	−34,600	−69,200	−34,600	
	計	−85,500	−10,000	−105,100	−65,500	−34,600	−69,200	−34,600	−69,200	−34,600	−69,200	−34,600	
増加収益	増加収益	0	37,282	110,321	137,901	138,594	138,594	138,594	138,594	138,594	138,594	138,594	
	計	0	37,282	110,321	137,901	138,594	138,594	138,594	138,594	138,594	138,594	138,594	
	効果額 (Net CF)	−85,500	27,282	5,221	72,401	103,994	69,394	103,994	69,394	103,994	69,394	103,994	

割引率	4.50%	←	Rf	1.50%	+	RPM	3.00%				
Discount factor		0.957	0.916	0.876	0.839	0.802	0.768	0.735	0.703	0.673	0.644	0.616
PV of net CF（M社提携）		−81,818	24,983	4,575	60,713	83,450	53,287	76,418	48,797	69,978	44,685	64,081
449,149												

すなわち技術効果の発現に対するリスクが小さいと判断したことによる．もしも導入技術を自社で利用するにあたって追加的な研究開発を要するなどの場合には，相対的にリスクは増加することになる．キャッシュフローの予測期間は契約期間と同じ（生産開始から）10年としている[152]．

　この結果，M社から技術導入を受けた場合の増加キャッシュフローの現在価値として，特許の価値は449百万円と評価された．なお理論的には本来，M社からライセンス契約による特許技術を導入する以外にも，他からの導入あるいは自社開発した場合などとの代替案との比較が必要であり，その場合のバリュエーションの考え方を図4-3に示しておく．つまり代替案の価値との差によって，導入特許固有の価値が評価されるのである[153]．ここでは，代替案

---

152) もちろん契約が終了した後も，工法に優位性が維持されると判断できれば，10年以上の予測期間で評価することも考えられる．
153) この場合の代替案は，M社からの導入特許技術と排他的である必要がある．

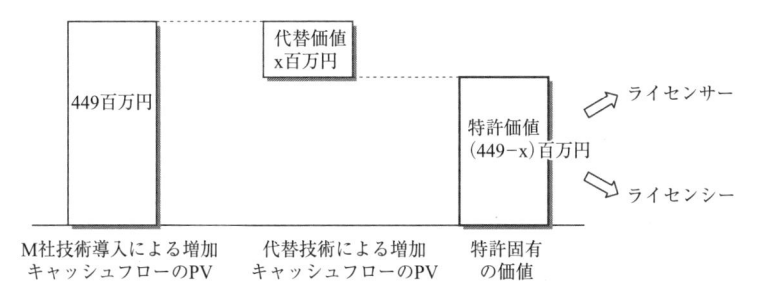

図 4-3. 代替案を考慮した特許の価値

として自社開発を検討したが，自社による技術開発および合理化は継続的に行なっており，原価を飛躍的に低減するほどの革新的な技術を発明するには相当の投資が必要であり，自社開発の技術はプラスの価値を持たなかったことから，特許価値が 449 百万円と評価された．

そして次に，両者の貢献割合に応じてロイヤリティ・レート（実施料率）を決定して，その価値をライセンサーとライセンシーで分配することとなる．

(4) ロイヤリティによる価値の分配

次に，ライセンサーとライセンシーとの間の価値の分配について考察する．表 4-3 ではロイヤリティ・レートをゼロとして特許の価値計算を行なったが，スプレッドシートにランニング・ロイヤリティ・レート（以下，ランニング・ロイヤリティ・レートを単純に「ロイヤリティ・レート」と記す）を入力するとライセンシーの手元に残る価値が算出されるようになっており，それを 8.64% まで引き上げると NPV がゼロとなり，ライセンシーには価値が残らなくなる（ライセンサーに全ての価値が配分される）ことが分かった．表 4-4 にこれを示す．なおここでのロイヤリティ・レートは売価に対するパーセントで表しており，売価は 1,000 円/個である．

算出された 449 百万円の特許価値に対する，ライセンサーとライセンシーの貢献割合の推定は，実際は容易でないが，ライセンス実務者でも広く認識されている 25% ルールは，その認知度の高さゆえ，実務における検討のスタートになることが多い．仮に創出される価値に対するライセンサーの貢献割合を

表4-4. ライセンシーのNPVがゼロとなるロイヤリティ・レート

M社技術導入　　　　　　　　　　　　　　　　　　　　　　　　　　　　　　　　　　千円

	生産台数		208,174	616,008	770,011	773,880	773,880	773,880	773,880	773,880	773,880	
	年度	2001	2002	2003	2004	2005	2006	2007	2008	2009	2010	2011	Royalty Rate
増加支出	ランニング・ロイヤリティ	0	−17,980	−53,206	−66,507	−66,841	−66,841	−66,841	−66,841	−66,841	−66,841	−66,841	8.64%
	試験研究費	−20,000	−10,000	−5,000	0	0	0	0	0	0	0	0	
	増加設備投資	−30,900	0	−30,900	−30,900	0	0	0	0	0	0	0	
	税	−34,600	0	−34,600	−34,600	−69,200	−34,600	−69,200	−34,600	−69,200	−34,600	−34,600	
	計	−85,500	−27,980	−158,306	−132,007	−101,441	−136,041	−101,441	−136,041	−101,441	−136,041	−101,441	
増加収益	増加収益	0	37,282	110,321	137,901	138,594	138,594	138,594	138,594	138,594	138,594	138,594	
	計	0	37,282	110,321	137,901	138,594	138,594	138,594	138,594	138,594	138,594	138,594	
	効果額 (Net CF)	−85,500	9,301	−47,985	5,894	37,153	2,553	37,153	2,553	37,153	2,553	37,153	
	割引率	4.50%	←		Rf	1.50%	+	RPM	3.00%				
	Discount factor	0.957	0.916	0.876	0.839	0.802	0.768	0.735	0.703	0.673	0.644	0.616	
	PV of net CF (M社提携) =0	−81,818	8,518	−42,049	4,942	29,813	1,960	27,301	1,795	25,000	1,644	22,893	

表4-5. 25%ルールを適用した場合のロイヤリティ・レート

M社技術導入　　　　　　　　　　　　　　　　　　　　　　　　　　　　　　　　　　千円

	生産台数		208,174	616,008	770,011	773,880	773,880	773,880	773,880	773,880	773,880	
	年度	2001	2002	2003	2004	2005	2006	2007	2008	2009	2010	2011	Royalty Rate
増加支出	ランニング・ロイヤリティ	0	−4,495	−13,301	−16,627	−16,710	−16,710	−16,710	−16,710	−16,710	−16,710	−16,710	2.16%
	試験研究費	−20,000	−10,000	−5,000	0	0	0	0	0	0	0	0	
	増加設備投資	−30,900	0	−30,900	−30,900	0	0	0	0	0	0	0	
	税	−34,600	0	−69,200	−34,600	−34,600	−69,200	−34,600	−69,200	−34,600	−69,200	−34,600	
	計	−85,500	−14,495	−118,401	−82,127	−51,310	−85,910	−51,310	−85,910	−51,310	−85,910	−51,310	
増加収益	増加収益	0	37,282	110,321	137,901	138,594	138,594	138,594	138,594	138,594	138,594	138,594	
	計	0	37,282	110,321	137,901	138,594	138,594	138,594	138,594	138,594	138,594	138,594	
	効果額 (Net CF)	−85,500	22,787	−8,080	55,774	87,284	52,684	87,284	52,684	87,284	52,684	87,284	
	割引率	4.50%	←		Rf	1.50%	+	RPM	3.00%				
	Discount factor	0.957	0.916	0.876	0.839	0.802	0.768	0.735	0.703	0.673	0.644	0.616	
	PV of net CF (M社提携) 336,862	−81,818	20,867	−7,081	46,770	70,041	40,456	64,139	37,046	58,734	33,925	53,784	

25%とすると，ライセンシーに配分される価値は337百万円（=449百万円×(1−25%)）となる．したがって，ライセンシーへ帰属する価値は337百万円であり，ロイヤリティ・レートは2.16%と算定される．この場合のスプレッドシートを表4-5に示す．

なお，25%ルールの背後にある考え方は，ライセンサーとライセンシーの貢献割合の推定結果と解釈することができる．赤尾・鈴木（2005）は，25%の根拠を「特許権」，「営業力」，「資金力」，「技術の実現化」の4つの要素から等

しく収益が生み出されるとの仮定を 25% ルールの根拠だと指摘している[154]. ライセンスの実務で広く用いられる 25% ルール（もしくは 3 分法）の含意は，ライセンシーの貢献の方がライセンサーの貢献よりも大きいことを平均的，経験的に実務家が認めているということであろう．ただし，特許の権利的強さや残存年数，潜在市場の大きさなどによって貢献割合はもちろん変わり得る．

(5) バリューベイストなロイヤリティ・レートの設定（情報の非対称性とロイヤリティ）

ここまでに，将来収益の予測ならびに割引率を設定して特許の価値を評価し，価値の貢献割合に応じたロイヤリティ・レートの設定を行ない，ライセンサーおよびライセンシーに帰属する価値の評価[155]を行なった．しかし，ロイヤリティ・レートの設定だけが目的ならば，個当たりの増加収益と貢献割合さえ分かればよい．必ずしもバリュエーションを行なわなくともロイヤリティ・レートの検討は可能なのである[156]．それでは以下で，ライセンス契約において知的財産のバリュエーションを行なうことが，いかに「バリューベイスト」な意思決定を可能にするかを，①ライセンスの対価の支払い方法として，予め全額あるいは一部を契約時点で支払う「イニシャル・ロイヤリティ[157]」を考慮した

---

154) 赤尾・鈴木 (2005, 86 頁) は，25% ルールと同様に用いられる「3 分法」は，「技術の実現化」を除く 3 つの要素だとも述べている．もちろん，収益の源泉としてのこれら要素は絶対的ではなく，この他にもブランドあるいは企業文化など組織力，経験などといった無形資産の貢献も考えられよう．また，先の 4 つの要素は表現を換えれば，「特許権」，「技術の実現化」はノウハウや図面といった技術的要素に，「営業力」は顧客リストやロイヤリティといった顧客資産，「資金力」は生産設備などの実物資産などといったように再定義することも可能である．
155) 「バリュエーション」という表現は知的財産そのものを価値評価する（した）ときに用い，ライセンサーおよびライセンシーに帰属するそれぞれの価値について言及するときには用いないこととする．
156) これは直感的である．厳密には収益とキャッシュフローの発生タイミングが異なることから，たとえば「利益（発生主義）」の 50% の支払いと，キャッシュフロー（現金主義）の 50% を割引現在価値にしたものは等しくならない．
157) 頭金 (down payment) あるいは，一括払い (Lump sum) 方式ライセンス，前払い (upfront) ライセンスなどとも呼ばれる．

場合と，②ライセンス条項の「権利」の価値を認識したとき，の2つのケースを想定して考察する．

（ⅰ）イニシャル・ロイヤリティとランニング・ロイヤリティ

　ライセンシングの契約締結に先立って通常，両者は話し合いと交渉を行なうが，情報の非対称性が完全に解決されることはない．ライセンサーから見れば，ライセンシーが既に保有する経営資源を利用することによって実現する増収幅については完全な情報を持ち得ない．一方，ライセンシーから見れば，特許それ自体の情報が当然不足している．もちろん情報の偏在は双方について見られることであるが，ここでは，ライセンシーの方に情報の偏りが大きな場合を想定しよう．この状況で将来予測を行なうとき，ライセンサーは情報を持たない分だけライセンシーよりもリスクを大きく感じれば，割引率を増加させることになる[158]．ライセンシーが評価に用いるリスクプレミアム3%に対して，ライセンサーが8.0%を用いると，特許価値は449百万円から306百万円まで低下する．また，特許の収益への貢献割合については，ライセンサーが3分法を，ライセンシーが25%ルールを主張したとしよう．そのときのランニング・ロイヤリティ・レートは，ライセンサーの算定する2.66%に対して，ライセンシーの評価は2.16%となり，0.50%の差が発生することになってしまう（表4-6）．

　このような状況では交渉が難航することが予想されるが，ロイヤリティをあくまで「価値の分配手続き」あるいは「分配手段」と捉えると，イニシャル・ロイヤリティを効果的に用いることで価値創造のライセンス契約の成立可能性を高めることを以下で示そう．

　表4-7で両者の算定するロイヤリティ・レートと，両者の価値を比較すると，その関係が逆転しているのが分かる．ライセンシーとの比較において，ライセ

158）割引率を引き上げれば特許価値は減少することになる．もちろん，特許価値自体の大きさの議論であれば，ライセンサーの立場としては大きく評価したいという誘引を持つ．しかしここでは，ライセンサーが代替案（他の第三者へのライセンシングや自社による事業化）を検討するなど，純粋に経済性評価を行なうことを目的としていることを前提としている．

表 4-6. ライセンサーとライセンシーの評価の違い

	ライセンサー	ライセンシー
リスクプレミアム	8.0%	3.0%
特許価値	306 百万円	449 百万円
特許の収益への寄与率	33.3%	25.0%
ライセンサーへの帰属価値	102 百万円	112 百万円
上記貢献割合のときの ランニング・ロイヤリティ・レート	2.66%	2.16%

表 4-7. ライセンサーの評価額 102 百万円でのイニシャル・ロイヤリティ支払い

ライセンシーへのCF　　　　　　　　　　　　　　　　　　　　　　　　　千円

		0	1	2	3	4	5	6	7	8	9	10	11	
	生産台数			208,174	616,008	770,011	773,880	773,880	773,880	773,880	773,880	773,880	773,880	
	年度	2000	2001	2002	2003	2004	2005	2006	2007	2008	2009	2010	2011	Royalty Rate
増加支出	イニシャル・ロイヤリティ	-102,088	0	0	0	0	0	0	0	0	0	0	0	0.00%
	ランニング・ロイヤリティ		0	0	0	0	0	0	0	0	0	0	0	
	試験研究費		-20,000	-10,000	-5,000	0	0	0	0	0	0	0	0	
	増加設備投資		-30,900	0	-30,900	-30,900	0	0	0	0	0	0	0	
	型		-34,600	0	-69,200	-34,600	-34,600	-69,200	-34,600	-69,200	-34,600	-69,200	-34,600	
	計	-102,088	-85,500	-10,000	-105,100	-65,500	-34,600	-69,200	-34,600	-69,200	-34,600	-69,200	-34,600	
増加収益	増加収益	0	0	37,282	110,321	137,901	138,594	138,594	138,594	138,594	138,594	138,594	138,594	
	計	0	0	37,282	110,321	137,901	138,594	138,594	138,594	138,594	138,594	138,594	138,594	
	効果額 (Net CF)	-102,088	-85,500	27,282	5,221	72,401	103,994	69,394	103,994	69,394	103,994	69,394	103,994	

ライセンシーの用いる割引率													
割引率		4.50%	←	Rf	1.50%	+	RPM	3.00%					
Discount factor	1.000	0.957	0.916	0.876	0.839	0.802	0.768	0.735	0.703	0.673	0.644	0.616	
ライセンシーへの帰属価値	-102,088	-81,818	24,983	4,575	60,713	83,450	53,287	76,418	48,797	69,978	44,685	64,081	
347,061	77.27%												

ライセンサーへのCF

年度	2000	2001	2002	2003	2004	2005	2006	2007	2008	2009	2010	2011
ロイヤリティ	102,088	0	0	0	0	0	0	0	0	0	0	0

ライセンサーの用いる割引率												
割引率		4.50%	←	Rf	1.50%	+	RPM	3.00%				
Discount factor	1.000	0.957	0.916	0.876	0.839	0.802	0.768	0.735	0.703	0.673	0.644	0.616
ライセンサーへの帰属価値	102,088	0	0	0	0	0	0	0	0	0	0	0
102,088	22.73%											

ンサーにとっての将来収益はその実現性に関する情報の偏在から相対的に高い割引率が用いられるため,ロイヤリティ・レートが高いにもかかわらず,その(現在)価値が小さくなるのである.ならば,認識する現在価値が異なってしまう将来での受け渡し(ランニング・ロイヤリティ)にするのではなく,認識する価値が一致する現在で即座に受け渡し(イニシャル・ロイヤリティ)を行なえばよい.当ケースの場合,イニシャル・ロイヤリティによって支払いを行ないさえすれば,102 から 112 百万円で両者の合意が可能となるはずである.ライ

センサーの評価額 102 百万円で合意できれば，ライセンシーが評価するライセンサーへの帰属価値（112 百万円）未満の負担で済ませられるため，ライセンシーが評価する特許の収益への寄与率は 22.7% となる（表4-7）．このように，情報の非対称性に起因して両者のリスク認識に差が生じた場合には，イニシャル・ロイヤリティとランニング・ロイヤリティという支払い方法の選択により，価値創造の機会を的確に捉えることが可能となるのである．

(ⅱ) ライセンス契約に内包するリアルオプション価値

次にライセンス契約の条項におけるリアルオプション価値について検討する．リアルオプションとは，不確実性の存在する経営環境下で，経営の持つ選択権（オプション）のことをいう．金融オプション（Financial Option）に対して金融以外の実物資産（Real Asset）に対するオプションであることからリアルオプションと呼ばれる．ビジネスとは元来，不断の意思決定の連続でありダイナミック（dynamic）なものである．そうした観点から見たDCF法の最大の弱点として，そのスタティック（static）な前提を古くから指摘されてきた．スタティックなDCF法による評価では，意思決定は投資するか否か（ここではライセンス契約を締結するか否か）の判断を現時点でただ一度だけしか行なえないという前提を暗黙に置いている．つまり，投資意思決定を済ませた後は，何もせず指をくわえて事業の成り行きを静観することが想定されているのである．しかし現実には，投資後に直面する様々な環境変化に応じて，不確実性への対処は不断に行なわれる．走りながら考え行動することは通常一般的に行なわれ，リアルオプションとは，将来走りながら意思決定すればよいと考えられる経営の柔軟性を測定する手法であり，近年，DCF法の弱点を補うものとして注目を集めている．

もとよりライセンスの導入契約とは，知的財産を利用する「権利」を購入するものであり，利用すること自体は義務ではない[159]．すなわち，ロイヤリティ

---

159) もちろん，実施する前提で許諾を受けるため，オプション理論でいうディープインザマネー（deep in the money）であることが通常である．しかし，Razgaitis (1999, 邦訳書 300 頁) が指摘するように，ライセンシーが事業化（実施）を意図せず技術を塩漬けにす

の支払いに見合う以上の経済的便益を受けられる場合にのみ，その支払いを継続すればよい．ライセンシーは，代替技術を調達できる状況になれば，いつでも当該技術の使用を取り止めるオプションを保有していると考えられる（ただし，イニシャル・ロイヤリティを放棄する，あるいは契約上，違約金やミニマム・ロイヤリティの支払いが課せられるかもしれない）．

リアルオプションとしては，上述した契約のキャンセル・オプションだけでなく，サブライセンスするオプションなども考えられる．そのように考えると，ライセンス契約はまさにリアルオプションの宝庫のようなものである．

(ⅱ)-1　リアルオプション価値の分析

表4-6で示すように，両者の考えるランニング・ロイヤリティ・レートはライセンサーが2.66%，ライセンシーは2.16%で隔たりが0.5%ある．このような状況で両者が合意に達するためにライセンス契約に1つの条項を挿入すると，当該条項がいくらの価値を持ち，その結果，合意できるロイヤリティ・レートがどのように変化するかを考察してみよう．ここでは，技術導入契約の際に，「導入技術を使用した（特定の）海外生産分については，追加イニシャル・ロイヤリティ50百万円のみの支払いでよい」という条項（本節では以下「拡張オプション」と呼ぶ）を挿入した場合を想定する．

海外生産は権利（オプション）であり義務ではない．将来の状況，環境変化によってはライセンシーが海外生産においても当技術を導入する可能性は十分にあるものの，現時点においては海外の売上成長は0%，海外での原価低減効果は141.29円（/個）と見込まれ，DCF法で評価を行なうとNPVは▲21百万円となり，現環境下においては海外生産のための投資を回収できる見込みはない（表4-8）．

しかし，ここで注意を要するのは，表4-8で算定された投資価値▲21百万円は，現時点で，海外生産における技術導入を「3年後に必ず実施する」場合の評価だという点である．実はこの投資の意思決定は3年内に行なえばよいと

るだけの目的で契約を締結することも考えられ，イニシャル・ロイヤリティには，それを防ぐための意味合いもある．

表4-8. 現環境下におけるDCF法による海外生産の価値

千円

			2004	2005	2006	2007	2008	2009	2010	2011	2012	2013	2014
	生産台数			180,000	180,000	180,000	180,000	180,000	180,000	180,000	180,000	180,000	180,000
	年度												
増加支出	イニシャル・ロイヤリティ		−50,000	0	0	0	0	0	0	0	0	0	0
	ロイヤリティ		0	0	0	0	0	0	0	0	0	0	0
	試験研究費		−10,000	−5,000	−2,500	0	0	0	0	0	0	0	0
	増加設備投資		−10,300	0	−10,300	−10,300	0	0	0	0	0	0	0
	型		−11,533	0	−23,067	−11,533	−11,533	−23,067	−11,533	−23,067	−11,533	−23,067	−11,533
	増加支出		−81,833	−5,000	−35,867	−21,833	−11,533	−23,067	−11,533	−23,067	−11,533	−23,067	−11,533
増加CF	増加収益		0	25,432	25,432	25,432	25,432	25,432	25,432	25,432	25,432	25,432	25,432
	増加cash flow		0	25,432	25,432	25,432	25,432	25,432	25,432	25,432	25,432	25,432	25,432
	効果額 (Net CF)		−81,833	20,432	−10,434	3,599	13,899	2,366	13,899	2,366	13,899	2,366	13,899

割引率		4.50%	←	Rf	1.50%	+	RPM	3.00%				
Discount factor		0.957	0.916	0.876	0.839	0.802	0.768	0.735	0.703	0.673	0.644	0.616
PV of net CF		−78,309	18,710	−9,144	3,018	11,153	1,816	10,213	1,663	9,353	1,523	8,564
(option) −20,502												

　いう柔軟性（リアルオプション）を持っており，海外で技術導入することは決して義務ではなく，導入しないという選択肢も存在する．したがって，海外生産がマイナスの期待値を持つときには投資は行なわれないため，海外生産の投資価値NPVは「NPV=MAX (0, 評価価値)」となる．そのため，この契約条項の現時点における価値は，（将来，投資を行なった場合のNPVの期待値）×（投資を行なう確率）であり，これがすなわちリアルオプション価値となる．

　海外生産の事業における主要なリスク変数を，生産量の成長率および原価低減効果と判断し，図4-4のような分布とパラメータを与えた．たとえば原価低減効果を141円（/個）とすると，成長率が2.52％以上でNPVが正となる．あるいは成長率が0％であっても，原価低減効果が157円以上ならばやはりNPVが正となる．このように，投資先国の経済情勢が変化して一定以上の売上成長が期待できる，もしくは，原価低減効果が一定以上見込める状況になれば，すなわち成長率と原価低減効果の2変数の組合せいかんによっては，この投資のNPVはプラスとなり価値を創出する可能性を持つ[160]．この拡張オプションの価値をモンテカルロ・シミュレーションを用いて評価した結果が，図4-5および表4-9である．図4-5は海外生産がマイナスの価値を持つ場合も含

---

[160] 海外の経済情勢と技術要因である原価低減効果は独立的であるため2変数間の相関はゼロとしている．

図 4-4. モンテカルロ・シミュレーションの分布

変　数	分　布	分布のパラメータ
生産量期待成長率	正規分布	標準偏差 8.0%
原価低減効果（円/個）	三角分布	最小 0, 尤度 141.29, 最大 211.94

生産量期待成長率

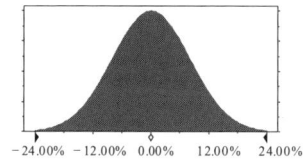

原価低減効果

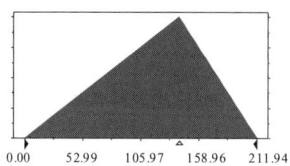

図 4-5. 海外生産の投資価値（NPV マイナスの価値をグレー表示）

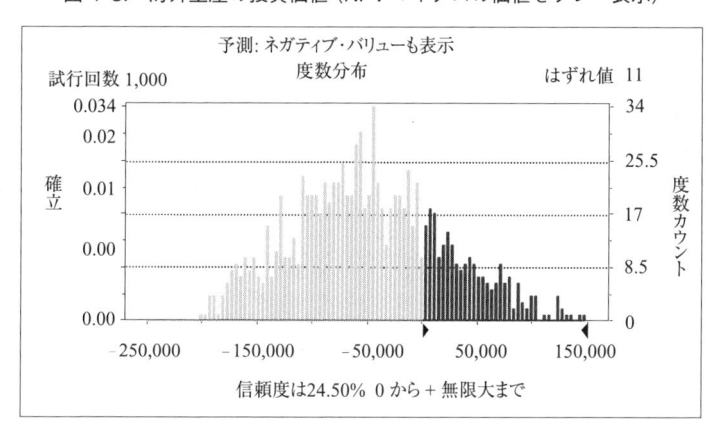

統計量		パーセンタイル	
試行回数	1,000	0%	−200,335
平均値	−46,077	10%	−138,195
中央値	−51,321	20%	−106,898
標準偏差	72,345	30%	−86,166
歪度	0.48	40%	−68,555
尖度	3.37	50%	−51,321
範囲	444,059	60%	−35,577
標準誤差	2,287	70%	−11,914
		80%	11,811
		90%	48,541
		100%	243,725

表 4-9. 海外生産の投資価値（NPV マイナスの場合の価値をゼロ）

統計量		パーセンタイル	
試行回数	1,000	0%	0
平均値	20,650	10%	0
中央値	0	20%	0
標準偏差	53,307	30%	0
歪度	3.78	40%	0
尖度	20.49	50%	0
範囲	474,030	60%	0
標準誤差	1,685	70%	0
		80%	22,073
		90%	76,685
		100%	474,030

んだシミュレーション結果を，表4-9はマイナスの価値が予測される場合にはその価値をゼロとしたシミュレーション結果を示している．投資が正の値をとる確率は24.5%，そのときの価値（平均）が21百万円であることが判った．

このように，海外生産の実施許諾権をオプションとして契約に織り込むことができれば，ライセンシーの立場からは上限21百万円の譲歩を行なっても経済的に損失は発生しないことになる．したがって，条項の挿入を条件として，表4-6で示されているライセンシーが評価する「ライセンサーへの帰属価値」112百万円に当条項価値21百万円を上乗せして支払うことも選択肢となろう．その場合のランニング・ロイヤリティ・レートは2.56%となり，表4-9の2.16%から0.4%の上乗せが可能となる．もちろんライセンサーにしてみれば，条項の価値を全額ライセンシーに明け渡す必要はなく，両者の貢献割合に応じた分配となる支払いが本来は筋であろう．ここでは1つの事例として，実施許諾の対象国に関する条項を分析したが，この他にも，サブライセンス権，許諾の範囲，改良発明の取り扱い，契約解除などについても，オプション的な性質を有する様々な条項が考えられる．

(6) まとめ

従来，知的財産の実務家の間でファイナンス理論が用いられることは少な

く,知的財産がいくらの価値を持つかという発想は希薄であった.そのためロイヤリティ・レートの水準は,「業界標準法」とか「25%ルール」などを用いて「慣行」的に決定がなされてきたと言っても過言ではなかろう.そこで本節では,ライセンス契約を企業価値創造のためのアライアンス戦略として捉えたうえで,ロイヤリティを「創造された価値の分配手続き」と定義し,ライセンス契約の事例を用いてバリューベイストな(価値に基づいた)ロイヤリティ・レートの決定方法について考察した.

　本事例は,買い手(ライセンシー)に情報優位性があるという前提で情報の非対称性を取り扱ったものであり,そのときの双方にとっての価値が,イニシャル・ロイヤリティかランニング・ロイヤリティかによって大きく異なることに着眼し,価値創造に資するロイヤリティ・レートの決定のあり方を論じた.また,ライセンス契約に内在する条項をリアルオプションとして捉え,その価値を測定・認識することの有用性を示した.ライセンシーの立場からは,柔軟性を条項に織り込むことでリスクを軽減するなどしてライセンス契約の価値を高めることができる.また,ライセンサーの立場としては,従来埋もれてしまっていた潜在的な特許技術の価値を,オプション的な要素まで顕在化することができる.これらによって,ライセンス契約の合意可能性を高められる可能性がある.

　もちろん,現実はこれほど単純ではない.偏在する情報を買い手(ライセンシー)が機会主義的に利用しようとすれば,将来収益を過度に低く見積もるだろう.そうなるとライセンサーは自己防衛のために,逆にランニング・ロイヤリティを選好することになろう.あるいは本事例とは逆に,特に特許技術という個性の強い資産の場合には,売り手(ライセンサー)が情報優位であるケースも多い.その場合は,将来収益に悲観的な買い手(ライセンシー)はランニング・ロイヤリティを選好することとなるため,情報優位な売り手とコンフリクトは生じにくい.しかし,イニシャル・ロイヤリティには,ライセンシーがそれを回収するために事業化の努力を引き出す意味合いや,独占的なライセンスの場合には特に,ライセンシーが技術をただ自分のもとにとどめておくだけでないことを保証させる意味合いなどもある.現実の取引で,イニシャル・ロイヤリ

ティとランニング・ロイヤリティが組み合わされることが多いのは，このような情報の非対称性と機会主義的行動が併発・共存しているからかもしれない．

双方が機会主義的な行動をとった場合には，双方の契約合意の可能性を低めてしまい，囚人のジレンマのような状況に陥ってしまうことも考えられる．ライセンス契約は互いの経営資源の補完でありアライアンスの1つだと先に指摘した．ライセンス契約は，決して価値の移転・奪い合いといったゼロサム・ゲームではなく，交渉が合意に達したときにはプラスサムであり，買い手と売り手の双方にとって価値が創造される相利ゲーム (win-win game) であるはずである．本節で考察したように，ライセンシングを VBM のコンテクストで捉えられれば，価値創造の機会を逃すことなく的確に捉えるだけでなく，価値自体を増大させることも可能となる．その前提としてアライアンス戦略では，互いに誠実であり信頼できるパートナーを見つけることが重要であることは論を待たない．

第2節　M&A におけるリアルオプション価値[161]

本節では，M&A におけるバリュエーション手法について，リアルオプション価値の評価の有用性と重要性に焦点を当てて，事例を交えながら考察していく．特に，リアルオプション価値を適切に評価することが交渉成立の可能性を高めること，また買収価格について株主へのアカウンタビリティを高めること．さらにその評価プロセスが，不確実性の高い買収後の環境変化に柔軟かつ的確に対処することの助けとなることを明らかにする．

(1) 伝統的な DCF 法の問題点

実務では M&A の取引価格は，買い手と売り手との交渉で決定される[162]．

---

161) 本節は，拙稿「M&A バリュエーションにおけるリアル・オプション価値の意義」『原価計算研究』Vol. 30, No. 2 に加筆修正したものである．
162) 件数ベースでは M&A の大半は非上場企業や事業（部門）が対象であり株式市場を

しかし，被買収企業が既に効率的に経営されている場合には，現有ビジネスの継続を前提として伝統的 DCF 法（本書では以下，「伝統的 DCF 法」と記す）でバリュエーションを行なっても，現状の企業価値以上の算定はなされない[163]．ファイナンシャル・バイヤーが TOB などによって提示できる買収プレミアムは，本来なら現経営陣が経営改善を行なうことによって引き出すことが可能なはずである．その意味では，M&A が行なわれる場合に現状の企業価値に追加して支払われる買収プレミアムは本来，本業とのシナジーの創出が可能なストラテジック・バイヤー[164]のみ認識できる戦略機会の対価に限られる．

　しかしこの戦略機会のバリュエーションは，実は容易でない．収益改善の予測が比較的容易で不確実性が低いファイナンシャル・バイヤーの行なうリストラクチャリング[165]に対して，ストラテジック・バイヤーの戦略は通常，不確実性が高く予測が困難である．マネージャーたちはその戦略価値を直感的に把握するが，伝統的 DCF 法では予測困難なその価値を捉えられないため，直感を正当化するためにしばしば「評価プロセスを加工し，キャッシュフロー予測を実現性のないレベルに操作してしまう傾向がある」[166]と言われる．そのため次に，伝統的 DCF 法では把握が困難な買収プレミアムについて検討してみよう．

　介さない．
163) 投資ファンドなどファイナンシャル・バイヤーと呼ばれる投資家による裁定の機会が存在しない状態である．
164) ファイナンシャル・バイヤーに対して本業として事業を営む買い手をオペレーション・バイヤー（あるいはコーポレート・バイヤー）と呼ぶ．オペレーション・バイヤーにも，多角化企業の一部ではファイナンシャル・バイヤーに近い行動も存在するので，ここでは区別して，本業との戦略的シナジーの創出が可能なバイヤーをストラテジック・バイヤーと呼ぶこととする．
165) 財務リストラクチャリングなどが，その典型例である．
166) Amram and Kulatilaka (1999), p. 4.

(2) 戦略的 M&A における支配権プレミアムとシナジー，リアルオプションの関係

買い手は M&A によって，事業の拡大や撤退など被買収企業の意思決定権を獲得する．そのような見方をすると，買収プレミアムは支配権を獲得するための対価と見なすことができ，支配権プレミアムと言い換えることができる．支配権プレミアムは，過去の TOB（株式公開買付）価格などから 30〜40％ がその価値だと言われる[167]が，この支配権プレミアムは割引率（資本コスト）の調整ではなく，期待キャッシュフローの増分で評価する必要がある[168]．Pratt (1998) が指摘するように，買い手が期待するのは将来キャッシュフローの増加であり，低い収益率を許容するわけではないからである．そしてまさにこの将来キャッシュフローの増分が M&A のシナジー効果であり，買収（支配権を獲得した）後に改善される期待収益であるシナジーとは，支配権プレミアムをより具体的に定義したものと解釈できる．そのシナジーを現在価値にした金額の範囲内に M&A の買収プレミアムを収めれば売り手と買い手の双方の価値が創造される．

以上のことから，買収プレミアムとは，買い手が支払う「重要な経営方針や事業戦略を決定する権利，すなわちオプションを保有するためのコスト」と定義することができる．したがって買収プレミアムの評価には，支配権すなわちリアルオプションの評価が必要となる．被買収企業は，ストラテジック・バイヤーの経営資源の一部として戦略に組み込まれ，様々な経済環境や競争環境の変化に応じて柔軟に用いられることとなる．それをどう用いるかは，買収後に買い手が行なう意思決定であり，それは権利であるが義務ではない．買い手にとっては，シナジーを具現化するために，獲得したリアルオプションを，いつ，どこで，どのように行使するかが買収後の重要な経営課題となる．

なお，リアルオプションとは狭義には金融オプションの手法を指すが，本節においてはストラテジック・バイヤーが M&A で支配権を獲得後に任意で実施

---

167) たとえば Evans and Bishop (2001) を参照．
168) Pratt (1998)，Ibbotson Associates (1998) 等を参照．

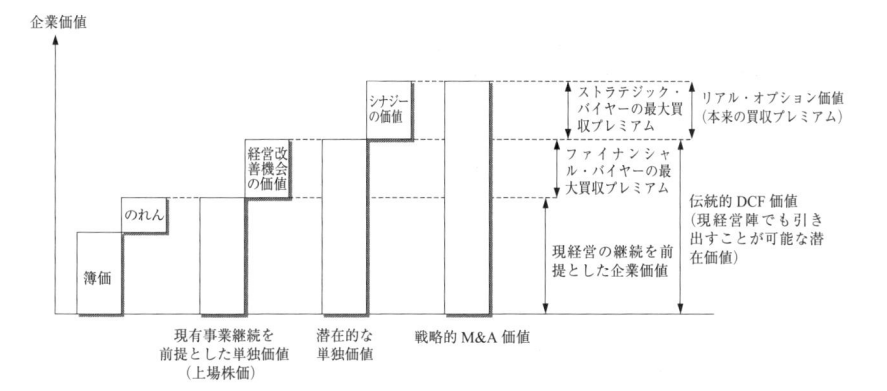

図 4-6. 買収プレミアムとシナジー，リアルオプションの関係

できる戦略を指すものとする．図 4-6 に，買い手のタイプと引き出すことが可能な企業価値，それに対応した買収プレミアム上限と評価方法を，上場企業の場合を例として示す．現経営の継続を前提として付される市場評価に対して，潜在的な経営改善機会の価値を反映した企業価値が，ファイナンシャル・バイヤーもしくは現経営陣でも内部改善によって引き出せる価値である．そして，戦略的 M&A によるシナジーを反映した企業価値の増分が，ストラテジック・バイヤーの支払える買収プレミアムの上限であり，リアルオプションによって評価されるべき価値である．

(3) ケース・スタディ

アイシン精機が買い手側の立場から被買収企業のバリュエーションを行なった事例をもとに，買収プレミアムの算定およびリアルオプション価値の分析評価プロセス[169]と評価結果を示す[170]．評価の対象となったのは売り手企業の生産子会社（非上場）である．

---

[169] 説明を容易にするために簡便化している点もある．
[170] 本書で示したリアルオプション以外にも，仕入先の集約や他製品の生産技術供与，生産拠点の統合などの戦略オプションが存在し，後に検討・実施された．

表 4-10. 伝統的 DCF 法によるバリュエーション

t				0	1	2	3	4	5	6	7	8	9	Terminal
WACC	13.00%	110												
Discount Factor				1.000	0.885	0.783	0.693	0.613	0.543	0.480	0.425	0.376	0.333	
(A)Perpetual Growth														
Growth Rate	0.50%	55												
PV of FCF					4,901	546	17,563	19,017	13,230	8,888	6,488	4,912	1,768	
PV of FCF in Years 1-9			77,312											42,492
Terminal Value														
PV of Terminal Value			14,145											
Enterprise Value			91,457											
Net Debt			(58,688)											
EQUITY VALUE			32,769											
		PBR	2.17											
(B)EBITDA Multiple														
Multiple	× 4.0	40												43,836
Terminal Value														
PV of Terminal Value			14,592											
Enterprise Value			91,904	Enterprise Value Average		91,681								
Net Debt			(58,688)											
EQUITY VALUE			33,216	Equity Value Average		32,993								
		PBR	2.20											

(ⅰ) リアルオプションの顕在化

買い手が伝統的 DCF 法を用いて当初に算定した価格は 33.0 億円となった．表 4-10 に算定過程を示す（有利子負債と株主価値の合計である企業価値全体で見た場合は 91.7 億円となるが，以降の議論の単純化を図るため被買収企業の株主価値を「企業価値」とする）．これに対し売り手が当初に提示した売却価格は 65 億円と大きく乖離してしまった．

しかし，被買収企業のデューデリジェンスを進めるうちに，ある製品については，買い手の有する技術を用いた設計変更の可能性があることが判明した．当設計変更を行なった場合の製品への効果は，①品質改善（被買収企業の生産する製品の品質水準の向上），②機能拡張性の付加（製品にセンサー機能の拡張性が付加される），の 2 点である．

①は設計変更により品質改善がなされるため，製造後に発生する偶発債務（クレームや PL（製造物責任）訴訟への対応・補償コストなど）が削減される．また，②は法改正（規制強化による装着義務化）があった場合は，急激な市場拡大（売上増）が見込まれるというものである．そして，これら効果をバリュエーションに反映させるための方法としては，①については，偶発債務の削減を事

表 4-11. 製品設計の変更の効果と評価方法

製品効果	経済効果	売上	利益	バリュエーションへの反映方法
①品質改善	偶発債務の削減	影響なし	—	割引率の調整
②機能拡張性の付加	法改正による市場(売上)拡大	増加	増加	リアル・オプション価値の評価

業計画に明示的に織り込むことが，品質に明らかな問題が発生していない現状では困難であったため，割引率の調整とし，②については，現時点では実際に法改正されるか否かは不確実であり，(即座に設計変更を実施する必要はなく) その動向を睨みながら今後 2 年以内に設計変更の意思決定を行なえばよい (すなわち設計変更という戦略の実施は義務ではなく権利 (オプション) である) ため，リアルオプションとして捉えることとした．ここまでの製品設計の変更オプションの影響を表 4-11 にまとめた．

(ⅱ) 設計変更のバリュエーション

(a) 品質改善のみのバリュエーション

設計変更による効果が品質改善にしか発現しない場合，その効果は割引率の引下げ (13%から 11%) により 10.7 億円と算定されたが，そのために必要な投資は 15.0 億円であり，NPV (Net Present Value, 正味現在価値) はマイナス 4.3 億円 (企業価値は 33.0 億円 − 4.3 億円 =28.7 億円) となった．すなわち，品質改善による偶発債務の削減という経済効果だけでは，設計変更の投資は経済的に価値を持たないことが判明した．

(b) 機能拡張性のバリュエーション

市場拡大は法改正に依存しており不確実性が高いが，機能拡張性は法改正による市場拡大の機会を捉えることを可能とする．また，品質改善のみの効果では設計変更が価値を持たなかったことから，いったん機能拡張性を目的とした設計変更のオプションが実施されると，同時に品質改善の効果も発現するので価値の不確実性はさらに高まることになる．

伝統的 DCF 法では不確実性の高さはリスクの高さと見なされ，割引率が引き上げられるため価値は減少する．一方，オプション理論ではリスクの増大はボラティリティの増大と見なされるため価値は増加する．そこで，機能拡張性の効果については，a) ディシジョン・ツリー・アナリシスと，b) ブラックショールズ式，c) モンテカルロ DCF，の 3 手法を用いてリアルオプションのバリュエーションを行なうことにした．

(b)-1 ディシジョン・ツリー・アナリシスによるバリュエーション

法改正される場合は設計変更投資を行ない，収益は増加する．その場合，品質も同時に改善されるため割引率を 11% に引き下げると価値は 82.4 億円と算定される．改正される確率を 50%，法改正されなければ当初に評価した価値 33.0 億円は不変であるので，ディシジョン・ツリー・アナリシス (Decision Tree Analysis，本書では以下「DTA」と記す) による評価は次のようになる．

```
                確率 50%
                (投資しない)  → 33.0 億円（設計変更投資を行なわないため割引率は）
33.0 億円 <
                確率 50%
                (投資する)    → 82.4 億円（統計変更投資を行なわない割引率は 11%，
                                        将来利益は増加）
```

DTA による価値 = 82.4 億円 × 50% + 33 億円 × 50% = 57.7 億円

したがってリアルオプション価値は 24.7 億円（= 57.7 億円（リアルオプション価値を含んだ価値，以下「M&A Valuation」と記す）− 33.0 億円（伝統的 DCF 法で算出されたリアルオプションを含まない価値，以下「DCF Valuation」と記す））と算定された．

(b)-2 ブラックショールズ式によるバリュエーション

次にブラックショールズ (Black-Scholes, 本書では以下「BS」と記す) 式[171]による評価を行なう．BS 式によるオプション価値の算定に必要な変数は，原資

---

171) BS 式に関しては，たとえば小林 (2003) などを参照．

表 4-12. 予測損益計算書

INCOME STATEMENT	2001	2002	2003	2004	2005	2006	2007	2008	2009	2010
TOTAL SALES	145,340	153,605	178,486	189,736	190,220	176,681	143,307	119,364	114,742	75,534
Sales Growth		5.69%	16.20%	6.30%	0.26%	-7.12%	-18.89%	-16.71%	-3.87%	-34.17%
TOTAL VARIBLE COSTS	109,347	116,228	134,904	140,711	139,631	128,719	103,900	85,457	82,271	55,063
% of Gross Sales	75.2%	75.7%	75.6%	74.2%	73.4%	72.9%	72.5%	71.6%	71.7%	72.9%
CONTRIBUTION MARGIN	35,993	37,377	43,582	49,025	50,589	47,962	39,407	33,907	32,471	20,471
TOTAL FIXED OVERHEAD	42,093	33,848	36,162	33,064	32,359	30,280	25,527	20,857	17,623	12,493
% of Gross Sales	29.0%	22.0%	20.3%	17.4%	17.0%	17.1%	17.8%	17.5%	15.4%	16.5%
TOTAL COST OF SALES	151,440	150,076	171,066	173,775	171,990	158,999	129,427	106,314	99,894	67,556
PROFIT BEFORE INTEREST	(6,100)	3,529	7,420	15,961	18,230	17,682	13,880	13,050	14,848	7,978

産価格,行使価格,ボラティリティ,行使期間,無リスク利子率の5つである.当ケースの場合,原資産価格は33.0億円,行使価格は48.0億円(=原資産価格33.0億円+必要投資額15.0億円),行使期間は2年,無リスク利子率が4.0%のコール・オプションと見なせるが,原資産のボラティリティは不明である.ボラティリティを推計する方法としては,類似事業を営む上場企業株式のボラティリティを代用する方法が一般的だが,被買収企業の生産品目と得意先の構成を考慮した場合に適切な株式の特定が困難であったため,モンテカルロ・シミュレーションを用いてボラティリティを導出することとした[172].バリュエーションで用いた予測損益計算書(表4-12)の各年の,売上高成長率,変動費率,固定費額に対して,平均値を予測値として図4-7のように分布とパラメータを与えた[173].

なお,法改正の影響は売上高成長率の偏差で設定すべきとも考えられるが,法改正はされるか否かのどちらかなので,乱数を0もしくは1でデジタルに発生させ,0ならば市場拡大なし,1ならば市場拡大するというモデルとした.また,割引率については,法改正を受けて設計変更が行なわれる場合は11%,そうでない場合は13%となるようにセットした.以上の前提で1,000回のシミュレーションを行って算定したDCF価値の分布と統計量が図4-8である.

---

[172] Copeland and Antikarov(2001)ではモンテカルロ・シミュレーションによるボラティリティの推計を提唱しており,MAD(Market Asset Disclaimer)と呼んでいる.
[173] もちろんパラメータはこの他にも貸借対照表の回転率や金利など多数考えられるが,DCF価値への影響が大きいものに限定している.

190　第4章　企業間にわたる財務マネジメント

図4-7. モンテカルロ・シミュレーションの分布

変数	分布	分布のパラメータ
売上高成長率	正規分布	標準偏差 5.0%
変動費額	正規分布	標準偏差 5.0%
固定費率	三角分布	最小 95%，最大 105%
法改正の影響	超幾何分布	あり 50%，なし 50%

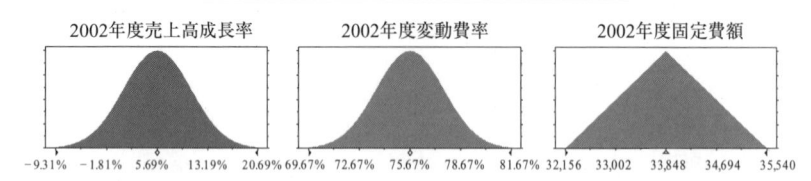

図4-8. 原資産（DCF価値）分布と統計量

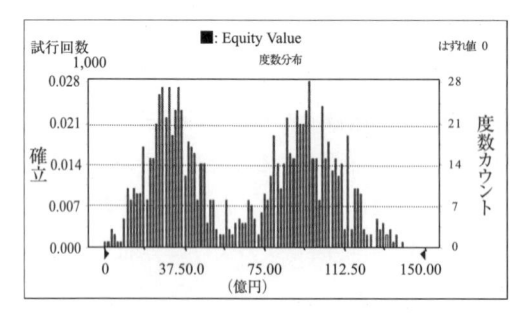

予測：原資産価格
統計量：
試行回数　　1000
平均値　　64,523
中央値　　59,913
標準偏差　　35,620
分散　　1,268,803,305
変動係数　　0.55
最小範囲　　−9,609
最大範囲　　158,605
範囲　　168,213
標準誤差　　1,126.41

ここからは，価値が33億円と82億円の辺りで2つの山を成型しており，分布に法改正の影響がデジタルに反映されていることが判る．当シミュレーションより原資産の標準偏差は35.6億円，すなわち原資産のボラティリティは108.0%（＝原資産33.0億円÷原資産の標準偏差35.6億円）と推計された．

　これで5つの変数の設定が完了し，BS式によるヨーロピアン・コール・オプション価値，すなわちリアルオプション価値は16.1億円と算定された[174]．

---

174) DTAではリアル・オプション価値は，「M&A Valuation − DCF Valuation（原資産）」で求められたが，BS式では直接リアル・オプション価値が算定される．

(b)-3 モンテカルロ DCF によるバリュエーション

前述した BS 式によるリアルオプション評価では,モンテカルロ・シミュレーションを事業のボラティリティ推計のみを目的として利用した.しかし実は先のシミュレーションでは,法改正による市場拡大をモデルとして組み込んでいるため,リアルオプションを含んだ価値を直接的に算定している.

図 4-8 で示した統計量で平均値が 64.5 億円と示されているが,これは市場が拡大した場合の増加収益のみが考慮されており,設計変更の場合に発生するコスト 15 億円は考慮されていない.したがって,ここから投資額 15 億円の期待値 7.5 億円(戦略投資を行なう確率=50%)を差し引いた 57.0 億円が企業価値,リアルオプション価値は 24.0 億円(=57.0 億円(M&A Valuation)-33.0 億円(DCF Valuation))と算定された.

(ⅲ) 算定結果の比較

以上,ここまでのバリュエーション結果を表 4-13 に示す.

伝統的 DCF 法では,買収後に実施可能な戦略(リアルオプション)価値が反映されないため,明らかに企業価値は過小に評価されるのに対して,他の 3 手法では戦略の価値を明示的に捉えることが可能となった.とは言え,その戦略価値は 16.1 億円から 24.7 億円の幅を持っている.以下にそれぞれの評価手法の問題と特徴を述べる.最終的に M&A の意思決定を行なうには,それぞれの手法の理解が必要であろう.

DTA については,適切な割引率を特定できないこと,意思決定の状況を単純化しすぎていること,将来の状況の生起確率を主観的に定めていることなどの問題点がある.DTA では,経営に選択権(オプション)がある場合に将来キャッシュフロー(リスク)が変化するため,伝統的 DCF 法で用いた割引率と同じ割引率を用いるのは適切ではない.意思決定の単純化については当ケースの場合,たとえば法改正はなくとも売上予測が一定以上に上方修正された場合には,品質改善のみを狙った設計変更が価値を持つことになる.また,法改正の生起確率については,「どちらとも予測がつかない」ため確率を 50% としている.

表 4-13. バリュエーション手法とリアルオプション（戦略）価値

(億円)

バリュエーション手法	伝統的 DCF 法	DTA	BS 式	モンテカルロ DCF
原資産価格 （当初ビッド）	33.0			
戦略価値 （リアルオプション価値）	—	24.7	16.1	24.0
M&A Valuation	33.0	57.7	49.1	57.0

　BS 式については，ボラティリティの推定および権利行使期間の特定が困難であることなどの問題点がある．ボラティリティの推定において，リスク・プロファイルがほぼ同一な類似証券の特定は現実には困難であるため，その代替手段としてモンテカルロ・シミュレーションを用いたが，そこでは DTA と同様に法改正の生起確率を主観的に 50% としていることに加え，そもそもシミュレーションで正確なボラティリティが導出される保証がない．また，仮に正確であったとしても図 4-8 で明らかなように，当ケースの原資産価格の確率分布は，BS 式で前提としている対数正規分布ではない．

　モンテカルロ DCF は，基本的に DTA と同じ問題点を指摘できる．主要な変数についての確率分布の設定は経験則や主観に頼らざるをえない．また，ランダムサンプリングにより将来キャッシュフローにリスクを織り込んでいることから，リスク調整後の割引率でさらに割り引くことが二重計算になる可能性がある[175]．意思決定の状況を単純化しすぎていることも解決されない．

　また，設計変更という経営オプションの有効な期間（オプションの権利行使期間）が明確に考慮されているのは BS 式のみであり，そのため他の手法と比較して最も低い価値を表示している．しかし，この行使期間も本当に 2 年であるかは非常に難しい問題であるし，競合他社の状況にも依存するため，ゲーム理論などを用いる必要があるかもしれない．仮に行使期間が 3 年であればオプション価値は 20.0 億円，5 年なら 24.8 億円まで増加する．DTA，モンテカル

---

175) Myers (1974)，Trigeorgis (1996, pp. 55-57) などを参照．

表4-14. 各手法の評価上の問題点と特徴

バリュエーション手法	DTA	BS式	モンテカルロDCF
意思決定の単純化の問題	×	○	×
オプション行使の有効期間の考慮	×	○	×
リスクの二重計算 （適切な割引率の設定）の問題	×	○	×
ボラティリティ推計の問題	—	×	—
将来事象の生起確率の 　　　主観的設定の問題	×	○ （ボラティリティを正確に推計できれば）	△
経営者の理解し易さ， 経営者へのインプリケーション	○	×	△

ロDCFと比較してBS式がリアルオプション価値を過小評価していると断定もできないのである．またその一方で，BS式で適切なボラティリティが用いられれば，将来のあらゆる意思決定がインプライド（implied）されていると考えられるため，DTA，モンテカルロDCFで指摘した意思決定の単純化の問題は克服できている．

以上のように，いずれの手法についても固有の特徴があるため，それぞれの測定値の解釈，長所/短所あるいは，その限界を常に意識しなければならない．できるだけ複数の手法による評価とクロスチェックを行なったうえで，評価に用いた変数と評価結果の感応度分析を行なうなどすれば，買収プレミアムについて客観性と信頼性を備えることができる．表4-14に，各評価手法の特徴について整理しておく．

当ケースの場合，売り手が交渉の過程で当初の売却提示価格65億円を45億円まで引き下げた（買い手から見た買収プレミアムは12億円になった）ためディールが成立した．しかし，仮に50億円までしか譲歩を引き出せなかった場合の意思決定は非常に微妙な問題となる．その場合は，各手法について客観性と信頼性の点で不安のある変数に関して感応度分析を行なう必要があろう．たとえば法改正の可能性の変化やボラティリティ，さらには伝統的DCF法まで立

ち返って,割引率や売上高成長率なども,プレミアムに少なからず影響を及ぼす変数としての分析対象となるかもしれない.それでも,伝統的DCF法と比較した場合に,リアルオプションのフレームワークを用いたM&Aバリュエーションは戦略価値を適切に評価し,ディール成立の可能性を高めるのである.

(4) まとめ

　ストラテジック・バイヤーによる戦略的なM&Aは,被買収企業の重要な経営方針や事業戦略を決定する権利の獲得と見なすことができる.そこで支払われる買収プレミアムは,支配権というリアルオプションを取得するためのコストであり,買収プレミアムがその範囲内で収まればディールが成立することとなる.そして,リアルオプションへの着目は伝統的DCF法では捉えきれない価値の評価を可能とする.あるいは,買い手と売り手との間の情報の非対称性によって評価の乖離が発生することもあろう.それを埋める意味でも,本節で考察したリアルオプションへの着目は有用であり,価値創造の機会を逃さずにM&Aディールを成立させ得ることになる.

　もしも直感的な戦略価値を正当化するために,非現実的なキャッシュフローによる伝統的DCF法を用いれば,買収後の業績が順調なのか(買収が成功だったのか失敗だったのか)を判断するメルクマールにはなり得ない.さらに,非現実的な将来業績に対してマネージャーがコミットできるわけはなく,組織のモラル低下も懸念される.

　一方,リアルオプションに着目しその評価を行なった場合,支払った買収プレミアムの価値の分析評価は,買収後の経営にとって大きな意義と多くのインプリケーションを提供する.ベースとなる伝統的DCF法で用いた将来業績は,買収後の業績のメルクマールになり得るし,さらには,将来の環境変化に対応してとるべき戦略を事前にシミュレーションしていることに他ならない.また結果的に不利な方向への環境変化によりオプションが価値を失い行使できなくても,それは価値創造のために敢えて許容したリスクであり,決して間違った経営判断ではない.価値創造の機会をリアルオプションとして正しく認識してさえいれば,事後的な非難を恐れるあまりに経営者が過度にリスク回避的にな

ること（過小投資問題）を防ぐことができるのである．さらに，結果に対する説明責任という消極的な理由だけでなく，予測されるリスクに対して，たとえばファイナンス戦略で予めヘッジを行なうなど対応策を講ずることを経営に喚起することにもなるだろう．

ますます不確実性を増す競争環境の中で重要性を増すM&Aであるが，ともすると見過ごされてしまう企業価値を高める機会，あるいは減ずるリスクを的確に捉え，競争環境の変化に柔軟に適応しながら的確に戦略を遂行するためには，今後，M&Aにおけるリアルオプション・アプローチによるバリュエーションは一層有用なものとなるであろう．

第3節　M&Aにおける割引率

前節ではM&Aにおけるバリュエーション手法を提唱し，ケーススタディを通してリアルオプション・アプローチの有効性を明らかにしてきた．そこでの考察では明示的に取り上げられなかった課題として，割引率の選択の問題がある．そこで本節では，M&Aそれぞれにおけるバリュエーション手法を補完する目的で，割引率について検討する．

ケーススタディでも示されたように現実のM&Aでは，非上場企業や企業の特定の事業が取引対象になることが多い．このとき，売り手もしくは買い手の資本コストと買収対象となる特定事業の資本コストが必ずしも一致しない場合が生じる．そこで，シナジーの帰属や事業規模，事業の換金性（流動性）などを適切に反映した，M&Aにおける割引率の設定が必要となることを説明し，その設定についての考え方を明らかにする．

(1) CAPM (Capital Asset Pricing Model，資本資産評価モデル)

最も一般的かつ標準的に用いられている株主資本コストの推定モデルはSharpe (1964) のCAPM (Capital Asset Pricing Model：資本資産評価モデル) であり，それによれば個別証券の期待収益率（企業側からは株主資本コスト）は次式

で推計される.

$$E(R_i) = R_f + \beta_i [E(R_M - R_F)] \qquad 式(4.1)$$

> $E(R_i)$：証券市場における特定の証券に投資家が要求する投資収益率の期待値(株主資本コスト)
> R_F：安全証券(無リスク資産)の投資収益率
> β_i：個別証券のベータ
> R_M：市場にある全てのリスク証券を含んだポートフォリオの期待収益率

$E(R_M - R_F)$は,無リスク証券と市場ポートフォリオとの期待収益率の差で,市場リスクプレミアム(market risk premium)と呼ばれる.また,β_iは証券iの投資収益率R_iと市場ポートフォリオの投資収益率R_Mとの共分散が,市場収益率R_Mの分散に占める比率であり,次式で算出される.

$$\beta_i = \frac{Cov(R_i, R_M)}{\sigma^2_M} \qquad 式(4.2)$$

> $Cov(R_i, R_M)$：証券iの投資収益率R_iと市場ポートフォリオの投資収益率R_Mとの共分散
> σ^2_M：市場収益率R_Mの分散

個々の証券の収益率の変動は,ポートフォリオを組むことよって減少させることが可能であり,分散投資で取り除くことが可能なリスクを,アンシステマティック・リスク(あるいは分散可能リスク,ユニーク・リスクなど)と言う.しかし,個別証券と市場ポートフォリオとの連動度合いを表す共分散リスクに関しては,投資対象を増加させても減少しない.分散投資によって減少させられないリスクをシステマティック・リスク(あるいは分散不可能リスク,市場リスク)と言う.したがって十分に分散されたポートフォリオを保有した場合の個別証券のリスクは,その個別証券が市場の動きに対してどの程度の感応度を有するか(連動するか)を表すβ_iのみで表されることになる.

表 4-15. 米国株式と国債の利回りスプレッド

	対 短期国債		対 長期国債	
	算術平均	幾何平均	算術平均	幾何平均
1928-2000	8.41%	7.17%	6.53%	5.51%
1962-2000	6.41%	5.25%	5.30%	4.52%
1990-2000	11.42%	7.64%	12.67%	7.09%

(出所) Damodaran (2002) p. 162 より引用

(ⅰ) ベータおよび市場リスクプレミアム

　市場リスクプレミアムは, 統計を用いて算出する方法が一般かつ標準的であり, 株式のリターンと国債のリターンの差 (historical premiums) を計算して求める[176]. Damodaran (2002) で示されている統計を表 4-15 に示す.

　これを見ると期間の取り方, あるいは算術平均か幾何平均かによっても相当な差が出ることが分かる. 期間については, たとえば Brealey and Myers (2000) はできるだけ長期間のデータを用いることで戦争などのリスクを反映させるとともに統計上の誤差を小さくすることが望ましいと述べている. しかしながら, Rappaport (2000) は,「過去の平均値 (7～9%) を用いると過小評価を引き起こす」[177]と指摘し, あくまで「期待」される収益率として 3～5% を推奨している. 結果として実現された過去の株式リターンは, あくまで参考にしかならないという指摘はもっともであり, それを否定する立場をとる者はいないであろう.

　算術平均か幾何平均のどちらを用いるかについては意見が分かれる. たとえば Ehrhardt (1994) は株式投資において, 長期保有戦略をとるならば幾何平均, ポートフォリオ入れ替え戦略をとるならば算術平均を用いるべきだと述べ, Copeland et al. (1994), Damodaran (2002) は幾何平均を, Brealey and Myers (2000), Boquist et al. (2000) は算術平均を支持している. 結果としての市場リ

---

[176] 市場リスクプレミアムを求めるには, 現在の株価と配当の期待成長率から内在するプレミアム (implied equity premiums) を逆算する方法, ファンドマネージャーへの調査 (survey premiums) などの方法がある. たとえば Damodaran (1999, pp. 68-74) などが参考になる.

[177] Rappaport (2000) p. 39.

表 4-16. 市場リスクプレミアムのサーベイ

	MRP	算出方法	
Copeland et al.（1994）	5 〜 6%	幾何平均	後に推奨方法を変更
Copeland et al.（2000）	4.5 〜 5%	算術平均	1.5 〜 2%を差し引いて生き残りバイアスを排除
Brealey and Myers（2000）	6 〜 8.5%（より 8.5%に近い水準）	算術平均	できるだけ長期間
Rappaport（1986）	「たとえばメリルリンチは3%」[178]	Implied E-RPM	紹介にとどまり，具体的記述なし
Boquist et al.（2000）	7.0%	算術平均	
Rappaport（2000）	3 〜 5%	Implied E-RPM	過去の平均値（7 〜 9%）を用いると過小評価してしまう
Ehrhardt（1994）	明確な回答はない	幾何平均	長期保有戦略
		算術平均	ポートフォリオ入れ替え戦略
Damodaran（2002）	4.5 〜 12.67%	Implied E-RPM Historical E-RPM	評価者により異なる
	5.5%	幾何平均	1928 〜 2000 年

注) E-RPM：Equity Risk-Premiums

スクプレミアムは3%〜10%超まで考え方次第で幅を持つことになり，明確な回答はないというのが実情であろう．表4-16にサーベイを整理しておく．

(2) CAPM の調整

ところでCAPMは抽象化された理論モデルであり，現実を完全に説明できるものではない[179]．またM&Aの実務においては，CAPMで仮定されているような証券市場に上場している企業ではなく，非上場企業や企業の特定の事業が取引の対象になることが多い．そのため以下では，CAPMでは捉えきれないリスクを理解したうえで，実務においてどのような調整を行なうべきかを検討しよう．純粋なCAPMに対して，1つ以上のファクターを調整したものは「修

---

178) Rappaport (1986) 邦訳書 48 頁．
179) CAPM に対する批判や拡張に関する議論は，Mehara and Prescott (2003)，津村ほか (1991) などが参考になる．

図 4-9. キャピタリゼーションとベータ

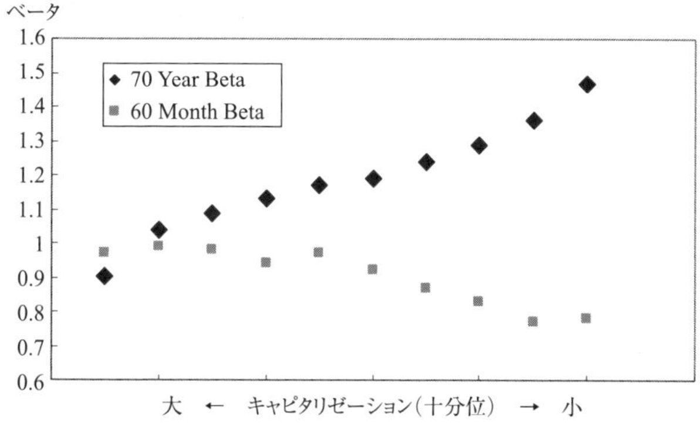

(出所) Annin (1997) をもとに筆者作成

表 4-17. ベータ調整後／非調整の規模プレミアム (1926-2002 年)

	Beta-Adjusted Size Premium	Non-Beta-Adjusted Size Premium
Mid-Cap	0.8%	1.6%
Low-Cap	1.5%	3.0%
Micro-Cap	3.5%	6.0%

(出所) Ibbotson Associates (2003) p. 38 を引用

正 CAPM」などと呼ばれる.

(ⅰ) 規模のリスク・プレミアム

1つめは規模プレミアム (size premium) と呼ばれる調整である. 小規模企業への投資リスクは, 大規模企業と比較して大きいことは直感的だが, ベータのみによる株主資本コストの推計では過小評価となってしまうのである[180]. また, 小規模企業の株価は市場の動きへ反応するのにラグがあるので, 通常用いられる60ヶ月ベータはシステマティック・リスクをも過小評価してしまう傾

---

[180] Fama and French (1992), Barry and Brown (1984), Banz (1981) などを参照.

向にあると言われている[181]．Annin (1997) はニューヨーク証券取引所に上場している企業を対象に，株式時価総額 (capitalization) の規模別に 10 のポートフォリオに分類してこれを検証している．Annin は 1926 年から 1995 年までの 70 年間のヒストリカル・ベータと 1995 年までの 60 ヶ月ベータの計測を行ない，この分析から CAPM は 70 年ベータでさえ小規模企業の株式リターンを過小評価していたことだけでなく，60 ヶ月ベータでは規模が小さくなるにつれてベータが減少していると指摘している（図 4-9）．

したがって，小規模企業の資本コストを推計する場合には，規模プレミアムの調整に適切なベータの評価が含まれる必要があることを意味する．Ibbotson Associates (2003) は，ベータ自体を調整した場合の規模プレミアムと，調整しなかった場合の規模プレミアムを表 4-17 のように，10 分位規模とベータ調整後の規模プレミアムを表 4-18 のように推計している．

本邦のデータではないが，円換算すると時価総額が約 1,400 ～ 6,000 億円 (Mid-Cap) で 0.8％，400 ～ 1400 億円で 1.5％，それ未満では 3.5％を CAPM に上乗せする．なお，ベータ調整を行なわずに直接修正する場合には，それぞれ 1.6％，3.0％，6.0％の上乗せとなることが表 4-17 から分かる．

(ii) その他の調整（流動性の欠如など）

以上の議論は市場データをもとにしているため，非上場企業や企業の特定の事業が取引対象となる場合は，さらに流動性の欠如を加味する必要がある．流動性の欠如をバリュエーションに反映させる方法は 2 つあり，1 つは割引率に流動性プレミアムを追加する方法と，評価結果から減額控除する方法である．Evans and Bishop (2001) によれば，90 年代の制限付株式 (restricted stock) の研究からは流動性の欠如によるディスカウントはおよそ 35％，IPO 以前の株式価格の研究からは 44％だと述べられている．これを割引率の調整に換算すると，株式のデュレーションを 20 年と仮定した場合にはおよそ 3％となる．ただし，支配権を獲得する M&A の場合には，少数株主としての保有を前提と

---

181) Pratt (1998)

表 4-18. 時価総額の分類とベータ調整後の規模プレミアム (1926-2002 年)

Decile	Market Capitalization of Smallest Company ($, in millions)		Market Capitalization of Largest Company ($, in millions)	Size Premium (Return in Excess of CAPM)
Mid-Cap, 3-5	1,144.452	−	5,012.705	0.82%
Low-Cap, 6-8	314.174	−	1,143.845	1.52%
Micro-Cap, 9-10	0.501	−	314.042	3.53%
Breakdown of Deciles 1-10		−		
1-Largest	11,636.618	−	293,137.304	− 0.32%
2	5,018.316	−	11,628.735	0.42%
3	2,686.479	−	5,012.705	0.66%
4	1,691.463	−	2,680.573	0.95%
5	1,144.452	−	1,691.210	1.16%
6	791.917	−	1,143.845	1.48%
7	521.400	−	791.336	1.35%
8	314.174	−	521.298	2.06%
9	141.529	−	314.042	2.56%
10-Smallest	0.501	−	141.459	5.67%

(出所) Ibbotson Associates (2003) p. 248 を引用

する評価ほどにはディスカウントは大きくならないと考えられる．支配株主ならば配当や減資を行なうなど回収を自己の裁量で行なうことができるからである．

　その他にも，CAPM で捉えきれないアンシステマティック（企業特有のスペシフィック）リスク・プレミアムの例として，Pratt (1998) は産業リスク，リターンのボラティリティ，レバレッジ，顧客の集中度合いやキーパーソンへの依存度などをあげながら，「学術的調査が不十分でこうした調整はアナリストの判断に任されている」[182]と述べ，また KPMG FAS (2006) もほぼ同様に，CAPM に上乗せするスペシフィック・リスクを「評価担当者の主観により決定され

---

182) Pratt (1998), 邦訳書 71 頁．

表 4-19. CAPM の調整 (修正 CAPM)

上場 / 非上場	企業規模	割引率	調整①	調整②
上場	大	CAPM	—	—
上場 / 非上場	中	修正 CAPM	規模プレミアム	—
非上場	小	修正 CAPM	規模プレミアム	スペシフィック・リスクプレミアム

る」[183]と表現している．第1節でも言及したように，売り手から十分な情報が提供されないなど情報格差が大きい場合にも，割引率の引上げは，買い手が事業計画にそのリスクを反映するための1つの有力な手段となろう．

(3) 事業部門のスタンドアローン価値と APV 法

(ⅰ) 事業部門の割引率

ここまでの議論をおよそ整理すると，CAPM で捉えきれないリスクを反映するためには，第1に，買収対象とする企業もしくは事業のシステマティック・リスクを適切に評価したうえで，規模プレミアム（1〜4%）の追加を考慮し，第2に，買収対象とする企業もしくは事業の流動性（転売可能性）や組織としての完成度などをはじめとするスペシフィック・リスクプレミアムを見極めたうえでさらに数ポイントの調整を行なう，ということである．CAPM の調整イメージを表 4-19 に簡単にまとめる．

調整を入れない CAPM は，自社の資本コストの推計あるいは投資のハードルレートの設定など，実務において幅広く標準的に利用されており，ともすると M&A において他社（の事業）のバリュエーションを行なうときに調整が見過ごされる危険性がある．買収によって自社の事業となるならば，自社の既存事業の評価と区別する理由がないと考えることも可能だからである．

しかし，自社が上場大企業であれば（調整を入れない）CAPM により資本コストは推計される（表 4-19 上段）が，それはあくまで，個別事業部門や子会社

---

183) KPMG FAS (2006) 60 頁．

すべてを含んだうえで，かつ上場維持のための厳しい内部/外部監査などの負担や組織力を前提とした割引率と考えられる．したがって，経営資源に乏しく親会社から役務提供などを受けながら運営されている非上場連結子会社のスタンドアローン（stand-alone，単独）価値を評価する場合には，自社の資本コストに調整を加える必要がある．さらに，管理部門をはじめとする十分な本社機能を持たず，法人としての体をなさない事業部門のスタンドアローン価値を評価する場合には，さらに追加的な割引率の調整が必要（表4-19下段）となろう．自社の事業（子会社）であっても，個々の事業（子会社）のスタンドアローン価値を評価するときには修正CAPMを適用しなければならないのである．

したがって非上場企業や事業部門を対象としたバリュエーションでは，買収企業や被買収企業あるいは被買収企業（事業）の親会社をすべて外部要因として捉え，あくまで買収対象のスタンドアローン価値にフォーカスすることが評価の出発点となる．

(ⅱ) APV法の適用

ここで，第2章で検討したAPV法のスタンドアローン価値の評価への適用可能性について考える．APV法は事業価値と財務的価値を分離して評価することができるため，単独では資金調達が難しいと考えられる企業/事業の評価に適すると言えよう．企業から切り出された事業は，企業としての機能を完備していない「事業部門」であり，様々な形で本社からの支援を受けているケースが多い．これは，外形的に子会社として法人格を持つ場合でも同様である．たとえばシェアードサービスとして本社から経理，人事，法務などのサービスを受けていたり，販売や仕入れ，研究開発機能などについても販売コミッションやロイヤリティの支払いの対価として役務提供を受けているならば，このような事業部門はスタンドアローンでは存続できず，独立的な企業とは言い難い（本節では以下，「スタンドアローン問題」と呼ぶ）．単独での資金調達が，もしくはその想定が困難であると考えられる場合には，企業としての資本構成は前提とできないためWACC法を用いた「企業」としての評価は適切ではなく，APV法を用いて「事業」として評価することが合理的であろう．

図 4-10. 割引率による価値の変化

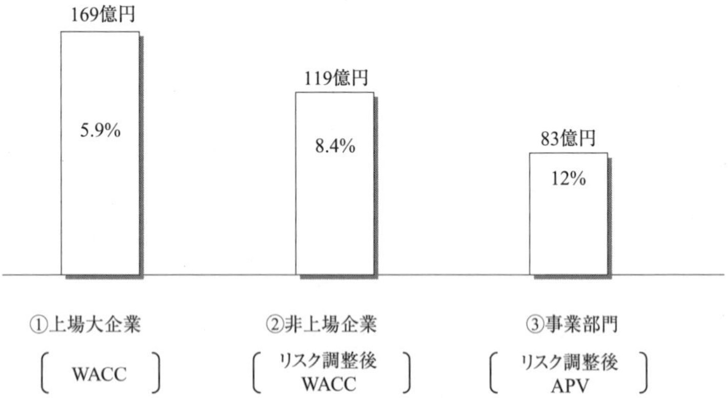

- ①上場大企業：169億円、5.9%（WACC）
- ②非上場企業：119億円、8.4%（リスク調整後 WACC）
- ③事業部門：83億円、12%（リスク調整後 APV）

(4) 数値例を用いた考察

以上の議論から，スタンドアローン問題を抱える「小規模な事業部門」をケースとして想定しバリュエーションを検討してみよう．この事業部門は継続的に毎年 10 億円の FCF を生み出していることとする．売買が成立するバリュエーションを割引率の観点から分析する．

(ⅰ) スタンドアローン価値

まず，事業部門のスタンドアローン価値を，割引率の調整の影響を確認しながら求める．売却対象が上場大企業である場合には資本コストは CAPM で推定される．無リスク利子率 (Rf) = 2.0%，市場ベータ (β_L) を 1.0，市場リスクプレミアム (MRP) を 8.0% と仮定すると，式 (4.1) より，株主資本コスト (Re) は 10.0% (=2.0%+1.0×8.0%) である．法人税率 (t) を 40%，負債コスト (Rd) を 3.0%，有利子負債比率 (D/E) を 1.0 とすると WACC は 5.9% となり，負債を持つ場合の企業価値 (V_L) は 169 億円 (=10÷5.9%) となる．

次に非上場子会社としての調整を CAPM に加えてみよう．規模プレミアムおよびスペシフィック・リスクとして 5% を追加すると，Re = 15%，WACC = 8.4%，したがって V_L = 119 億円 (=10÷8.4%) となる．

さらに財務機能を持ち得ない事業部門としてAPV法で事業価値のみを評価する．式(3.10)より$\beta_U=0.625$，したがって，Ra=Rf+β_U×MRP+追加リスクプレミアム=12.0%，$V_U=83$億円まで低下する．以上を整理して図4-10に，①上場大企業，②非上場企業，③事業部門，の3種のパターンを例示する．

(ⅱ) 売り手から見た売買価格

①②は，売却される事業自体が上場大企業なのか，非上場企業なのかという観点で評価を行なっているが，これは事業の保有主体の区別として，すなわち売り手の資本力の問題として捉えることが可能である．つまり売却事業が，上場大企業の保有する事業部門の場合には（先に指摘したように），当事業の価値は売り手の企業価値に5.9%の割引率による評価で反映されているはずである．したがって，売り手企業が継続保有したときの169億円（①）よりも低い価格で売却した場合には，その差額分だけ売り手の企業価値が減少してしまう．一方で，売却事業が非上場企業の保有する事業部門であった場合には，119億円（②）での売却が可能となろう[184]．売り手の資本力（資金調達力を反映した資本コスト）によって売却価格が変動し，売り手の資本力が強いほど低い価格での売却は難しくなるのである．それでは③の83億円という評価は，どのような意味を持つのだろうか．

スタンドアローン問題を持つ事業部門として評価された83億円（③）は，流動性や情報格差，買収後にスタンドアローン問題を解決するためのリスクなどを反映しており，ある意味で，買い手側の理屈による評価額である．ここまでの分析では，売買当事者間のシナジーについてはまったく言及してこなかった．しかし第1節で指摘したように，アライアンス戦略には何かしらの補完関係が存在すると考えられる．仮に，売り手にとって事業の継続保有が価値を破壊しており，早急な撤退こそが価値を生む，という状態を想定してみる．たとえば，上場大企業である事業の売り手が119億円（②）もしくは83億円（③）で売却して169億円との差分の価値を失ったとしても，それまでに固定化さ

---

[184] その場合には，買い手が実現できる価値169億円（①）と119億円（②）の差額については，買い手の資本力による価値増分（シナジー）と言えよう．

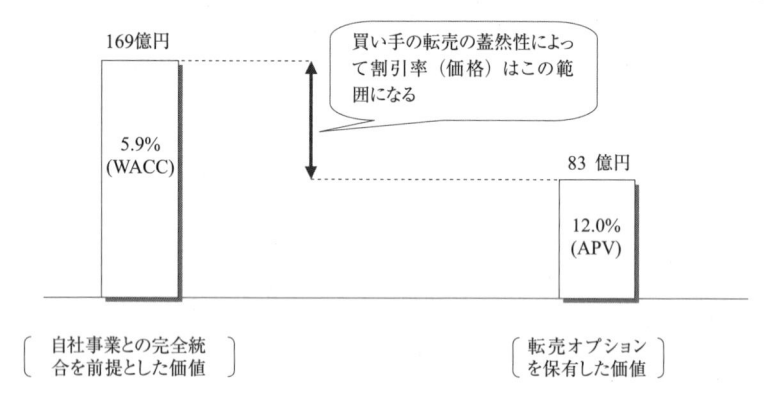

図4-11. 買い手（上場大企業, WACC=5.9%）から見た事業部門評価の割引率とその含意

169億円　5.9% (WACC)　自社事業との完全統合を前提とした価値

83億円　12.0% (APV)　転売オプションを保有した価値

買い手の転売の蓋然性によって割引率（価格）はこの範囲になる

れていた経営資源をリリースしコア事業に投入できるならば，失われた価値以上を創出できるかもしれない．そのように考えれば，APVを用いた最も厳しい評価83億円が売却の下限価格となろう．

このように，売り手の資本力と売却による価値創出機会との関係を検討しながら，事業の売却価格は決定されることになる．

(ⅲ) 買い手から見た売買価格

次に，買い手が上場大企業なのか，非上場企業なのかによって価格がどのように変化するかを検討しよう．上述の分析とは逆に，買い手の資本力が強いほど高い価格での買収が可能となり，資本力が弱いほど高い価格での買収が困難となる．当例の場合，上場大企業が事業の売り手で，一方の買い手が非上場企業の場合には（シナジーを無視すれば）169億円（①）での買収は成立しないことになる．

また，買い手がどのような前提で事業を購入する意思を持っているのかが買収価格に大きな影響を与えるという点も指摘できる．買収した事業部門を転売する蓋然性が小さいのであれば，流動性欠如の調整の必要性は必ずしも大きくない．あるいは転売どころか，買収した事業部門を自社の既存事業に完全に統合するつもりであれば，規模プレミアムの調整も不要であろう．もちろん買収

価格が低いほど買い手にとっての経済的価値は高くなるのは指摘するまでもない．流動性欠如を調整した価格で買収できれば，その後の方針変更による転売（撤退）オプションを保有すると解釈することもできよう．割引率の含意を理解することによって，価値の源泉を明確に捉えることが可能となるのである（図4-11）．その意味で，83億円（③）という評価額は先に指摘したように，買い手の理屈による評価と言えよう．

さらに買い手側のシナジーを考慮すると，提示できる買収価格は当然に上昇する．既に買い手が保有する経営資源を有効に利用することによって，スタンドアローン問題を解決するだけでなく，規模の経済性などを見込めるかもしれない．

以上のように，買い手の資本力と買収事業部門の位置付けおよび価値創出機会との関係を検討しながら，事業の購入価格は決定されることになる．

(5) まとめ

本節ではM&Aに用いる適切な割引率の設定について，CAPMとその調整およびAPV法を用いて実務的な観点から考察を加えた．

CAPMは以前からその限界が指摘されてはいるものの，それに代わる理論は未だ構築されておらず調整が実務的に必要となる[185]．本節で検討したリスクファクターを積み上げて割引率を推計するモデルはビルドアップ・モデル（build-up model）と呼ばれるが，そこにバリュエーション手法としてのAPV法を加えることで，より適切な割引率の推計，ひいては適切なバリュエーションが可能となることを明らかにした．

ファイナンスの文献では，まずMMの第1命題（事業の価値は資本構成に影響されない）が強調された後に，負債の節税効果が企業価値を高めることが論じられ，資産が生み出すキャッシュフローを資本コストで還元することで資産価値が測定されることが説明される．そのためか，割引率をいかに推計する

---

185) 本節で議論した調整は，必ずしも理論的な頑健性が保証されているものではないことを予め断っておく．

かという規範的な文献や理論研究，実証的な研究は多数見受けられるものの，M&Aの実務において展開される，売り手と買い手との間の利己的な交渉[186)]の合意可能性を高めるうえで有用な研究は決して多くない．割引率は，バリュエーションにおいて非常に大きな影響を与える変数の1つであるため，買収価格の交渉において大きなウェイトを占めることになる．本節では事例を用いながら，割引率が企業の調達能力/資本力によって変化すること，および状況依存 (contingent) 型であることを明らかにした．

　ここで指摘するまでもなく，資産の価値はその所有者が，どのような目的を持って，また，それをいかに効率的に利用するかに依存し，大きく変化する．決して一物一価ではあり得ず，だからこそ企業が価値を生み出すことができるのだと言えよう．M&Aの交渉においては，譲歩することも，あるいは譲歩せずに破談にすることも大変な勇気が必要である．M&Aによる価値創造の機会を的確に捉えるためには，その時々の環境や戦略に適合した判断を下さねばならない．そして，そのためには自社ならびに交渉相手にとっての割引率の意味を適切に察知・理解することが企業価値価値創造の財務マネジメントには必要なのである．

---

186) ここでの「利己的な交渉」とは，売り手と買い手の双方が「利己的」に「企業価値最大化」という利潤追求を行なうという意味で用いている．

終 章

おわりに

第1節 本書の問題意識および目的

　21世紀になり資本市場や財・サービス市場がグローバル化し，株主にとっての価値を創造することが経営者に強く求められるようになった．こうした状況に対処する1つの有力なマネジメントとして経営者はVBMに期待を寄せ，それと並行するようにVBMについての研究も増えている．

　こうしたVBMの先行研究は，次の2つの視点から考察されたものが多い．1つは，企業目標としての価値創造をいかに測定・評価すべきかという問題を取り扱ったもので，EVA（もしくは資本コスト概念を用いた同様の指標）をはじめとした業績評価指標の選択とその効果に関するものであり，いま1つは，価値創造への企業活動をいかに効率的に引き出すかという問題を取り扱ったもので，経営システムの選択とその効果に関するものである．このような従来のVBMの研究は，主に価値を創造するための仕組みやコンセプトに焦点を当てた理論的あるいは規範的な研究が多く，実務の観察に基づいた研究が少ない．

　VBMの実践において真に重要なのは，企業の様々な重要な意思決定を「企業価値を創造するかどうか」という判断基準に基づいて行なう，という点である．しかし現実には，実務に携わる関係者は常に思い悩んでいる．なぜならば，価値創造がEVAで計測されることや，その資本コストがWACCで表され

ること，企業価値がFCFの割引現在価値で評価されること等の知識はもちろんVBMの実践に必要ではあるけれども，直面する問題を解決するためには必ずしも十分でないことを様々な場面で思い知らされるからである．

　企業が置かれている環境はますます複雑さを増しており，現実に直面する様々な意思決定の場面において経営者が選択すべき1つの道を，必ずしもファイナンス理論は教えてはくれないのである．このような問題意識に基づくと，「いかに財務上の意思決定をバリューベイストに行なうか」，「企業価値創造の視点から投資価値をどのように測定・評価するか」そして「意思決定にどうつなげるか」がVBMにおいて必要不可欠でありながら，先行研究ではこの問題は，実務上の視点からはあまり取り扱われていないことに気付かされるのである．本書は以上のような問題意識に基づいて執筆されたもので，VBMのコンテクストの中での価値創造の財務マネジメントの内容と手法および，そのあり方の解明を目的としてきた．

第2節　価値創造の財務マネジメントのあり方

　上述の目的を持った本書は，以下のように考察を進めてきた．

　第1章では，VBMにおける財務部門の役割について検討を行なったうえで，本書の重要なフレームワークを提供する次の2つの視点を指摘した．1つは，経営者がマネジメントすべき価値には，経営者の評価する「企業価値」と，資本市場が評価する「市場価値」の2つが存在することである．もう1つは，VBMの新たな展開領域として，「資本市場に対する財務マネジメント」と「企業間にわたる財務マネジメント」が存在することである．そして近年のグローバルコンペティションと資本市場のグローバル化が企業価値と市場価値の相互関連性を強めさせたことから，VBMにおける今日の財務部門の役割と機能の重要性を増大させ，その領域についても拡大を迫られていることを明らかにした．

　第2章では，VBMの基礎となる価値（Value）の測定・評価方法，すなわち

バリュエーション手法について考察を行なった．まずEVAの計算構造に焦点を当てながら価値創造の測定について検討を行ない，DCFバリュエーションと比較してEVAバリュエーションの方が信頼性の高い評価が可能となることを示した．そのうえで，バリュエーションに用いられる伝統的・標準的なWACC法と比較し，APV法は資本構成の影響を受けずにバリュエーションを行なえること，事業戦略と財務戦略の意思決定において有用性が高いこと，節税価値以外の副次的な価値分析が可能となること等から，APV法が優れた手法であることを示した．これらの検討結果から，実務で用いる最適なバリュエーション手法は，EVA法とAPV法を組み合わせたEVA-APV法であることを実践応用的な視点から明らかにした上で，バリューマップという概念を組み合わせて，経営者の考える企業価値を評価するインハウス・バリュエーションを提唱した．インハウス・バリュエーションは市場価値と企業価値の比較分析を明確にしてくれることから，第3章で検討する資本市場に対する財務マネジメントに対して様々なインプリケーションを提供するものであると同時に，そこで用いたバリュエーション手法は，第4章で検討する企業間にわたる財務マネジメントの礎にもなるものでもあった．

　第3章はVBMの新たな展開領域の1つである資本市場に対する財務マネジメント（負債-資本の選択（第1節），情報の非対称性（第2節），株式所有構造（第3節）および，その他の財務施策）を詳しく考察したうえで，アイシン精機の一連の財務マネジメントが市場価値と企業価値にどのような効果をもたらしたのかを実務の観察に基づき考察した（第4節）．

　第1節では，資本構成のトレードオフ理論をベースに，実務上の負債-資本の選択意思決定を考察した．現実の財務戦略を検討するうえで最適と考えられる目標資本構成を設定するには，不完全市場要因を考慮する必要があり，(1)価値ある投資機会を逃さず捉えるためには一定の財務スラックの確保が必要なこと，(2)従来の財務方針との整合性を，エージェンシー（富の移転）問題として捉えて資本市場との信頼関係を維持することが必要なこと，の大きく2点を指摘し，不完全市場要因を考慮した実務上の最適資本構成の考え方を体系化した．ここでは最適資本構成を目標格付から決定し，さらに，格付をリバースエ

ンジニアすることの重要性を実務的な側面から示すとともに，債券投資家を代弁する格付機関との良好なリレーションシップの構築・維持に努めながら適切な負債-株主資本の比率をコントロールしていくことが，価値創造の財務マネジメントであることを明らかにした．

第2節では，前節で前提として取扱った，不完全市場要因の1つである情報格差，すなわち企業価値と市場価値の乖離の要因を情報の非対称性に求め，それを緩和するための対応策について IR などの直接的な情報格差の緩和と，自社株買い・配当などの間接的な緩和に区別して考察した．直接的な情報開示では，自社の競争ポジションへの影響や，開示水準の不可逆性について注意を要する．しかし IR をはじめとした，企業からの直接的かつ積極的な開示は情報格差の緩和にとって不可欠であり，具体施策としてタイムリー・ディスクロージャーの徹底，業績予測精度の向上および投資家とのコミュニケーションツールとしての具体的な戦略開示を指摘した．そして，価値創造の IR とは，投資家と企業が双方向のコミュニケーションを行なうことで期待ギャップを特定・縮小させることであり，その点でもバリューマップ分析を用いたインハウス・バリュエーションが有用性を持つことを明らかにした．

間接的な情報格差の緩和の手段としてのシグナリングについては，将来の業績の自信を表明する増配と，現在の株価の過小評価を表明する自社株買いに区分して検討した．市場に対して適切かつ効果的にメッセージを発信するためには，シグナリング理論だけでなく，フリーキャッシュフロー理論，ペッキングオーダー理論の理解が必要である．そのうえで実務上は，シグナリングを機動的に実施するために一定の財務スラックの維持が肝要であること，その他にも自社株式の流動性，株主構成，買収抵抗力などへの考慮が必要であることを指摘した．そして，企業行動自体が（企業の意図とは無差別に）市場価値に影響を与える以上，そのシグナリングをコントロールしながら財務活動を行なうことが価値創造の財務マネジメントであることを明らかにした．

第3節では，乖離の要因を株式所有構造（株式持ち合い）に求め，市場が経営介入する機会を持ち合いによって閉ざしている企業は，流通する株式に経営権の価値が反映されずエージェンシーコストの発生が見込まれる分だけ市場で

割引いて評価されるという仮説を立て，それをオプション・スタイルのモデルを用いて実証分析した．分析結果は仮説を支持するもので，収益性が等しい企業であっても株式の所有主体によって市場価値が変わり得ることが確かめられた．すなわち，価値創造の財務マネジメントの領域として，株主を適切にコントロールすることも含まれることが明らかになった．

第4節では，資本市場に対する財務マネジメントのケーススタディとして，インハウス・バリュエーション分析から得られたインプリケーションに基づいたアイシン精機の一連の資本市場への財務マネジメントを取り上げ，資本構成やペイアウト，所有構造に関する政策のみならず，子会社資本政策や経営者インセンティブなど，インハウス・バリュエーションが非常に多岐にわたって企業の意思決定に利用できることを明らかにした．また，ここでは特に，アイシン精機の意思決定プロセスでどのような議論・検討がなされていたのかという実務の詳細な観察に焦点を当て，財務マネジメントの選択・意思決定のための実務上の留意点，各施策のコンフリクトや制約を踏まえて，著者が提唱する資本市場に対する財務マネジメントの有効性を検証した．

第4章は，もう1つのVBMの新たな展開領域である，企業間にわたる財務マネジメント（ライセンシング（第1節），M&Aにおけるリアルオプション価値（第2節），M&Aにおける割引率（第3節））について考察した．

第1節では，これまでVBMで語られることの少なかったライセンス契約について，バリュー・ベイストな意思決定を考察した．まず，相互に経営資源を補完し合うライセンシングは，VBMのコンテクストでは創出されるシナジーを両者の貢献割合に応じて分配されるべきであることを指摘した．さらに，情報の非対称性と不完備契約，機会主義的行動について検討し，ライセンシングによって価値創造を実現するためのインプリケーションを実務的な視点から提供した．さらにライセンス契約の条項をリアルオプションと捉え，その経済的価値を評価できれば，価値創造の機会を逃さないだけでなく創造される価値をさらに高められる可能性があることを明らかにした．

第2節では，M&Aの買収プレミアムを，買い手が戦略機会を獲得するためのコストと捉え，その価値をリアルオプションとして考察した．その評価につ

いては，複数の実践的評価アプローチ（DTA 法，BS 式法，モンテカルロ DCF 法）を提示し，それらの適用によってバリュエーションの精度を高められるだけでなく，ポスト M&A の適切な意思決定（オプション行使）が可能となることを明らかにした．ここでも情報の非対称性が価値創造の重要なファクターとなっていることを指摘できよう．リアルオプションは買い手の経営資源とのシナジーによって発現するため，買い手にしか実現できない価値であり，言わば特殊性の高い資産であった．不確実性の増大する今日の経営環境においては，M&A をリアルオプションの獲得と理解することで伝統的な DCF 法によるバリュエーションの限界を克服し，価値創造の機会を的確に捉えディールを合意に導くことが可能となることが明らかになった．

　第 3 節では，買収価格の算定に大きな影響を持つ割引率について，特に実務上注意を要する非上場企業と事業部門のケースを取り上げて考察した．CAPM が資本コストを過小評価する傾向は以前から指摘されており，実務への適用においては企業規模や流動性についての調整が加えられるのが一般的である．しかし，買収対象である事業部門が独立企業として不完全である場合には，そこで適用されるべきバリュエーション手法は，「企業」としての評価を前提とした WACC 法ではなく，「事業」としての評価を前提とした APV 法を用いるべきであることを明らかにした．その上で適切に割引率を調整し事業部門のスタンドアローン価値の評価を行なえば，資本力や，自社事業への統合あるいは将来の転売可能性といった買収の前提が，買収事業の価値に与える影響を明確にでき，M&A によって創造される価値の源泉を把握することが可能となるからである．さらに，これらの考察によって実際の買収価格の交渉は売り手と買い手の状況に依存することが明らかになり，その状況を理解することで交渉の合意可能性すなわち価値創造の可能性を高めることを明らかにした．

　以上，本書で検討してきた内容を第 1 章で示した図 1-8 に当てはめると，本書の副題である「VBM の新たな展開」領域が明確に浮かび上がってくることが確認できる（図 5-1）．

　本書では，従来 VBM の研究の対象とされにくかった価値創造への財務マネジメントの意思決定ついて，実務の観察に基づいて分析を行なってきた．たと

第2節 価値創造の財務マネジメントのあり方 215

図 5-1. これからの財務マネジメントのあり方

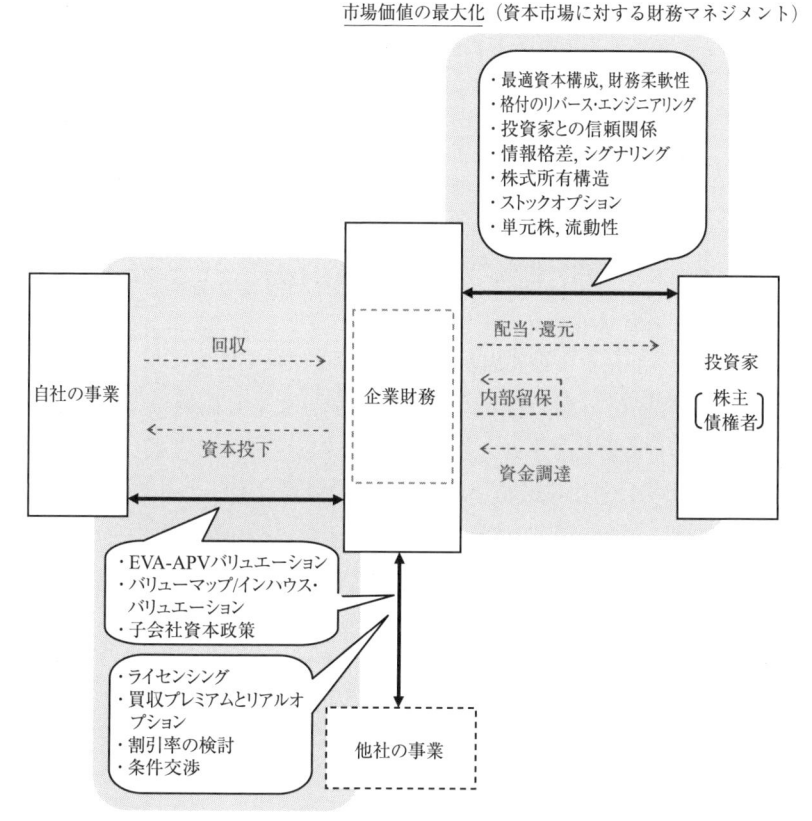

市場価値の最大化（資本市場に対する財務マネジメント）

- 最適資本構成，財務柔軟性
- 格付のリバース・エンジニアリング
- 投資家との信頼関係
- 情報格差，シグナリング
- 株式所有構造
- ストックオプション
- 単元株，流動性

自社の事業 ― 回収 → 企業財務 ― 配当・還元 → 投資家（株主／債権者）
自社の事業 ← 資本投下 ― 企業財務 ← 内部留保 ―
　　　　　　　　　　　　　　　　← 資金調達 ―

- EVA-APVバリュエーション
- バリューマップ/インハウス・バリュエーション
- 子会社資本政策

- ライセンシング
- 買収プレミアムとリアルオプション
- 割引率の検討
- 条件交渉

他社の事業

企業価値の最大化（企業間にわたる財務マネジメント）

えば第3章第1節から第3節で取り扱った，負債－資本の選択，情報の非対称性，エージェンシー問題（株式所有構造）は相互に関連性を持つことから，現実の意思決定を非常に難しいものにしていた．コーポレート・ファイナンス理論は，情報の非対称性やエージェンシー理論などを取り扱いながら，不完全な資本市場を考慮する形で発展を続けており，経営者が企業価値創造のために下す重要な経営判断に役立つ示唆を提供してくれている．しかし理論を実践に活用するためには，様々な不完全市場要因に対する多面的な洞察や分析が必要

で，施策の副次的影響やコンフリクト，制約の検討が必要なのである．実際に2002年にアイシン精機が資本構成上の目的で財務レバレッジを引き上げるために負債調達による自社株買いを実施したが，その意思決定を行なうための検討事項は，①負債の節税効果，②財務スラックの低下，③ペイアウトのシグナリング，④株式所有構造への影響，⑤株主と経営者ならびに株主と債権者のエージェンシー問題，⑥株式の流動性／ボラティリティへの影響，など非常に多岐に渡った．このように実務を詳細に観察することを通じて得られた知見は大きく，これまでの考察の結果，本書の包括的な結論として次のような価値創造の財務マネジメントのあり方を主張したい．

　まず第1に，「不完全市場要因が市場価値および企業価値に与える影響」を理解することである．「新たなVBMの展開領域」という副題のごとく，本書ではVBMにおける財務マネジメントを非常に幅広く捉えて考察した．第3章で行った資本市場に対する財務マネジメントの考察はマーケット・ファイナンス，第4章で行った企業間にわたる財務マネジメントの考察はコーポレート・ファイナンスを取り扱ったとも言え，そこでは一貫して「不完全市場要因」が価値創造の源泉であったと言えよう．第3章では主に，税金や取引コスト，情報の非対称性，エージェンシー問題などを，「市場対組織」の問題として捉え，第4章では，主に，不完備契約，機会主義，資産の特殊性，企業の境界などを，「組織対組織」の問題として捉えた．それらをいかに理解し，いかに解決するかによって価値創造が可能となるのである．

　第2に，VBMにおける意思決定プロセスを「Valuation Based Management（価値評価に基づいた（意思決定を行なう）経営）」と理解することである．本書では，自社を対象としたインハウス・バリュエーションならびに他社を対象としたバリュエーション，およびその評価プロセスについて事例を用いて詳細に検討してきた．価値の探求を目的に行なわれる多面的な考察・分析が様々な有益な情報・判断材料をもたらし，企業価値を創造するための意思決定・行動につながることが本書で明らかになったはずである．本書で考察してきた新たな展開領域におけるVBMでは，一貫して企業の意思決定において真に重要なものが（EVAなどを用いた現有事業の業績測定以上に）価値の測定・評価すなわちバリュ

エーションであるということを示してきた．ファイナンス理論，ポートフォリオ理論に基づいたバリュエーションの理論を理解し，先に指摘した不完全市場要因と結び付けながら応用・実践することで価値創造の財務マネジメントが可能となるのである．これら大きく2点が本書で最も主張したいところである．

　本書の主題である「コーポレート・ファイナンス理論と管理会計」の関係性は，今日では急速にその領域を広めると同時に複雑性を増している．企業が価格支配権を持ち規格大量生産を行なっていた時代に対して，企業の経済活動のダイナミズムと競争が過去にない高まりを見せている今日では，企業財務に求められる役割・機能が変容するのは当然であろう．その意味でますます価値創造の財務マネジメントは，「不完全な資本市場を理解したうえで，企業組織内部に資本市場の論理を適用する」という機能を求められる．企業がそれらについて洞察・理解・解釈を行ったうえで仮説を立てながら行動することで，財務マネジメントによって価値を創造できることを実務の観察と検証によって本書で明らかにしてきた．しかしまた，その反面で，一企業の努力では解決されない不完全市場要因も存在する．たとえば資本市場が極端に楽観的であったバブル期，その対極的な平成不況のような外部環境，またそれが一定期間継続するような場合では，企業はどのような財務マネジメントとしての行動を起こすべきなのかは本研究では十分に明らかにされていない．企業が環境に働きかけを行なえば，環境はそれに対して何らかのポジティブな反応を見せるという前提で本書は作成されている．これらを解明することが本研究に残された課題である．

補論

EVA バリュエーションと DCF バリュエーションの等価性と業績評価の数値例

　第2章第1節 (3) で検討した「DCF バリュエーションと EVA バリュエーションの等価性と業績評価」について，当補論で数値例を用いて，EVA バリュエーションと DCF バリュエーションが等価でありながらも，EVA が1期間の経済的利益を適切に把握できることを確認する．

　本書で示した DCF バリュエーションと EVA バリュエーションの等価性の証明および評価例を再度示す．「企業価値＝将来 FCF の割引現在価値の総和」と定義すると，「企業価値＝期首投下資本（簿価）＋将来 EVA の割引現在価値の総和」と再定義できた．

$$EVA_t = NOPAT_t - (COC \times Cap_{t-1})$$

$$FCF_t = NOPAT_t - I_t$$
$$= NOPAT_t - (Cap_t - Cap_{t-1})$$

$$\left\{\begin{array}{ll} V_t & : t期末の企業価値 \\ NOPAT_t & : t期の税引後営業利益 \\ EVA_t & : t期のEVA \\ COC & : 資本コスト \\ Cap_t & : t期末の投下資本 \\ FCF_t & : t期のフリーキャッシュフロー \\ I_t & : t期の純投資額 (Cap_t - Cap_{t-1}) \end{array}\right.$$

　FCF の割引現在価値が企業価値 V_t とすると

$$V_t = \sum_{\tau=1}^{\tau=\infty} \frac{FCF_{t+\tau}}{(1+COC)^\tau}$$

①②式より

$$V_t = \sum_{\tau=1}^{\tau=\infty} \frac{EVA_{t+\tau} + (COC \times Cap_{t+\tau-1}) - (Cap_{t+\tau} - Cap_{t+\tau-1})}{(1+COC)^\tau}$$

よって,

$$V_t = \sum_{\tau=1}^{\tau=\infty} \frac{EVA_{t+\tau} + (1+COC)Cap_{t+\tau-1} - Cap_{t+\tau}}{(1+COC)^\tau}$$

$$\lim_{\tau \to \infty} \frac{Cap_{t+\tau}}{(1+COC)^\tau} = 0 \quad \text{より}$$

$$V_t = Cap_t + \sum_{\tau=1}^{\tau=\infty} \frac{EVA_{t+\tau}}{(1+COC)^\tau}$$

表6-1. DCFバリュエーションとEVAバリュエーション

t (期)		1	2	3	4	5	Terminal	
(1) 売上			1,000	1,050	1,103	1,158		5%成長
(2) NOPAT			100	105	110	116		売上高利益率=10%
(3) 減価償却費			40	42	44	46		投下固定資産(t−1)×20%
(4) 設備投資			50	53	55	46		Cap(t)−Cap(t−1)+Depre(t)
(5) 投下固定資産 (net)		200	210	221	232	232		売上(t+1)/投下固定資産回転(5.0)
(6) 資本費用	15%		30	32	33	35		投下固定資産(t−1)*15%
EVA	(2)−(6)		70	74	77	81	540	NOPAT−資本コスト
	現価係数		1.15	1.32	1.52	1.75		
EVA現在価値			61	56	51	46	309	
投下営業資産簿価(1期)		200						
MVA (=Σ[PV of EVA])		522						
企業価値		722 (A)						
(7) FCF	(2)+(3)−(4)		90	95	99	116	772	NOPAT+減価償却費−設備投資
FCF現在価値			78	71	65	66	441	
Σ[FCF現在価値]		722 (B)						
(A)−(B)=	**0.000**							

① 売上成長＝5%
② 税引後営業利益率＝10%
③ 減価償却費＝投下固定資産（t−1）×20%
④ 投下固定資産回転率＝売上(t+1)÷投下固定資産＝5.0回（所要設備投資額は③④から逆算）
⑤ 資本コスト＝15%
⑥ 第5期（t=5）以降は売上成長をゼロ
 （そのため第5期以降の総設備投資額は減価償却費と同額になり，FCF，EVAともに第5期以降一定となり Terminal value を求める.）

と仮定する．各バリュエーション・モデルで算出される企業（あるいは事業）の理論価値は，

　　EVAバリュエーション：投下資本簿価(t=1)＋MVA＝200＋522＝**722**
　　　　　※MVA（Market Value Added）＝∑[EVAの現在価値]（＝株式時価総額−株主資本簿価）

　　DCFバリュエーション：FCFの現在価値＝**722**

となり，厳密に一致する（(A)=(B)）．

(1) 減価償却費の会計手続とEVA

　定率法による減価償却は，必ずしも収益−費用の対応を適切に表わさないことが多い．そのため，最大限償却された資産をベースにEVAを計算するとどうなるかを見てみよう．先の表6-1では減価償却を，前年度固定資産×20%としている（定額法のイメージ）が，これが前倒し（定率法のイメージ）された場合のEVAを表6-2に示す．

　減価償却費の会計処理とEVAの動きに着目したいため，ここでは税金を無視する．その場合，減価償却費はFCFには影響を与えないため，DCFバリュエーションでは前出の表6-1の企業価値722から変化していない．しかしEVAバリュエーションでも，EVAは利益に減価償却費を足し戻さないながら

表 6-2. 減価償却費と EVA

t (期)			1	2	3	4	5 Terminal
(1)	売上			1,000	1,050	1,103	1,158
(2)	NOPAT			60	105	150	116
(3)	減価償却費			80	42	4	46
(4)	設備投資			50	53	55	46
(5)	投下固定資産		200	170	181	232	232
(6)	資本コスト	15%		30	26	27	35
	EVA	(2) − (6)		30	80	123	81	540
	現価係数			1.15	1.32	1.52	1.75
	EVA 現在価値			26	60	81	46	309
	投下営業資産簿価 (期)		**200**				
	MVA (=∑[PV of EVA])		**522**				
	企業価値		**722 (A)**				
(7)	FCF	(2)+(3)−(4)		90	95	99	116	772
	FCF 現在価値			78	71	65	66	441
	∑[**FCF 現在価値**]		**722 (B)**				
	(A) − (B) =	**0.000**					

も，DCF バリュエーションと一致した算定結果を返していることが分かる．

　EVA は，NOPAT から減額するとい点で発生主義会計の影響を強く受ける．実際に，各会計期間の動きに着目すると，会計処理によって EVA の数値が歪められてしまうことが確認できよう．EVA において減価償却費は，経済的コストであるとの認識から NOPAT において減額されると同時に，投下資本も減少させ翌期以降の資本コストを減少させる．

　表 6-1 においては，FCF, EVA ともに売上に比例してコンスタントに 5% の成長をしているが，表 6-2 では減価償却費が早期に計上（定率償却）されることで，第 2 期の EVA が 30，第 4 期が 123 と，EVA 成長率は年率 100% を越す数字となってしまっている．すなわち，EVA による業績測定において減価償却費は，収益と費用を対応させた正しい経済的費用を表わすように修正しなければならない．

(2) 純運転資本 (Net Working Capital)

　EVA にでは純運転資本の増減は NOPAT に影響しない．これは，DCF バリュ

表 6-3. 運転資本と EVA (1)

t (期)		1	2	3	4	5	Terminal	
(1) 売上			1,000	1,050	1,103	1,158		5% 成長
(2) NOPAT			100	105	110	116		売上高利益率=10%
(3) 減価償却費			40	42	44	46		投下固定資産(t-1)×20%
(4) 設備投資			50	53	55	46		Cap(t)−Cap(t-1)+Depre(t)
(5) 投下固定資産		200	210	221	232	**232**		売上(t+1)/投下固定資産回転(5.0)
(6) 運転資本		30	32	33	35	**35**		売上(t+1)×3%
投下営業資産	(5)+(6)	**230**	242	254	266	266		
(7) 資本コスト	15%		35	36	38	40		=Inv Cap(t-1)×15%
EVA	(2)−(7)		66	69	72	76	505	NOPAT−資本コスト
	現価係数		1.15	1.32	1.52	1.75		
EVA 現在価値			57	52	47	43	289	
投下営業資産簿価(1期)		**230**						
MVA (=∑[PV of EVA])		**489**						
企業価値		**719**(A)						
(8) 運転資本増減			2	2	2	0		
(9) FCF	(2)+(3)−(4)−(8)		89	93	98	116	772	NOPAT+減価償却費−設備投資−運転資本増加
FCF 現在価値			77	70	64	66	441	
∑[FCF 現在価値]		**719**(B)						
(A)−(B)=		**0.000**						

エーションのリターンの認識方法との大きな相違点の一つである．DCF バリュエーションの場合，売掛債権・在庫等の増加は投資として認識し，買掛債務・未払費用等の増加はリターンと認識する．それに対し EVA では純運転資本の増減は直接リターン（NOPAT）の増減とはせずに，投下資本を通じた資本コストの増減という形で認識する．これは，運転負債を無コストの資金調達と考えている訳ではなく，仕入先や従業員への後払いにかかるコストは売上原価等から NOPAT に反映されていると考えるためである．具体的に表 6-3 を示す．

ここでも FCF と EVA による評価はやはり厳密に一致している．しかし，運転資本の増減をリターンとしてカウントした場合（FCF のケース）その各期の変動は非常に大きくなってしまうことが分かる．具体例が図表 6-4 で，第 3 期の運転資本が大きく変動（表 6-3 の 33 から表 6-4 の 200 に増加）したとする．このような運転資本の動きは，現実においては例えば，既に大規模な受注を持っており，先行生産を行なっていると仮定すればよい．在庫（運転資産）が積み上がっていく過程で当然キャッシュアウトが発生し，FCF は減少する．第 3

表6-4. 運転資本とEVA (2)

t (期)		1	2	3	4	5 Terminal	
(1) 売上			1,000	1,050	1,103	1,158	5%成長
(2) NOPAT			100	105	110	116	売上高利益率=10%
(3) 減価償却費			40	42	44	46	投下固定資産 (t−1)×20%
(4) 設備投資			50	53	55	46	Cap(t)−Cap(t−1)+Depre(t)
(5) 投下固定資産		200	210	221	232	232	売上(t+1)/投下固定資産回転 (5.0)
(6) 運転資本		30	32	200	35	35	売上(t+1)×3%
投下営業資産 (5)+(6)		230	242	421	266	266	
(7) 資本コスト 15%			35	36	63	40	=Inv Cap(t−1)×15%
EVA (2)−(7)			66	69	47	76	505 NOPAT−資本コスト
現価係数			1.15	1.32	1.52	1.75	
EVA 現在価値			57	52	31	43	289
投下営業資産簿価 (1期)		230					
MVA (=∑[PV of EVA])		472					
企業価値		702 (A)					
(8) 運転資本増減			2	169	−165	0	
(9) FCF (2)+(3)−(4)−(8)			89	−74	264	116	772 NOPAT+減価償却費−設備投資−
FCF 現在価値			77	−56	174	66	441 運転資本増加
∑[FCF 現在価値]		702 (B)					
(A)−(B)= 0.000							

期と第4期のFCFはそれぞれ▲74と+264となる（表6-4の(9)）．その時EVAはどのような動きを示すだろう．第3期と第4期のEVAはそれぞれ+69と+47である．先行生産をしたことにより第3期においてキャッシュが固定化され，資本コストが第4期において38から63に25だけ増加している．

これは，運転資本が32から168増加して200になった結果，資本コストも168×15%（=25）増加したためである．運転資本の増加・減少を直接リターンの増減と捉えるか，それとも，資本コストに影響させるのか，経済的利益を考える場合どちらが合理的だろうか．

第3期のFCFが在庫増加のためマイナスになったとしても，その事実を当該期間の価値のマイナスと考えるのは不合理ではないだろうか．経済的には，利益を生んでいる過程なのである．

EVAでは，純運転資本の増加に対して，キャッシュが固定化された結果として，その機会費用（資本コスト）を認識する．他方，純運転資本の減少に対し

表6-5. EE's と EVA

t (期)		1	2	3	4	5 Terminal	
(1) 売上			1,000	1,050	1,103	1,158	5% 成長
(2) NOPAT			100	105	110	116	売上高利益率=10%
修正 NOPAT			102	133	95	116	NOPAT+EE's 増加額
(3) 減価償却費			40	42	44	46	投下固定資産(t−1)×20%
(4) 設備投資			50	53	55	46	Cap(t)−Cap(t−1)+Depre(t)
EE's 残高		0	2	30	15	15	
(5) 投下固定資産		200	210	221	232	232	売上(t+1)/投下固定資産回転率(5.0)
(6) 運転資本		30	30	63	50	50	
図表2-1 の運転資本		30	32	33	35	35	売上(t+1)×3%
投下営業資産 (5)+(6)		230	244	284	281	281	
(7) 資本コスト 15%			35	37	43	42	Inv Cap(t−1)×15%
EVA (2)−(7)			68	96	53	74	490	修正 NOPAT−資本コスト
現価係数			1.15	1.32	1.52	1.75	
EVA 現在価値			59	73	35	42	280	
投下営業資産簿価 (1期)	230						
MVA (=∑[PV of EVA])	489						
企業価値	719 (A)						
(8) 運転資本増加			4	30	−13	0	
EE's 増加			2	28	−15	0	
(9) FCF (2)+(3)−(4)−(8)+EE's			89	93	98	116	772
FCF 現在価値			77	70	64	66	441
∑[FCF 現在価値]	719 (B)						
(A)+(B)=	0.000						

運転資産 | 運転負債
EE's 30
純運転資本 63 | 図表2-1 の運転資本 33

図6-1. EE's と純運転資本, 投下資本 (第3期)

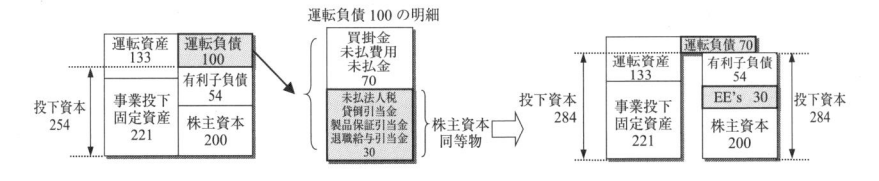

運転負債100の明細:
買掛金, 未払費用, 未払金 → 70
未払法人税, 貸倒引当金, 製品保証引当金, 退職給与引当金 → 30 (株主資本同等物)

左図: 運転資産133 | 運転負債100 / 有利子負債54 / 株主資本200, 事業投下固定資産221, 投下資本254

右図: 運転資産133 | 運転負債70 / 有利子負債54 / EE's 30 / 株主資本200, 事業投下固定資産221, 投下資本284

ては,キャッシュがリリースされたものとしてその機会費用を減額させる.経済的利益という観点からは,純運転資本の増減は資本コストの増減として表わされ,1会計期間の業績を表わす管理指標という考え方からは,FCF よりも EVA の方が合理的だといえる.(ここでも FCF と EVA バリュエーションは厳密に一致している.)

(3) 株主資本同等物 (Equity Equivalent Reserves, EE's)

最後に，引当金を株主資本同等物として取り扱った具体的バリュエーションを図表6-5に示そう．先に表6-3で運転資本を考慮して例示したが，運転負債として一部に引当金が入っていたものと仮定する．ここでは引当金を，その性質からリターンとして（キャッシュベースで）捉えるため，その増加額をNOPATに加算すると同時に，残高を投下資本に含める．（FCFは不変であるため，結果的に算出される企業価値は表6-3と同額の719となっている．）たとえば第3期において表6-3と比較してみると，表6-5では引当金30を内部留保（EE's）とみなすため純運転資本は同額（30）増加（投下資本全体では表6-3の254から284）し，翌期の資本コストを上昇させる．しかし同時に，引当金増加額28はリターンとしてNOPATに加算するため表6-3の105から133に増加している．

会計処理の恣意性を排除し，経済実態としての利益を捉えるために，株主資本同等物の増減額をNOPATに加減算して，「利益」概念をより客観的かつキャッシュ・リターンに近づけるのである．

VBMを志向する企業にとって，価値創造を適切に表わす業績評価指標を選択することが必要であることは言うまでもない．会計利益における株主資本コストの認識の欠如，GAAPによって生じる様々な会計利益の歪みによって，価値創造のための適切な意思決定が妨げられるならば，そして，その業績評価指標は多期間にわたるキャッシュフローで創造される価値と連動しなければならない．以上，表6-1から表6-5，および図6-1にかけて具体的な数値例を用いて，DCFバリュエーションとEVAバリュエーションが常に等価であること，さらにEVAが一会計期間の業績評価指標としても経済的利益すなわち富の創造を適切に測定できることが確認できた．

参考文献

外国語

Abegglen, J.C. and G. Stalk (1985) *Kaisya, The Japanese Corporation,* Jackson, TN: Basic Books.（植山周一郎訳 (1990)『カイシャ：次代を創るダイナミズム』講談社）.

Admati, A.R., P. Pfleiderer and J. Zechner (1994) "Large Shareholder Activism, Risk Sharing, and Financial Market Equilibrium," *Journal of Political Economy* 102, 1097–1130.

Aharony, L. and I. Swary (1995) "Quarterly Dividend and Earnings Announcements and Stockholders' Returns: An Empirical Analysis," *Journal of Finance* 35, 1–12.

Amaram, M. and N. Kulatilaka (1999) *Real Options,* Cambridge, MA: Harvard Business School Press.

Annin, M. (1997) "Fama-French and Small Company Cost of Equity Calculations," *Business Valuation Review* 16, 3–13.

Aoki, M. (1990) "Toward an Economic Model of the Japanese Firm," *Journal of Economic Literature* 28, 1–27.

Aoki, M. and R. Dore (eds.) (1994) *Japanese Firm: Source of Competitive Strength,* Oxford: Oxford University Press.（NTTデータ通信システム科学研究所訳 (1995)『国際・学際研究システムとしての日本企業』NTT出版）.

Arnold, G. (2000) "Tracing the development of value-based management," in: Arnold, G. and M. Davies (eds.) *Value-Based Management: Context and Application,* Hoboken, NJ: John Wiley & Sons, pp. 7–36.

Bagwell, L.S. (1991) "Shareholder Heterogeneity: Evidence and Implications," *American Economic Review* 81, 218–221.

Balakrishnan, R., T.S. Harris and P.K. Sen (1990) "The Predictive Ability of Geographic Segment Disclosures," *Journal of Accounting Research* 28, 305–325.

Baldwin, B.A. (1984) "Segment Earnings Disclosure and the Ability of Security Analysts to Forecast Earnings Per Share," *Accounting Review* 54, 376–389.

Banz, R.W. (1981) "The Relationship between Return and Market Value of Common Stocks," *Journal of Financial Economics* 9, 3–18.

Barry, C.B. and S.J. Brown (1984) "Differential Information and the Small Firm Effect," *Journal of Financial Economics* 13, 283–294.

Barth, M.E., W.H. Beaver and W.R. Landsman (1996) "Valuation Characteristics of Equity Book Value and Net Income: Tests of the Abandonment Option Hypothesis," *Working Paper,* Stanford, CA: Stanford University and University of North Carolina at Chapel Hill. SSRNよりダウンロード（http://papers.ssrn.com）.

Black, A., J. Wright, J. Bachman, M. Makall and P. Wright (1998) *In Search of Shareholder Value: Managing the Drivers of Performance,* Marstons Hills, MA: Pitman Publishing.（プライスウォーターハウス訳 (1998)『株主価値追求の経営：キャッシュフローによる企業改革』東洋経済新報社）.

Boquist, J.A., T.T. Milbourn and A.V. Thakor (2000) *The Value Sphere : Secrets of Creating & Retaining Shareholder Wealth,* Bloomington: IN Value Integration Associates.

Botosan, C. (1997) "Disclosure Level and the Cost of Equity Capital," *The Accounting Review* 72, 323–349.

Brealey, R.A. and S. Myers (2000) *Principles of Corporate Finance* (international ed.), New York: McGraw-Hill.

Burgstahler, D.C. and I.D. Dichev (1997) "Earnings, Adaptation, and Equity Value," *The Accounting Review* 72, 187–215.

Chambers, D.R., R.S. Harris and J.J. Pringle (1982) "Treatment of Financing Mix in Analyzing Investment Opportunities," *Financial Management*, Summer, 24–41.

Charest, G. (1978) "Dividend Information, Stock Returns and Market Efficiency 11," *Journal of Financial Economics* 6, 297–330.

Chevalier, J.A. (1995a) "Capital Structure and Product-market Competition: Empirical Evidence from the Supermarket Industry," *American Economic Review* 58, 415–435.

Chevalier, J.A. (1995b) "Do LBO Supermarkets Charge More? An Empirical Analysis of the Effects of LBOs on Supermarket Pricing," *Journal of Finance* 50, 1095–1112.

Chujo, Y. and A. Ohnishi (2002) "Linking Ownership Structure to Valuation of Japanese Firms: An Analysis Using Accounting Valuation Model, *Collected Papers of AAAA 2002 in Nagoya*, 451–471.

Collins D.W., E.L. Maydew and I.S. Weiss (1997) "Changes in the Value-Relevance of Earnings and Book Values Over the Past Forty Years," *Journal of Accounting and Economics* 24, 39–67.

Copeland, T., T. Koller and J. Murrin (1994) *Valuation: Measuring and Managing the Value of Companies* (2nd ed.), New York: McKinsey. (伊藤邦雄訳 (2000)『企業評価と戦略経営：キャッシュフロー経営への転換』日本経済新聞社).

— (2000) *Valuation: Measuring and Managing the Value of Companies* (3rd ed.), New York: McKinsey. (マッキンゼー・コーポレート・ファイナンス・グループ訳 (2002)『企業価値評価：価値創造の理論と実践』ダイヤモンド社).

— (2005) *Valuation: Measuring and Managing the Value of Companies* (4th ed.), New York: McKinsey. (本田桂子監訳 (2006)『企業価値評価 (上)』『企業価値評価 (下)』ダイヤモンド社).

Copeland, T. and V. Antikarov (2001) *Real Options*, New York: TEXERE.

Damodaran, A. (1997) *Corporate Finance: Theory and Practice*, New York: Willey.

— (1999) *Applied Corporate Finance: A User's Manual*, New York: John Wiley & Sons.

— (2002) *Investment Valuation* (2nd ed.), New York: John Wiley & Sons.

Dechow, P.M. (1994) "Accounting Earnings and Cash Flows as Measures of Firm Performance: The Role of Accounting Accruals," *Journal of Accounting and Economics* 18, 3–42.

Dhaliwal, D.S. (1979) "Disclosure Regulations and the Cost of Capital," *Southern Economic Journal* 45, 785–794.

Diamond, D.W. and R.E. Verrecchia (1991) "Disclosure, Liquidity, and the Cost of Capital," *Journal of Finance* 46, 1325–1359.

D'Mello, R. and S.P. Ferris (2000) "The Information Effects of Analyst Activity at the Announcement of New Equity Issues," *Financial Management* 29, 78–95.

Drucker, P.F. (1995) "The Information Executives Truly Need," *Harvard Business Review* January/February, 54–62.

Eckbo, E. (1986) "The Valuation Effects of Corporate Debt Offerings," *Journal of Financial Economics* 15, 119–152.

Edwards, E. and P. Bell (1961) *The Theory and Measurement of Business Income*, Berkeley:

University of California Press.（中西寅雄監修・伏見多美雄・藤森三男訳（1964）『意思決定と利潤計算』日本生産性本部）.

Ehrbar, A. and G.B. Stewart 111 (1999) "The EVA Revolution," *Journal of Applied Corporate Finance* 12(2), 18–31.

Ehrhardt, M.C. (1994) *The Search for Value: Measuring the Company's Cost of Capital*, New York: American Finance Association.

Elliott, R.K. and P.D. Jacobson (1994) "Costs and Benefits of Business Information Disclosure," *Accounting Horizon* 8, 80–96.

Evans, C.F. and D.M. Bishop (2001) *Valuation for M&A: Building Value in Private Companies*, New York: John Wiley & Sons.Fama, E.F. and K.R. French (1992) "The Cross Section of Expected Stock Returns," *Journal of Finance* 47, 427–465.

Francis, J. and K. Schipper (1999) "Have Financial Statements Lost Their Relevance?" *Journal of Accounting Research* 37, 319–352.

Francis, J.P. Olsson and D. Oswald (2000) "Comparing the Accuracy and Explainability of Dividend, Free Cash Flow and Abnormal Earnings Equity Values Estimates," *Journal of Accounting Research* 38, 45–70.

Grossman, S.J. and O. Hart (1980) "Takeover Bids, the Free-Rider Problem, and the Theory of the Corporation," *The Bell Journal of Economics* 11, 42–64.

Harris, M. and A. Raviv (1991) "The Theory of Capital Structure," *Journal of Finance* 46, 297–355.

Hayn, C. (1995) "The Information Content of Losses," *Journal of Accounting and Economics* 20, 25–153.

Higgins, R.C. (2001) *Analysis for Financial Management* (6th ed.), New York: The McGraw-Hill Companies.（グロービス・マネジメント・インスティテュート訳（2002）『ファイナンシャル・マネジメント』ダイヤモンド社）.

Hooke, J.C. (1997) *M&A: A Practical Guide to Doing the Deal*, New York: John Wiley & Sons.

Ibbotson Associates (1998) *Cost of Capital Workshop*, Chapter 1, Chicago.

— (2003) *SBBI 2003 Yearbook*, Chicago.

Inselbag, I. and H. Kaufold (1997) "Two DCF Approaches for Valuing a Companies Under Alternative Financing Strategies and How to Choose Between Them," *Journal of Applied Corporate Finance* 10(1), 114–122.

Ittner, C.D. and D.F. Larcker (2001) "Assessing Empirical Research in Managerial Accounting: A Value-based Management Perspective," *Journal of Accounting and Economics* 32, 349–410.

Jensen, M.C. (1986) "Agency Costs of Free Cash Flow, Corporate Finance and Takeovers," *American Economic Review* 76, 323–329.

Jensen, M.C. and W. Meckling (1976) "Theory of the Firm: Managerial Behavior, Agency Costs and Ownership Structure," *Journal of Financial Economics* 3, 305–360.

Kang, J. and A. Shivdasani (1995) "Firm Performance, Corporate Governance, and Top Executive Turnover in Japan," *Journal of Financial Economics* 38, 29–58.

Kaplan, S.N. and B.A. Minton (1994) "Appointments of Outsiders to Japanese Boards: Determinants and Implications for Managers," *Journal of Financial Economics* 36, 225–258.

Kavenock, D. and G.M. Phillips (1997) "Capital Structure and Product Market Behavior: An Examination of Plant Exit and Investment Decisions," *Review of Financial Studies* 10, 797–803.

Lessard, D.R. (1991) "Global Competition and Corporate Finance in the 1990s," *Journal of Applied Corporate Finance* 3(4), 59-72.

Lev, B. (2001) *Intangibles: Management, Measurement, and Reporting*, Washington, D.C.: Brookings.（広瀬義州・桜井久勝訳（2002）『ブランドの経営と会計：インタンジブルス』東洋経済新報社）.

Lichtenberg, F.R. and G.M. Pushner (1994) "Ownership Structure and Corporate Performance in Japan," *Japan and the World Economy* 6, 239-261.

Luehrman, T.A. (1997a) "What is Worth?: A General Manager's Guide to Valuation," *Harvard Business Review*, 5-6, 132-141.（鈴木一功訳（1997）「キャッシュを生む事業を見極め，投資の意思決定をサポートする：戦略的マネージャーのための事業価値評価ツール（1）」『ダイヤモンド・ハーバード・ビジネス』第9号，36-51頁）.

— (1997b) "Using APV: A Better Tool for Valuing Operations," Harvard Business Review, 5-6, 145-154.（田川秀明訳（1997）「APVを利用した事業価値の評価手法：戦略的マネージャーのための事業価値評価ツール（2）」『ダイヤモンド・ハーバード・ビジネス』第9号，52-63頁）.

Mackie-Mason, J.K. (1990) "Do Taxes Affect Corporate Financing Decisions?" Journal of Finance 45, 1471-1493.

Malmi, T. and S. Ikaheimo (2003) "Value Based Management practice: some evidence from the field," *Journal of Management Accounting Research* 14, 235-254.

Martin, J.D. and J.W. Petty (2000) *Value Based Management: The Corporate Response to the Shareholder Revolution*, Boston, MA: Harvard Business School Press.

McConnell, J.J. and H. Servaes (1990) "Additional Evidence on Equity Ownership and Corporate Value." *Journal of Financial Economics* 27, 595-612.

Mehara, R. and E.C. Prescott (2003) "The Equity Premium in Retrospect," *Handbook of the Economics in Finance* 1B, 887-936.（徳永俊史訳（2006）「エクイティプレミアムの回顧」所収：加藤英明監訳『金融経済ハンドブック2』丸善，945-999頁）.

Miles, J. and J.R. Ezzell (1980) "The Weighted Average Cost of Capital, Perfect Capital Markets, and Project Life: A Clarification," *Journal of Financial and Quantitative Analysis*, September, 719-730.

Milgrom, P. and J. Roberts (1992) *Economics, Organization & Management*, Englewood Cliffs, NJ: Prentice Hall.（奥野正寛・伊藤秀史・今井晴雄・西村理・八木甫訳（1997）『組織の経済学』NTT出版）.

Miller, M.H. and F. Modigliani (1961) "Dividend Policy, Growth, and the Valuation of Shares," *Journal of Business* 34, 411-433.

— (1966) "Some Estimates of the Cost of Capital to the Electric Utility Industry, 1954-57," *American Economic Review* 56, 333-391.

Modigliani, F. and M. Miller (1958) "The Cost of Capital, Corporate Finance, and the theory of Investment," *American Economic Review*, 48, 261-297.

— (1963) "Corporate Income Taxes and the Cost of Capital: A Correction," *American Economic Review*, June, 433-443.

Morck, R.A. Shleifer and R.W. Vishny (1988) "Management Ownership and Market Valuation: An Empirical Analysis," *Journal of Financial Economics* 20, 293-315.

Myers, S.C. (1974) "Interactions of Corporate Financing and Investment Decisions: Implications for Capital Budgeting," *Journal of Finance* 29, 1-25.

Myers, S.C. (1977) "Determination of Corporate Borrowing," *Journal of Financial Economics* 5, 147–175.

— (1984) "Capital Structure Puzzle," *Journal of Finance* 39, 575–592.

Myers, S.C. and N.S. Majluf (1984) "Corporate Financing and Investment Decisions when Firms Have Information that Investors Do Not Have," *Journal of Financial Economics* 13, 187–221.

Night, J.A. (1998) *Value Based Management*, New York: McGraw-Hill.

Ogden, J.P., F.C. Jen and P.F. O'Connor (2003) *Advanced Corporate Finance: Policies and Strategies*, Englewood Cliffs, NJ: Prentice Hall.（徳崎進訳（2004）『アドバンストコーポレートファイナンス：政策と戦略』ピアソン・エデュケーション）．

Ohlson, J. (1995) "Earnings, Book Value, and Dividends in Security Valuation," *Contemporary Accounting Research* 11, 661–687.

Ohnishi, A. and T. Mitsuta (2007) "Value-Based Determination of Royalty Rate and Real Option Value in Licensing Contract of Intellectual Property: A Case Study in a Japanese Auto-Parts Maker," Paper Presented in European Accounting Association 30th Annual Congress in Lisbon.

Ohnishi, A. and Y. Chujo (2002) "Ownership Structure, Corporate Governance and Stock Price of the Japanese Firm: An Explanation from the Accounting Model," *Paper Presented in European Accounting Association 25th Annual Congress in Copenhagen*, (unpublished).

Penman, S. and T. Sougiannis (1998) "A Comparison of Dividend, Cash Flow, and Earnings Approaches to Equity," *Contemporary Accounting Research* 15, 343–383.

Pettit, R.R. (1972) "Dividend Announcements, Security Performance, and Capital Market Efficiency," *Journal of Finance* 27, 993–1007.

Pratt, S.P. (1998) *Cost of Capital: Estimation and Applications*, Hoboken, NJ: John Wiley & Sons.（菊池正俊訳（1999）『資本コストを活かす経営：推計と応用』東洋経済新報社）．

Pratt, S.P., R.F. Reilly and R.P. Schweihs (1998) *Valuing Small Businesses & Professional Practice* (3rd ed.), New York: McGraw-Hill.

Pratt, S.P. (2001) *Business Valuation: Discounts and Premiums*, Hoboken, NJ: John Wiley & Sons.

Rappaport, A. (1986) *Creating Shareholder Value: The New Standard for business Performance*, New York: The Free Press.（岡野光喜・古倉義彦訳（1989）『株式公開と経営戦略：株主利益法の応用』東洋経済新報社）．

— (1999) "New Thinking on How to Link Executive Pay with Performance," *Harvard Business Review* March-April, 91–101.

— (2000) *Creating Shareholder Value*: *A Guide for Managers and Investors*, New York: The Free Press.

Rappaprot, A. and M.J. Mauboussin (2001) *Expectations Investing*: *Reading Stock Prices for Better Returns*, Boston: Harvard Business School Press.（新井富雄・芹田敏夫・高橋文郎訳（2003）『エクスペクテーション投資入門』日本経済新聞社）．

Razgaitis, R. (1999) *Early-Stage Technologies*: *Valuation and Pricing*, Hoboken, NJ: John Wiley & Sons.（菊池純一・石井康之訳（2004）『アーリーステージ知財の価値評価と価格設定』中央経済社）．

Razgaitis, R. (2002) *Valuation and Pricing of Technology-Based Intellectual Property*, Hoboken, NJ: John Wiley & Sons.

Sharpe, W.F. (1964) "Capital asset prices: A theory of Market Equilibrium under Conditions of Risk," *Journal of Finance* 19, 425–442.

Sheard, P. (1989) "The Main Bank System and Corporate Monitoring and Control in Japan," *Journal of Economic Behavior and Organization* 7, 55-87.

Sheard, P. (1994) "Main Banks and the Governance of Financial Distress," in: Aoki, M. and H. Patrick (eds.) *The Japanese Main Bank System*, Oxford: Oxford University Press.

Shleifer, A. and R.W. Vishny (1986) "Large Shareholders and Corporate Control," *Journal of Political Economy* 94, 461-488.

— (1992) "Liquidation Values and Debt Capacity: A Market Equilibrium Approach," *Journal of Finance* 47, 1343-1366.

Smith, G.V. and R.L. Parr (2000) *Valuation of Intellectual Property and Intangible Assets* (3rd ed.), Hoboken, NJ: John Wiley & Sons.

Soter, D., D.E. Brigham and P. Evanson (1996) "The Dividend Cut: 'Heard Round The World': The Case of FPL," *Journal of Applied Corporate Finance* 9(1), 4-15.

Stern, J. (1994) "Stern Stewart EVA Roundtable," in: Stern, J. (eds.) *The Revolution in Corporate Finance*, Malden, MA: Blackwell Business.

Stewart, G.B. (1991a) *The Quest for Value*, New York: Harper Business.（日興リサーチセンター・河田剛・長掛良介・須藤亜里訳（1998）『EVA創造の経営』東洋経済新報社).

Stewart, G.B. (1991b) "Remaking the Public Corporation from Within," *Corporate Finance and the Capital Markets*, Boston, MA: Harvard Business School Press.

Stulz, R. (1988) "Managerial Control of Voting Rights: Financing Policies and the Market for Corporate Control," *Journal of Financial Economics* 20, 25-54.

Sullivam, P.H. (2000) *Value-Driver Intellectual Capital: How to Convert Intangible Corporate Assets into Market Value*, Hoboken, NJ: John Wiley & Sons.（森田松太郎監修（2002）『知的経営の真髄：知的資本を市場価値に転換させる手法』東洋経済新報社).

Sunder, S.L. (1991) "The Stock Price Effect of Risky Versus Safe Debt," *Journal of Financial and Quantitative Analysis* 26, 549-558.

Sunder, S.L. and S.C. Myers (1999) "Testing Static Tradeoff against Pecking Order Models of Capital Structure," *Journal of Financial Economics* 51, 219-244.

Trigeoris, L. (1996) *Real Options*: *Managerial Flexibility and Strategy in Resource Allocations*, MIT Press.

Ulrich, D. and N. Smallwood (2003) *Why the Bottom Line Isn't it!*: *How to Build Value Trough People and Organization*, Hoboken, NJ: John Wiley & Sons.（伊藤邦雄（2004）『インタンジブル経営：競争優位をもたらす「見えざる資産」構築法』ランダムハウス講談社).

Vogel, E.F. (1979) *Japan as No. 1*, Boston, MA: Harvard University Press.（広中和歌子・木本彰子訳（2004）『ジャパン・アズ・ナンバーワン』TBSブリタニカ).

Warner, J.B. (1977) "Bankruptcy Cost: Some Evidence," *Journal of Finance* 26, 337-348.

Young, S.D. and S. F. O'Byrne (2001) EVA^{TM} *and Value-Based Management*, New York: McGraw-Hill.

Zingales, L. (1988) "Survival of the Fittest or the Fattest? Exit and Financing in the Trucking Industry," *Journal of Finance* 53, 905-938.

日本語

青木昌彦・奥野正寛編（1996）『経済システムの比較制度分析』東京大学出版会.
赤尾謙一郎・鈴木健治（2005）「職務発明訴訟判決から見た特許権の価値の価値評価の課題：知的財産権法と知財価値評価とを繋ぐ視点」『パテント』第58巻第1号, 83-92頁.

砂川伸幸 (2002)「自社株買入れ消却と株価動向の理論」『証券アナリストジャーナル』第40巻第3号, 110-125頁.

井手正介 (1994)『日本の企業金融システムと国際競争：日本型資本主義対アメリカ型資本主義』東洋経済新報社.

井手正介 (2006)「わが国公開企業の事業セグメント別経済付加価値分析」『証券アナリストジャーナル』第44巻第7号, 59-69頁.

井手正介・高橋文郎 (1997)『ビジネスゼミナール企業財務入門』日本経済新聞社.

井手正介・高橋文郎 (1998)『株主価値創造革命：日本企業再生のキーポイント』東洋経済新報社.

井手正介・高橋文郎 (2003)『ビジネスゼミナール経営財務入門』日本経済新聞社.

伊藤邦雄 (1999)『企業価値を経営する：日本企業再生の条件』東洋経済新報社.

伊藤洋一 (1997)『スピードの経済：世界経済のビッグバン』日本経済新聞社.

遠藤彰郎・岡田依里・北川哲雄・田中襄一編著 (2004)『企業価値向上のためのIR経営戦略：理論・実践・提言』東洋経済新報社.

大西淳 (2001)「EVA企業になるために」『証券アナリストジャーナル』第39巻第3号, 88-106頁.

大西淳 (2006)「M&Aバリュエーションにおけるリアルオプション価値の意義」『原価計算研究』第30巻第2号, 33-41頁.

大西淳・満田辰美 (2002)「知的財産評価とロイヤリティ・レートの決定方法」『経営情報学会2002年度秋季全国研究発表大会予稿集：新産業創出の世紀 —— 産学官連携に向けて』経営情報学会, 190-193頁.

荻島誠治 (2001)「日本の株式持ち合いと株価」『証券アナリストジャーナル』第39巻第7号, 69-91頁.

小田切宏之 (2000)『企業経済学』東洋経済新報社.

音川和久 (2000)「IR活動の資本コスト低減効果」『會計』第158巻第4号, 73-85頁.

小野武美 (2003)「株主主権と経営者会計行動：その順機能と逆機能」『會計』第163巻第4号, 515-528頁.

亀川雅人 (1996)『日本型企業金融システム：日本的経営の深淵』学文社.

菊池誠一 (1998)『連結経営におけるキャッシュフロー計算書：その作成と分析・評価』中央経済社.

菊池正俊・山田克史 (2000)「親子上場問題の再考」『DIRマーケット情報』1月18日付.

木村彰吾 (2006)「会計不信に対する管理会計手法の有用性」『會計』第170巻第4号, 514-524頁.

楠由紀子 (2004)「業績評価におけるEVAの有用性に関する実証研究」名古屋大学大学院経済学研究科2004年度博士学位請求論文.

工藤裕孝 (2004)『資本コスト論争』創生社.

KPMG FAS編 (2006)『M&Aにより成長を実現する戦略的デューデリジェンスの実務』中央経済社.

小林啓孝 (1998)「バブル経済とその後における企業財務：資本市場の国際化と空洞化を中心として」. (所収：長谷川廣編著『中央大学企業研究所叢書13 日本型経営システムの構造転換』中央大学出版部).

— (2001)『事業再編のための企業評価』中央経済社.

— (2002)「投資意思決定とDCF法の拡張」『企業会計』第54巻第4号, 52-58頁.

— (2003)『デリバティブとリアル・オプション』中央経済社.

小山明宏（2000）『経営財務論：不確実性，エージェンシー・コストおよび日本的経営（増補改訂版）』創成社．
佐々木隆文・米澤康博（2000）「コーポレート・ガバナンスと株主価値」『証券アナリストジャーナル』第 38 巻第 9 号，28-46 頁．
須田一幸（2000）『財務会計の機能：理論と実証』白桃書房．
須田一幸・乙政正太・松本祥尚・首藤昭信・太田浩司（2002a）「ディスクロージャーの戦略と効果（2）」『會計』第 143 巻第 2 号，105-116 頁．
――（2002b）「ディスクロージャーの戦略と効果（3）」『會計』第 143 巻第 3 号，124-136 頁．
諏訪部貴嗣（2006）「株主価値を向上させる配当政策」『証券アナリストジャーナル』第 44 巻第 7 号，34-47 頁．
高橋伸夫編（2000）『超企業・組織論』有斐閣．
高橋文郎（1999）「企業評価に関する 3 つの疑問」『証券アナリストジャーナル』第 37 巻第 2 号，47-65 頁．
竹原均・須田一幸（2004）「フリーキャッシュフローモデルと残余利益モデルの実証研究：株価関連性の比較」『現代ディスクロージャー研究』No. 5, 23-25 頁．
玉木勝（1999）『株主重視経営』シグマベイスキャピタル．
田中英富（1996）「EVA による経営管理：新たな企業経営のフレームワーク」『YRI 證券月報』No. 5, 12-21 頁．
津村英文・榊原茂樹・青山護著・日本証券アナリスト編（1991）『証券投資論』日本経済新聞社．
津森信也（2001）『EVA 価値創造経営』中央経済社．
手嶋宣之（2000）「経営者の株式保有と企業価値」『現代ファイナンス』No. 7, 41-55．
東京証券取引所（2001）「平成 12 年度企業業績及び配当の状況」．
東京証券取引所協議会（2006）「平成 17 株式分布調査の調査結果」．
内藤三郎（1998）『経営財務論』法政大学出版局．
中沢恵（1997）「キャッシュフローを軽視する日本企業の課題と解決策」．（所収：ダイヤモンドハーバードビジネス編集部編集（1997）『キャッシュフロー経営革命』ダイヤモンド社．）
長嶋牧人（1997）『戦略立案のテクニック』日科技連．
――（2000）『戦略的財務のスキル』日科技連．
仁科一彦（1995a）『財務破壊：市場メカニズムの浸透と財務戦略』東洋経済新報社．
――（1995b）「株主の利益：配当と自社株買い取り」『証券アナリストジャーナル』第 33 巻第 11 号，2-12 頁．
新田敬祐（2000）「株式持ち合いと企業経営：株主構成の影響に関する実証研究」『証券アナリストジャーナル』第 38 巻第 2 号，72-93 頁．
日本 IR 協議会（2001, 2002, 2003, 2004, 2005, 2006）「IR 活動の実態調査」，https://www.jira.or.jp/jira/jsp/usr/activities/pdf（2007 年 12 月 20 日アクセス）．
野口悠紀雄（1995）『1940 年体制：さらば戦時経済』東洋経済新報社．
藤井秀樹・山本利章（1999）「会計情報とキャッシュフロー情報の株価説明力に関する比較研究」『會計』第 156 巻第 2 号，14-29 頁．
藤江俊彦（2000）『価値創造の IR 戦略：情報開示と投資家関係づくりの経営』ダイヤモンド社．
伏見多美ярد（1999）「戦略経営分析を支援するキャッシュフロー情報と発生基準会計」『企業会計』第 51 巻第 7 号，85-98 頁．

堀彰三 (1991)『最適資本構成の理論第 2 版』中央経済社.
本合暁詩・井上淳 (2003)「EVA が日本企業にもたらしたもの：価値創造経営の現状と今後の課題」『証券アナリストジャーナル』第 41 巻第 1 号, 24-32 頁.
本田圭子 (1997)「事業価値分析に基づく経営判断, 戦略決定手法」. (所収：ダイヤモンドハーバードビジネス編集部編集『キャッシュフロー経営革命：事業価値創造のマネジメント』ダイヤモンド社).
牧田修治 (2002)「自社株買いに対する株式市場の反応と企業パフォーマンス」『証券アナリストジャーナル』第 40 巻第 2 号, 6-16 頁.
松村勝弘 (1997)『日本的経営財務とコーポレート・ガバナンス』中央経済社.
松村勝弘 (2001)『日本的経営財務とコーポレート・ガバナンス (第 2 版)』中央経済社.
山田克史 (2001)「株式市場が主導する企業構造改革」『DIR マーケット情報』12 月 8 日付.
横山禎徳・本田桂子 (1998)『マッキンゼー：合従連衡戦略』東洋経済新報社.
吉田寛 (2000)「会計制度改革の変遷・三つのモデル」『企業会計』第 52 巻第 3 号, 4-12 頁.
渡辺茂 (1994)『ROE 革命：新時代の企業財務戦略』東洋経済新報社.
渡邊俊輔 (2002)『知的財産：戦略・評価・会計』東洋経済新報社.

索　引

[アルファベット]

APV（Adjusted Present Value）法 60
BRICs 161
CAPM（Capital Asset Pricing Model; 資本資産価格モデル） 56, 137, 195, 198, 200–202, 204, 207, 214
DOE（Dividend on Equity）→株主資本配当率
EE's（Equity Equivalent Reseres）→株主資本同等物
EPS（Earnings per Share）→一株当たり利益
EVA（Economic Value Added）→経済的付加価値
FCF（Free Cash Flow）→フリーキャッシュフロー
Ibbotson Associates 184, 200
implied equity premiums 197
IPO 200
IR（Investors Relations） 22, 73, 92–95, 101–103, 105, 136, 144, 156, 212
IRR（Internal Rate of Return）→内部収益率
M&A ii, 2, 5, 10, 25–27, 91, 96, 106, 133, 161, 182, 183–186, 188, 190, 194, 197, 200, 202, 207, 213
MAD（Market Asset Disclaimer） 189
MVA 45, 221
NPV（Net Present Value）→正味現在価値
PBR（Price Bookvalue Ratio; 株価純資産倍率） 40, 67, 108–110, 119–121, 128
PPM（Product Portfolio Matrix） 65
RAHR（Risk Adjusted Hurdle Rate） 164
ROE（Return on Equity）→株主資本利益率
ROIC（Return on Invested Capital）→投下資本利益率
Terminal Value 52
TOB（Take-Over Bid）→株式公開買付
TOPIX 109, 113, 137, 153, 158, 160
ToSTNeT-2 152
WACC（Weighted Average Cost of Capital）→加重平均資本コスト

[あ行]

アライアンス 27, 96, 161–165, 169, 181, 205
安全利子率 74
安定株主 105, 120, 126, 132, 151
安定株主比率 12
イニシャル・ロイヤリティ
　頭金（down payment）方式ライセンス 173
　一括払い（lump sum）方式ライセンス 173
　前払い（upfront）ライセンス 173
インハウス・バリュエーション（In-house Valuation） iii, 3, 32, 63
（株式の）売出し 137, 144
エージェンシーコスト 4, 24, 73, 90, 93, 99, 106, 132, 139, 158, 212
エージェンシー問題 85, 99, 215
オールソンモデル 55

[か行]

価値評価 3, 28, 173
過小投資問題 195
会計ビッグバン 11, 92
会計利益（Accounting Earnings） 20, 31, 33, 38, 40–42, 46, 50, 114, 226
格付（Credit Risk Rating） 4, 73, 81–90, 146–149, 211
　——のリバース・エンジニアリング 88
格付機関 4, 84, 87, 89, 146, 212
額面配当 10
合従連衡 27, 161, 165, 169
カーブアウト 138, 157
株式公開買付（TOB） 152, 156, 183
株式交換（制度） 12, 91, 106, 131, 137
株式の流動性 5, 24, 74, 96, 105, 134, 137, 141, 152, 212, 216
株式持ち合い ii, 5, 8, 13, 73, 106, 107, 121, 130, 131, 133, 212, 152, 211, 215
株主還元 103, 143
株主権 7, 111
株主資本 4, 8–10, 15, 17, 20, 24, 33, 37, 45, 50, 56, 59–62, 74, 81, 90, 96, 107, 110, 114,

134, 136, 146, 156, 195, 199, 204, 221, 226
株主資本同等物（EE's）37-39, 41, 114, 226
株主資本配当率（DOE）111
株主資本利益率（ROE）12, 20, 82, 104, 107, 111-113, 131, 146, 156
株主主権 7, 12
(債権者に対する)株主の搾取 86
完全資本市場（Perfect Capital Market）23, 27, 74, 98
間接金融 7-11, 107
キャッシュフロー比率 83
キャピタリゼーション 34, 38, 50, 81-84, 145-149, 199
キャピタルゲイン 16, 132, 139
企業買収 12, 107
幾何平均 197
機会費用 18, 21, 36, 42, 164, 224, 225
機関投資家 12, 96, 123, 136, 144, 150, 152, 157
規模の経済性 207
規模プレミアム（size premium）199, 202, 204, 206
共分散リスク 196
金融オプション（Financial Option）176, 184
金融ビッグバン 11
グローバルコンペティション iii, 2, 21, 25, 29, 161, 210
グローバルスタンダード 11, 14
経営介入オプション 113, 120, 127, 130, 132, 140, 151
経営権の市場 113
経営者インセンティブ 5, 74, 134, 140, 144, 213
経済的付加価値（EVA）i, 1, 3, 14, 20, 31-40, 41, 43-50, 52-57, 62, 65, 67, 70, 73, 114, 141, 168, 209, 211, 216, 219-226
経済利益 20, 31, 46
経常利益 8, 10, 13, 121, 128
継続ロイヤリティ 166
継続価値（terminal value）50, 52, 54
継続企業 38, 96
原資産価格 188, 192
減損会計 12, 110
行使価格 188
行使期間 188, 192
合弁 161
コーポレートガバナンス 107, 111, 122, 124, 126, 131

[さ行]

最適資本構成 4, 76, 83, 85, 87, 104, 134, 145, 153, 211
　──の営業利益アプローチ（Operating Profit Approach）77
　──の収益差アプローチ（Return Differential Approach）77
　──の資本コストアプローチ（Cost of Capital Approach）77
　──の修正現在価値アプローチ（Adjusted Present Value Approach）77
　──の比較分析アプローチ（Comparative Approach）77
財・サービス市場 25, 28, 161, 209
財務スラック（Financial Slack）87, 104, 140, 158, 211, 216
財務リストラクチャリング 183
財務レバレッジ 104, 216
財務安定性 104
財務柔軟性 84-87, 104, 146, 155
財務破綻コスト（Bankruptcy Cost）4, 73-76, 82
差分分析法（differential analysis method）169
産業統制 7
算術平均 197
残余利益 1, 33, 114-116, 119, 168
残余利益モデル 114
市場
　──の規律 10
　──の効率性 90, 93, 97, 102
　──の厚み 136
市場ポートフォリオ 196
市場リスク 196
市場リスクプレミアム（market risk premium）56, 81, 169, 196-198, 204
支配株主 201
支配権プレミアム 184
資本コスト i, 1, 4, 6, 10, 18, 20, 34-36, 38, 40, 42-44, 46, 48, 52, 54, 56, 61, 73, 75-77, 81, 93, 96, 107, 110, 112-115, 117, 128, 131, 184, 195, 200, 202-205, 207, 209, 214, 219, 221-226
　株主資本コスト 10, 34
　負債資本コスト 34
　加重平均資本コスト（WACC）3, 20, 31, 33, 48, 54-56, 58-62, 81, 203, 209, 211, 214
資本構成無関連命題 74

索　引　239

資本構成のトレードオフ理論（Trade-off theory of Capital Structure）4, 211
資本市場 2-5, 12-14, 16, 21-28, 32, 63, 71, 73, 84, 105, 107, 110, 113, 126-128, 133, 145, 147, 154, 160, 167, 209-211, 213, 215-217
資本提携 162
資本費用 20, 33, 47, 54, 114
事業リスク 16, 57, 60, 81, 110
時価会計 12
時価発行 9, 111
時間価値（Time Value）42
シグナリング効果 5, 73, 86, 91
自社株買い 4, 24, 73, 91, 98, 100, 103-105, 144, 149, 152, 156, 212, 216
実績ロイヤリティ 166
実物資産（Real Asset）40, 162, 173, 176
シナジー 6, 27, 132-164, 166, 183-185, 195, 205-207, 213
借金の規律 9
収益還元法
　　利益分割（profit split）アプローチ 168
　　残余利益（residual income）アプローチ 168
　　増加収益（incremental income）アプローチ 168
囚人のジレンマ 182
修正 CAPM 198, 202
純資産法 167
ジョイントベンチャー 161
少数株主（Active Minority Shareholder）70, 124, 132, 200
証券市場 10, 11, 161, 196, 198
情報サプライズ 94, 95
情報の非対称性 4, 22, 27, 73, 90, 93, 98, 100, 103, 106, 132, 134, 136, 139, 141, 173, 176, 181, 194, 211, 213, 215
情報開示 11, 22, 92-97, 100, 156, 212
情報格差 4, 73, 90, 93-97, 100, 103, 105, 106, 202, 205, 212
正味現在価値（NPV）42, 61, 85, 104, 139, 164, 171, 177, 180, 187
スタンドアローン問題 203-205
スピンオフ 138, 157
スペシフィック・リスクプレミアム 202
（負債の）節税価値 39, 40, 57, 60, 67, 74-76, 82, 87, 154, 211
（負債の）節税効果 4, 55-57, 59, 73, 83, 88, 207, 216

制限付株式（restricted stock）200
セミストロングフォーム 90
相利ゲーム（win-win game）182

[た行]

タイムリーディスクロージャー 94, 96
立会外買い付け 152
立会内買い付け 152
単元株 5, 14, 74, 137, 144
知識資産（knowledge assets）166
知的財産（intellectual property）162, 165-169, 173, 176, 180
知的資産（intellectual assets）166
知的資本（intellectual capital）166
超過収益 114, 131
超過収益率 54
直接金融 7, 10-12, 107, 124
ディープインザマネー（deep in the money）176
ディシジョン・ツリー・アナリシス（Decision Tree Analysis）188
テイクオーバー 107, 110, 113, 115, 118, 124, 126, 131-133
デューデリジェンス 186
トービンの q 119, 126
トラッキングストック 138, 157
トレードオフ理論 4, 74-76, 83, 87, 154
敵対的買収 2, 5, 73, 91, 105, 156, 157
投下資本（Invested Capital）3, 19-21, 32, 35, 37, 43-45, 48-50, 63, 108, 113, 117, 219, 221-223, 225
　　投下資本利益率（ROIC）13, 50, 54
倒産コスト（Bankruptcy Cost）82

[な行]

内部収益率（IRR）42
のれん 108, 110

[は行]

バブル崩壊 11, 110, 150
バリュードライバー 1, 18
配当 4, 9-12, 16, 24, 34, 73, 98-100, 103, 111, 115, 123, 132, 138, 156, 197, 201, 212
買収プレミアム 11, 183-185, 193, 213
買収防衛 91, 132

バリューマップ（Value Map）3, 31, 63-67, 102, 137, 150, 211
バリュエーション（Valuation）3-5, 28, 31, 43-49, 53-55, 59, 62, 65-67, 70, 93, 102, 132, 134, 138, 149, 151, 153, 158-160, 162, 166, 169, 170, 173, 182, 185-192, 194, 200, 202-204, 207, 211, 213, 216, 219-223, 225
　APV バリュエーション（APV 法）31, 55
　DCF バリュエーション（DCF 法）48, 52, 179, 219
　EVA バリュエーション 3, 31, 48, 62
　EVA-APV バリュエーション（EVA-APV 法）31, 48, 62
範囲の経済性 25
一株あたり利益（EPS）20, 95, 104, 156
ファンダメンタルズ 9
不完備契約 99, 213, 216
含み益 67, 139
負債資本 10, 20, 33, 56
負債のない場合のベータ（Unlevered Beta）57
負債比率 10, 59, 81, 90, 124, 204
分散可能リスク 196
分散不可能リスク 196
ブラックショールズ（Black-Scholes）式 188
ブランド 40, 96, 163, 166, 168, 173
フリーキャッシュフロー（FCF）16, 21, 25, 41-45, 48-50, 52, 54-57, 62, 83, 102-104, 124, 142, 148-150, 154, 158, 204, 210, 219, 221, 223-226
　フリーキャッシュフロー理論 98, 139, 212
フリーライダー効果 124
フリーライド 123
ブロックトレード 143, 152, 153
ブロック所有 111
平成不況 11, 217
ペイアウト 103, 156, 213, 216
ペイオフ 108, 110
ベータ（Beta, β）197, 200
　負債のない（株式）ベータ（Unlevered beta）, β_u 81
　負債がある場合の（株式）ベータ（Levered beta）, β_L 56, 81, 204
　負債ベータ（Debt beta）, β_D 58, 81
ペッキング・オーダー理論 98, 154, 212
ポイズンピル 91
ボーナスバンク 141
ボラティリティ 97, 134, 136, 141, 156, 188-190, 192, 201, 216
本源的な企業価値（Intrinsic value）106, 134

[ま行]

埋没原価（sunk cost）39, 110
マネジメントバイアウト（MBO（Management Buy-Out））91
見えざる資産 162
無形資産（intangibles）40, 162, 166, 173
無リスク利子率 56, 81, 114, 188, 204
メインバンク（制）7, 107, 122
メガコンペティション 5, 11, 18, 161
持ち合い 5, 7, 10, 12, 73, 91, 103, 106, 110, 113, 117, 120-122, 124, 126-128, 130-134, 139, 140, 143, 145, 150-153, 157, 212
モニタリング 8-10, 24, 99, 111
モンテカルロ DCF 188, 190, 192, 214
MM 理論（Modigliani and Miller theory）17, 74
　── の第 1 命題 57
MM の配当無関連命題 57

[や行]

有形資産 166

[ら行]

ライセンサー 163-166, 169, 171-177, 180
ライセンシー 163-166, 171-177, 180
ライセンス 5, 162-165, 166, 169, 171, 173, 176, 180-182, 213
ライセンス契約 5, 162, 170, 173, 176, 181, 213
リアルオプション 5, 113, 163, 176-178, 181, 184-188, 190-195, 213
リストラクチャリング 183
理論株価 4, 32, 70, 158
流動性の欠如 200
類似会社批准法 67, 167
レバレッジ 8, 57-59, 74-76, 81, 86, 104, 122, 140, 144, 147-149, 151, 153, 201
レバレッジ無関連命題 74
ロイヤリティ 5, 162-166, 169, 171-177, 180-182, 203
ロイヤリティ・レート（実施料率）5, 163, 171, 173, 175

[著者紹介]

大西　淳（おおにし　あつし）

atsushionishi@hotmail.co.jp
経済学博士，日本証券アナリスト協会検定会員．
1993 年 名古屋大学経済学部卒業，同年アイシン精機株式会社入社．1998 年 株式会社大和総研出向，2007 年 名古屋大学大学院博士課程修了．2007 年 AISIN HOLDINGS OF AMERICA, INC. へ出向，財務役．現在に至る．
主な論文等に，「EVA 企業になるために」（『証券アナリストジャーナル』2001 年 3 月），"Ownership Structure, Corporate Governance, and Stock Price of the Japanese Firm: An Explanation from the Accounting Valuation Model"（EAA（European Accounting Association））2002 Congress，（中條良美氏と共著），「M&A におけるリアルオプション価値の意義」（『原価計算研究』2006 年 Vol.30, No.2.），「年金会計とクリエイティブ・アカウンティング」（『企業会計』2004 年 9 月），"R&D Cost Management of Japanese Auto Manufacturers and Its Impact on Corporate Value"（『経済科学』第 53 巻第 4 号，2006 年 3 月（木村彰吾氏と共著）），"Value-Based Determination of Royalty Rate and Real Option Value in Licensing Contract of Intellectual Property: A Case Study in a Japanese Auto-parts Maker"（EAA（European Accounting Association））2007 Congress（満田辰美氏と共著）など．

（メルコ学術振興財団研究叢書 2）
コーポレート・ファイナンス理論と管理会計 ―― VBM の新たな展開

Ⓒ A. Ohnishi 2009

2009 年 7 月 31 日　初版第一刷発行

著　者　　大　西　　　淳
発行人　　加　藤　重　樹

発行所　京都大学学術出版会

京都市左京区吉田河原町 15-9
京　大　会　館　内　（〒606-8305）
電話 （075） 761-6182
FAX （075） 761-6190
URL　http://www.kyoto-up.or.jp
振替　01000-8-64677

ISBN 978-4-87698-791-7
Printed in Japan

印刷・製本　㈱クイックス東京
定価はカバーに表示してあります